목회,
위험한 소명

DANGEROUS CALLING

by Paul David Tripp

Copyright © 2012 by Paul David Tripp
Published by Crossway
a publishing ministry of Good News Publishers
Wheaton, Illinois 60187, U.S.A.

This edition published by arrangement with Crossway through rMaeng2.
All rights reserved.

This Korean Edition Copyright © 2013 by Word of Life Press, Seoul, Republic of Korea

이 한국어판 저작권은 rMaeng2 를 통하여
Crossway와 독점 계약한 생명의말씀사에 있습니다. 신 저작권법에
의하여 한국 내에서 보호 받는 저작물이므로 무단 전재와 무단 복제를 금합니다.

목회, 위험한 소명

© 생명의말씀사 2013

2013년 8월 9일 1판 1쇄 발행
2025년 9월 16일   8쇄 발행

펴낸이 | 김창영
펴낸곳 | 생명의말씀사

등록 | 1962. 1. 10. No.300-1962-1
주소 | 서울 종로구 경희궁 1길 6 (03176)
전화 | 02)738-6555(본사) · 02)3159-7979(영업)
팩스 | 02)739-3824(본사) · 080-022-8585(영업)

기획편집 | 구자섭, 전보아
디자인 | 최윤창, 송민재
인쇄 | 주손디앤피
제본 | 주손디앤피

ISBN 978-89-04-07126-5 (03230)

저작권자의 허락없이 이 책의 일부 또는 전체를
무단 복제, 전재, 발췌하면 저작권법에 의해 처벌을 받습니다.

목회,
위험한 소명

폴 트립 지음 / 조계광 옮김

DANGEROUS CALLING

생명의말씀사

머리글

내가 이 책을 쓰는 이유

　책을 쓰는 이유는 여러 가지가 있다. 설명하는 책을 쓰는 이유는 혼란스러운 문제를 쉽게 이해하도록 돕기 위해서고, 격려하는 책을 쓰는 이유는 타락한 세상에서 낙심한 사람들에게 살아갈 희망과 이유를 알려 주기 위해서다. 또한 교육적인 책을 쓰는 이유는 어떤 일의 방법을 가르치기 위해서고, 성경을 해석하는 책을 쓰는 이유는 진리의 빛 가운데서 살아가는 방법을 깨우쳐 주기 위해서다. 이 책은 이 네 가지 요소가 모두 포함되어 있지만, 이 책의 주요 초점은 그 가운데 어느 것에도 있지 않다.

　이 책은 진단용으로 쓰였다. 즉, 우리의 마음과 삶을 비추는 거울인 하나님의 말씀을 통해 고쳐야 할 점을 찾아내어, 변화와 치유를 가져다주는 복음의 능력을 경험하게 하기 위해서 쓰인 것이다.

　이 책은 내가 지금까지 쓴 책 가운데 가장 힘들었다. 나의 추악한 마음이 고스란히 드러나 내가 여전히 하나님의 은혜를 절실히 필요로 하는 상태라는 사실이 확연히 드러났기 때문이다. 이 책의 어떤 부분을 쓸 때는 눈물이 줄줄 흘러내린 적도 있었다. 가끔 내가 쓴 내용을 아내에게 읽어 줄 때면 너무도 부끄러워 더 이상 말을 잇지 못한 채 눈물만 하염없이 흘렸다. 그러나 책을 써내려가는 동안 절망과 낙심에 빠지기보다는 복음의 희망과 사역의 기쁨을 더욱 크게 느낄 수 있었다.

　이 책을 쓴 목적은 종종 불거지는 불건전한 목회 문화의 문제를 직시하고, 목회 사역에만 존재하거나 목회 사역을 통해 더욱 강렬해지는 유혹을 솔직하게 다루기 위해서다. 겸손한 자아 성찰과 변화를 촉구하기 위한 경고의 메시지를 담고 있는 이 책은, 사람들의 양심을 일깨워 변화를 도모하게 하는 데 그 목적이 있다. 책을 읽는 동안 분노를 느끼기도 할 것이다. 그러나 나는 이 책의 내용이 하나님의 소명에 따라 지금까지 내가 해오고 있는 일을 반성하는 의미를 담고 있다고 확신한다. 어쩌면 우리는 너무 안일한 삶을 살고 있는지도 모른다. 목회자로 부르심을 받은 우리는 더 이상 우리 자신과 주변 문화를 깊이 성찰하지 않는 것처럼 보인다. 이 책을 쓰지 않고서는 도저히 배길 수가 없었다.

나는 동료 목회자들도 나와 똑같이 목회적 돌봄이 필요하다고 확신한다. 이 책을 통해 동료 목회자들에게 목회적 돌봄을 제공하고 싶다. 물론 나는 내가 내뱉는 경고나 은혜의 치유책이 나에게도 똑같이 필요하다는 것을 누구보다 잘 알고 있다.

이 책을 정직한 마음으로 쓸 수 있었던 것은 '주 예수 그리스도의 은혜의 복음' 덕분이다. 주 예수 그리스도의 보혈이 이 책에 언급된 죄와 약점과 실패를 모두 속량할 수 있기 때문에 우리는 빛 가운데로 담대히 나아가 하나님이 요구하시는 것을 기꺼이 받아들일 수 있다. 이 책이 결코 멈추지 않을 대화의 물꼬를 터 우리가 너무나 오랫동안 필요로 했던 변화를 일으킬 수 있기를 간절히 기도한다.

이 책을 읽을 때는 내면의 보호막을 해체하고, 열린 마음으로 생각해 주기를 바란다. 마땅히 깨달아야 할 것을 깨닫고, 반드시 짚고 넘어가야 할 문제를 간과하지 않게 해달라고 기도하라. 우리 자신과 다른 사람들 앞에서 의롭게 보여야 한다는 강박감으로부터 자유롭게 하는 하나님의 풍성한 은혜를 높이 찬양하라. 주님 앞에 선다는 것은 곧 그분의 의를 의지하는 것이다. 그렇기에 우리는 아무 두려움 없이 거룩하신 하나님 앞에서 우리의 가장 어두운 비밀과 뼈저린 실패를 솔직하게 고백할 수 있다. 예수님의 사역 때문에 하나님은 우리의 고백을 듣고 절대로 등 돌리지 않으시고, 오히려 용서와 능력과 변화와 구원을 가져다주는 은혜를 아낌없이 부어 주실 것이다. 내가 이 책을 쓸 수 있었고, 또 우리가 우리 자신과 서로에게 매일 진리를 가르쳐야 하는 이유는 바로 이러한 복음이 있기 때문이다.

Contents

머리글   4

Part 1 나의 목회 현 주소를 직시하라

Chapter 1 "난 목회자야. 다른 사람들이 필요로 하는 게 나는 필요하지 않아."
_나와 또 다른 나   14

목회자를 지배하고 있는 잘못된 오해들

Chapter 2 "더 이상 못하겠어. 내가 아닌 다른 사람인 척하는 것."
_무엇이 잘못되었나?   32

어려움에 처한 목회자의 증상

Chapter 3 "나는 성경연구가 중요해. 사람들은 목회 사역의 걸림돌일 뿐."
_신학을 위한 목회 vs 영혼을 위한 목회   49

진정한 전문가 | 메마른 신학 교육
잘못된 신학 교육의 위험성 | 영성이 살아있는 신학 교육

Chapter **4** "목회 기술과 지식은 기본!
    인격은 옵션?"
    _목회자의 인격만큼 중요한 것은 없다   72

  무엇이 목회자를 성공하게 만드는가? | 마음이 중요하다

Chapter **5** "다른 사람들에게
    내 약한 모습을 보이고 싶지 않아."
    _영혼의 눈이 멀지 않도록 서로 권면하라   90

  소경을 인도하는 소경 | 영혼의 눈이 먼 사람의 특징 | 그리스도의 몸에 속하는 길

Chapter **6** "나를 이해해 주는 사람이 없어.
    나는 외톨이야."
    _고립된 나, 사라진 공동체   112

  교회의 핵심 사역 | 고립과 위험의 순환 고리

Chapter **7** "내 마음속 두 왕국의 싸움,
    너무 버서워."
    _내면의 싸움에 철저히 대비하라   134

  사역은 전쟁이다 | 마음을 위한 싸움 | 복음을 위한 싸움 | 자아의 왕국과 하나님의 왕국의 싸움
  세상의 보물 vs 하늘의 보물 | 장소가 중요한 이유

Part 2 잃어버린 경외심을 회복하라

Chapter 8 "다람쥐 쳇바퀴 도는 듯한 삶,
아무런 기쁨이 없어."
_익숙함의 위험에서 벗어나라   158

하나님을 경외하는 마음이 가져오는 변화 | 하나님께로 다시 돌아가라!

Chapter 9 "도대체 어떻게 해야
두려움을 극복할 수 있을까?"
_수치스러운 비밀   176

두려움을 직시하자 | 목회자를 무력하게 만드는 4가지 두려움 | 두려움을 극복하는 방법

Chapter 10 "이번엔 또 무슨 설교를 하지?
그냥 대충하지 뭐."
_평범한 것에 안주하려는 위험   196

철저한 준비가 필요하다 | 효과적인 설교를 하려면

Chapter 11 "거울아, 거울아!
누가 제일 영적으로 성숙하니?"
_'이미'와 '아직'의 과정   215

뒤틀린 4가지 거울 | 착각이 가져오는 위험한 결과

Part 3 이미 주어진 정체성을 확고히 붙잡으라

Chapter 12 "내 말만 들어. 나한테만 귀 기울이라고!"
_자기 영광을 구하려는 유혹을 조심하라　　　　　　　　　　238

예수님처럼 기꺼이 감당하라 ｜ 자기 영광을 구하는 것이 사역에 미치는 피해

Chapter 13 "주님, 나중에 뵈어요. 전 지금 너무 바쁘거든요."
_개인 예배를 회복하라　　　　　　　　　　260

이원적인 삶의 태도 ｜ 내가 죽어야 다시 살 수 있다 ｜ 우리의 이중적인 정체성을 망각한 징후

Chapter 14 "너무 다른 두 인격으로 사는 삶, 이젠 익숙해."
_사역과 삶의 괴리를 좁혀라　　　　　　　　　　282

자기 자신에게 복음을 전하라 ｜ 분리된 틈을 메울 수 있는 5가지 방법

Chapter 15 "주님, 제가 어떻게 해야 합니까?"
_그러면 어떻게 해야 할까?　　　　　　　　　　302

"형제들아 너희는 삼가 혹 너희 중에 누가 믿지 아니하는 악한 마음을 품고 살아 계신 하나님에게서 떨어질까 조심할 것이요 오직 오늘이라 일컫는 동안에 매일 피차 권면하여 너희 중에 누구든지 죄의 유혹으로 완고하게 되지 않도록 하라"(히 3:12-13).

Part 1

나의 목회 현 주소를 직시하라

Chapter 1

> "난 목회자야.
> 다른 사람들이 필요로 하는 게
> 나는 필요하지 않아."

나와 또 다른 나

나는 나 자신이 목회자이기 전에 매일 은혜를 필요로 하고, 죄와 싸우며, 그리스도의 몸인 교회의 도움을 구하면서 성화를 이루어 나가야 하는 하나님의 자녀라는 생각을 하지 못했다. 나는 나를 목회자로만 생각했다. 그것이 문제였다. 목회자의 직분이 교회가 인정하는 하나님의 은사와 소명보다 더 중요했던 것이다. '목회자', 바로 그 직분이 나의 정체성을 결정했다. 이제 분명한 사실로 드러났듯이, 그것은 내가 생각했던 것보다 훨씬 더 위험한 일이었다.

나는 화를 몹시 잘 내는 사람이었다. 문제는 내가 그런 사람이라는 사실을 몰랐다는 것이다. 나는 나보다 나 자신을 더 정확하게 아는 사람은 아무도 없다고 생각했고, 내가 화를 잘 내는 사람이라고 결코 생각하지 않았다. 그렇다고 해서 내가 나 자신을 완벽하게 여긴 것은 아니다. 나는 내 삶에 다른 사람들이 필요하다는 것을 알았지만, 마치 그렇지 않은 것처럼 살았다.

아내는 내가 화를 잘 내는 사람이라는 사실을 오랫동안 일깨워 주려고 노력했다. 아내는 단호하면서도 친절한 태도로 내 문제를 지적했다. 고함을 치거나, 욕설을 퍼붓거나, 아이들 앞에서 나와 다투려고 했던 적은 단 한 번도 없었다. 아내는 내가 분노하는 것이 정당화될 수도, 받아들여질 수도 없는 일이라고 거듭 충고를 아끼지 않았다. 지금 돌아보면 아내가 그토록 힘들었던 시기에 그렇게 대처했다는 사실이 참으로 놀랍기만 하다. 나는 아내가 나름대로 거기서 벗어날 계획을 세우고 있었다는 사실을 나중에서야 알았다. 물론 아내는 나와 이혼할 생각은 추호도 없었다. 그녀는 단지 분노를 표출하는 악순환의 고리가 끊어져 서로 화해하고, 하나님이 의도하신 결혼생활을 해야 한다고 확신했을 뿐이다.

아내가 내 문제를 지적할 때마다 나는 늘 똑같은 태도를 취했다. 나는 스스로를 정당화하고, 내면의 보호 장치를 가동하고, 내가 훌륭한 남편이라는 것을 주지시키려고 노력했다. 내가 아내를 위해 해준 일들, 아내의 수고를 덜어 주기 위해 했던 일들을 속으로 거듭 되뇌며 길게 나열했다. 나는 가정적인 남편으로서 집안일을 적극적으로 하고, 요리하는 것을 좋아한다. 이렇듯 나에게는 아내의 판단이 잘못되었다는 것을 입증해 줄 근거들이 줄줄이 있었다. 그러나 아내는 설득당하지 않았다. 그녀는 시간이 갈수록 자신의 판단이 옳고, 뭔가 변화가 필요하다고 확신하는 듯했다. 나는 아내가 나를 가만히 놔두기를 바랐지만, 그녀는 그렇게 하지 않았다. 솔직히 그것이 나를 더 화나게 만들었다.

당시를 생각하면 지금도 두렵기만 하다. 나는 스스로 불행을 재촉하고 있었다. 나의 결혼생활과 사역이 파국을 향해 치닫고 있었다. '나'라는 개인의 인격과 '목회자'라는 공인으로서의 삶 사이에 큰 괴리가 존재했다. '집 안에서의 나'는 매우 성급하고 조급한 사람이었지만, 예배와 사역의 현장에서 '교인들이 바라보는 나'는 친절하고 인내심 많은 목회자였다. 나는 고민하며 양심의 가책을 느꼈어야 마땅했지만, 도리어 그런 상황에 점차 익숙해졌다. 그런 상황을 조금도 문제로 인식하지 않았기에 변화의 필요성을 거의 느끼지 못했다. 내 목회 사역이 영적 정신분열 상태에 놓여 있다는 사실을 깨닫지 못했다. 내가 철두철미하신 하나님, 뜻하신 일을 이루기까지 잠시도 쉬지 않으시는 하나님의 자녀가 아니었다면, 아마도 상황은 조금도 달라지지 않았을 것이다. 나는 하나님의 은혜가 강력하게 임하는 순간에 하나님이 나의 내면을 밝히 비추어 주실 줄 꿈에도 생각하지 못했다. 눈 먼 소경이나 다름없었던 나는 더욱 강퍅해졌으며, 사역이 잘되는 것만을 만족스럽게 생각했다.

내 잘못을 수없이 지적하는 아내를 볼 때마다 나는 그녀가 보통 아내들처럼 그저 생활에 불만을 느끼는 거라고 생각했다. 그런 아내에게 이렇게 말하곤 했다.

"당신을 위해 기도할게."

그런 내 태도가 아내에게 도움과 위로가 되었을까? 전혀 그렇지 않았다. 아내는 그런 나를 보면서 내가 나 자신을 몰라도 너무 모른다고 생각했고, 또 자신의 힘으로는 나를 절대로 변화시킬 수 없다고 생각했다. 나를 변화시킬 수 있는 것은 오직 '은혜'뿐이었다. 아내는 자신이 하나님의 손에 들린 도구일 뿐이라는 사실을 잘 알았다. 하나님은 아내에게 인내심 있는 믿음을 허락하셨고, 그녀는 그 덕분에 종종 큰 절망을 느끼면서도 끊임없이 내게 조언을 아끼지 않다.

어느 날 아내는 또다시 분노를 표출하는 내 잘못을 지적했다. 나는 기세등등한 태도로 이렇게 말했다.

"우리 교회에 다니는 여자들 가운데 95퍼센트가 나 같은 남자랑 결혼하고 싶어 해."

참으로 교만한 말이 아닐 수 없었다. 아내는 자기는 나머지 5퍼센트에 속한다고 얼른 대답했다. 어떻게 그런 말이 내 입에서 술술 흘러나왔을까? 하나님은 그런 내 마음과 삶을 완전히 해체했다가 다시 재건할 계획을 세우고 계셨지만, 나는 변화가 필요하다고 생각하지 않았고, 또 그런 일이 서서히 다가오고 있는 것을 의식하지도 못했다.

어느 주말, 내 친형제인 테드와 주말 사역 훈련을 받고 차를 타고 집으로 돌아오는 중이었다. 그 돌아오는 길이 내 삶에 있어 그렇게 큰 영향을 미칠 줄은 꿈에도 생각하지 못했다. 테드는 주말에 배운 것을 우리의 삶에 적용해 보자고 뜬금없이 제안했다.

"지금 바로 시작해 볼까?"

이렇게 말하더니 곧바로 내게 이런저런 질문을 던지기 시작했다. 바로 그 순간, 엄청나게 놀라운 일이 내게 일어났다. 테드의 질문을 듣는 순간, 마치 하나님이 휘장을 찢으시는 것 같은 느낌이 들었다. 나는 생전 처음 나 자신의 참 모습을 정확하게 볼 수 있었다. 테드의 질문을 듣는 동안 성령께서 행하신 놀라운 사역은 정말 굉장했다.

하나님은 내 눈을 열어 주셨고, 즉각 애통해하는 심령을 느꼈다. 테드의 질문을 통해 바라본 나의 모습은 달라도 너무 달랐다. 내가 보고, 듣고 있는 사람이 바로 나 자신이라는 사실이 도무지 믿어지지 않았다. 그러나 사실이었다. 테드의 질문에 일일이 대답하면서 내가 대답하는 말을 스스로 듣고 있자니 참로 놀랍기만 했다. 하나님의 강력하고 예리한 역사가 일어나는 순간이었다. 당시만 해도 나는 놀라운 감정과 충격에 휩싸인 상태였기 때문에 그것이 내가 이해하는 것보다 훨씬 더 큰 의미를 지닌 경험이었다는 사실을 미처 알지 못했다.

나는 한시바삐 집에 도착해 아내와 대화를 나누고 싶었다. 내게 주신 깨달음이 하나님이 테드의 질문을 통해 허락하신 것일 뿐 아니라, 아내가 오랫동안 힘든 상황에서도 사랑과 인내로 나를 충실히 대해 주었기 때문에 가능했다는 생각이 들었다. 나는 성격이 명랑한 편이기 때문에 유쾌한 표정으로 집에 들어갈 때가 많았지만, 그날 밤은 그렇지 못했다. 삶을 변화시키고, 마음을 새롭게 만드는 격렬한 아픔이 느껴졌기 때문이다. 아마도 아내가 내 표정을 보고는 무슨 변화가 있었다는 사실을 즉각 눈치 챘을 것이다. 매우 늦은 시각이었지만 나는 아내에게 잠시 대화를 청했다. 나는 아내와 마주앉아 이렇게 말했다.

"오랫동안 분노하는 나를 지켜보면서 당신이 힘들어했다는 거 알아. 나는 그런 사실을 받아들이지 않고, 오히려 당신에게 화살을 돌렸지. 하지만 이제는 당신 말을 들을 준비가 됐어. 당신이 내게 꼭 해주고 싶어 하는 말을 듣고 싶어."

나는 그 다음에 일어난 일을 영원히 잊지 못할 것이다. 아내는 울기 시작했고, 나를 사랑한다고 말하고 나서 두 시간 동안 말을 이어 갔다. 그 두 시간 동안 하나님은 내 마음을 완전히 허물어뜨려 다시 재건하는 과정을 시작하셨다. 방금 한 말 가운데 가장 중요한 말은 '과정'이라는 말이다. 그 즉시 화를 내지 않는 사람으로 바뀐 것은 아니지만, 나는 눈과 귀와 마음이 활짝 열린 사람으로 거듭났다. 그 후 내 분노가 어디에서나 여실히 드러나는 것처럼 보여서 몇 달 동안 무척 고통스러웠다. 하지만 그 고통은 은혜의 고통이었다. 하나님은 내가 부인하며 변호하려고 애썼던 분노를 더러운 토사물처럼 보이게 만드셨다. 하나님은 다시 예전의 나로 돌아가지 못하게 만드셨다. 나는 영적 수술을 받는 중이었다. 고통이 느껴진다고 해서 하나님이 나에게서 사랑과 은혜를 거두어들이신 것은 결코 아니었다. 오히려 그 반대였다. 그 고통은 하나님이 내게 사랑과 은혜를 풍성하게 베풀어 주고 계신다는 증거였다. 그런 시련 속에서 나는 내가 자주 기도했던 내 영혼의 구원을 얻었다.

 그날 밤이 지나고 몇 달이 흐른 뒤, 나는 잊지 못할 특별한 순간을 경험했다. 계단을 내려와 거실로 향하는데 나에게 토라져서 등을 돌리고 앉아 있는 아내의 모습이 눈에 띄었다. 아내를 바라보는 순간, 지난날 그녀에게 쏟아냈던 추악한 분노의 감정이 온데간데없이 사라진 것이 확연하게 느껴졌다. 물론 조급하고 성급한 감정을 드러내는 일이 절대로 없을 만큼 내 성화가 완전한 단계에 이르렀다고 주장하고 싶은 생각은 털끝만큼도 없다. 그러나 내 삶을 온통 지배했던 분노가 자취를 감춘 것만은 분명했다. 나는 아내의 등 뒤로 다가가 어깨 위에 손을 얹었고, 아내는 고개를 뒤로 젖혀 나를 올려다보았다. 나는 아내에게 이렇게 말했다.

 "당신도 알다시피 난 이제 당신에게 더 이상 분노하지 않아."

 우리는 하나님이 베푸신 은혜에 감사하며 한바탕 크게 웃고 울었다.

목회자를 지배하고 있는 잘못된 오해들

 나는 전 세계에 있는 여러 교회를 돌아다니며 사역을 할 기회가 많았다. 그러면서 안타깝게도 나에게만 그런 문제가 있는 것은 아니라는 사실을 알게 되었다. 목회자로서 대중 앞에 설 때와 개인으로 살아갈 때의 모습이 서로 동떨어진 목회자가 한둘이 아니다. 그동안 많은 사연을 전해 들으면서 우리 세대의 목회 현장에 깊은 슬픔과 우려를 느끼지 않을 수 없었다.

내 삶의 저변에서 나를 지배해 온 오해가 세 가지 있다. 나는 이 세 가지 오해가 나와 대화를 나눈 많은 목회자의 삶에서도 똑같이 작용하고 있는 것을 확인했다. 이 오해들은 내 삶을 영적으로 어둡게 만든 심리 상태를 조성했다. 이 오해들은 전 세계의 수많은 목회자들에게도 똑같이 영향을 미치고 있다. 오늘날의 목회 문화가 어떤 점에서 성경의 기준에 미치지 못하는지, 또 목회 사역에 내재하거나 목회 사역으로 인해 더욱 강렬해지는 유혹이 무엇인지 알려면 어떤 오해들이 있는지 먼저 밝히는 것이 좋겠다.

■ 오해 1 사역이 나의 정체성을 결정한다

나는 목회자들이 이 점을 이해하는 것이 특별히 중요하다고 생각한다. 우리 삶에 우리 자신보다 더 큰 영향을 미치는 사람은 아무도 없다. 왜냐하면 우리 자신에 대해 나보다 더 많이 아는 사람은 없기 때문이다. 우리는 알게 모르게 자신과 끊임없이 대화를 나눈다. 우리가 자신에 대해 말하는 것이 우리의 삶을 형성한다. 우리는 우리의 정체성, 영성, 감정, 생각, 인격, 관계 등에 관해 자신에게 말한다. 늘 우리 자신에게 일종의 복음을 전하고 있는 셈이다. 우리는 나의 능력, 나의 지식, 나의 의와 같은 복음에 반하는 것을 전하든지, 아니면 깊은 영적 필요, 은혜, 살아 계시는 그리스도의 임재와 능력과 같이 복음에 부합하는 것을 나에게 전하든지 둘 중 한 가지를 전하며 살아간다.

우리의 내면에서 이루어지는 대화의 중심에는 우리의 정체성에 관한 생각이 도사리고 있다. 인간은 항상 스스로에게 어떤 종류의 정체성을 부여한다. 우리가 볼 수 있는 방향은 오직 두 곳뿐이다. 즉, 수직적 차원에서 그리스도 안에 있는 정체성을 찾든지, 수평적 차원에서 일상생활의 상황과 경험과 관계를 통해 정체성을 찾든지 해야 한다. 이것은 누구나 마찬가지다. 사역자의 경우에는 특히 수평적 차원에서 정체성을 찾으려는 유혹이 강하다. 이것이 내가 공인으로서의 삶과 개인으로서의 삶 사이에 존재하는 커다란 괴리를 의식하지 못했던 이유 가운데 하나였다.

목회 사역 자체가 나의 정체성을 결정하는 요인이 되었다. 나는 나 자신이 목회자이기 전에 매일 은혜를 필요로 하고, 죄와 싸우며, 그리스도의 몸인 교회의 도움을 구하면서 성화를 이루어 나가야 하는 하나님의 자녀라는 생각을 하지 못했다. 나는 나를 목회자로만 생각했다. 그것이 문제였다. 목회자의 직분이 교회가 인정하는 하나님의 은사와 소명보다 더 중요했던 것이다. '목회자', 바로 그 직분이 나의 정체성을 결정했다. 이제 분명한 사실로 드러났듯이, 그것은 내가 생각했던 것보다 훨씬 더 위험한 일이었다.

내 눈으로 미처 확인하지 못했고, 또 마음의 준비도 갖추어지지 않은 상태에서 기독교인으로서의 내 삶은 모든 관계로부터 벗어나기 시작했다. 물론 나는 하나님이 나의 아버지시고, 내가 그분의 자녀라는 사실을 알고 있었지만, 머리로 알고 있는 것과 실제의 삶은 사뭇 달랐다. 나의 믿음은 일상적인 소명, 곧 직업 활동으로 전락했다. 목회자로서의 내 역할이 나를 이해하는 잣대가 되었다. 그것이 하나님과의 관계는 물론, 일상생활 속에서 다른 사람들과 관계를 맺는 기준이었다. 나의 직업적 소명이 내 정체성을 결정하는 순간, 나는 큰 위험에 처했지만 그 사실을 조금도 의식하지 못했다. 나는 불행을 재촉하고 있었다. 분노가 문제가 아니었다면, 다른 문제가 발생했을 것이 틀림없었다.

세상에는 불행한 삶을 살아가는 목회자들이 너무나도 많다. 사회생활을 하는 데 불편함을 느끼고, 가족 관계가 원만하지 못하고, 교회 직원이나 평신도 지도자들과의 관계가 순조롭지 않고, 고백하지 않은 은밀한 죄로 인해 고민하는 목회자가 셀 수 없이 많다. 이런 현실이 조금도 놀랍지 않다. 나는 이런 모든 어려움이 성경의 기준에 미치지 못하는 방식으로 우리 자신을 바라보고 규정하는 데 익숙해진 탓에 더욱 심각해지고 있다고 생각한다.

우리는 하나님이나 사람들과 관계를 맺을 때 그렇게 절실한 마음이 없다. 성령의 깨우침이나 다른 사람들의 사역에 마음의 문을 활짝 열지 못하는 이유는 그런 절실한 마음이 없기 때문이다. 이것이 우리가 개인의 차원에서 하나님 앞에서 경건하게 살아가지 못하는 이유다. 스스로 이미 완성된 상태에 도달했다고 생각하는 사람이 하나님을 진정으로 예배하기는 매우 어렵다. 주 예수 그리스도의 임재와 은혜를 진정으로 찬양하려면, 그분을 날마다 절실히 필요로 하는 마음이 필요하다.

그러나 나를 규정하는 것은 사역이었다. 지금 생각하면 참으로 부끄럽지만, 나는 다른 사람들과 다르기 때문에 그들이 필요로 하는 것이 내게는 필요하지 않다고 생각했다. 당시에 어떤 사람이 나를 앉혀 놓고 이런 말을 구체적으로 들려주었다면, 나는 무슨 허튼소리냐며 반발했을 것이다. 당시만 해도 나는 그런 식으로 행동하며 사람들을 대했다.

이것은 나 혼자만의 문제가 아니다. 존재하지도 않는 영적 장소에 스스로 자리를 정하고 앉아 있는 목회자들이 많다. 이들도 과거의 나처럼 자기 자신의 정체성을 곡해한다. 그래서 이들은 해서는 안 되는 방식으로 행동하고, 영적으로 매우 위험한 습관을 발전시킨다. 이들은 아예 존재하지 않거나 자의적으로 규정짓는 경건생활에 만족한다. 또한 그리스도의 몸 밖이나 그 위에서 살아가는 것을 편안해한다. 다른 사람들을 상대로 사역은 잘하지만, 다른 사람들의 사역에는 마음의 문을 쉽게 열어 놓지 못한다. 게다가 정확한 눈으로 스스로를 바라보는 것을 중단한 지 오래되었기 때문에 다른 사람들의 사랑의 충고를 잘 받아들이려고 하지 않는다. 이들은 자신에게 익숙한 정체성을 옹호하는 데 급급할 뿐, 가족들을 인내심과 겸손함으로 대하지 않는다.

잘못 부여된 정체성은 사람들을 바라보는 관점과 그들을 대하는 태도에 깊은 영향을 미친다. 우리는 우리 자신이 절실히 필요로 하지 않다고 생각하는 진리를 다른 사람에게 가르칠 때만 친절과 사랑과 인내심으로 정중하게 행동한다. 또한 사역의 대상자가 우리와 비슷하다고 생각할 때만 겸손하고 온유한 태도를 취한다. 우리 자신이 완성된 단계에 도달했다고 생각하면, 조급해하거나 판단을 일삼는 태도를 취하기 쉽다. 나는 일전에 한 목회자가 무심코 그런 태도를 드러내는 것을 목격했다.

어느 날, 테드와 나는 신앙생활 강좌에 참석해 한 저명한 목회자의 가르침을 경청했다. 강의 주제는 '가정 예배'였다. 그는 경건한 태도로 개인 예배와 가정 예배에 열정을 쏟아 부었던 위대한 믿음의 선조들에 관한 이야기를 들려주었다. 그는 그들의 개인 예배와 가정 예배를 길고 생생하게 묘사했다. 나는 참석자 모두가 깊은 죄책감을 느끼며 의기소침해졌을 것이라고 생각했다. 마음에 큰 부담을 느꼈던 나는 속으로 이렇게 되뇌었다.

"은혜로 저희를 위로하소서. 은혜로 저희를 위로하소서."

그러나 은혜는 주어지지 않았다. 숙소로 돌아오는 길에 테드와 나는 다른 목회자가 운전하는 차에 강사와 함께 동승했다. 운전을 하던 목회자는 마음에 큰 부담을 느꼈는지 강사에게 날카로운 질문을 던졌다.

"목사님, 한 교인이 찾아와서 '가정 예배를 드려야 한다는 건 잘 알지만, 집안 사정이 여의치 않네요. 아침에 일어나 아이에게 식사를 챙겨 주고, 등교시키기만 해도 버거워요. 앞으로 개인 예배를 잘 드릴 날이 과연 있을지 모르겠습니다.'라고 말한다면 어떻게 대답하시겠습니까?"

강사는 이렇게 말했다(그 말 그대로 인용해 보겠다).

"저는 이렇게 대답하겠습니다. '저는 목회자입니다. 그 말은 곧 제가 형제님보다 훨씬 더 많은 사람을 보살피는 짐을 짊어지고 있다는 뜻이죠. 그런 제가 날마다 가정 예배를 드리고 있다면, 형제님도 능히 가정 예배를 드릴 수 있어야 합니다.'라고요."

목회자들과 함께 있는 자리였기 때문일 수도 있겠지만, 아무튼 그는 그렇게 대답했다. 그 교인의 어려운 사정을 동정하는 기색은 조금도 없었다. 그는 마치 딴 세상에서 온 듯한 태도로 그 교인에게 가혹한 율법을 강요했다. 불행히도, 나도 내 가족에게 그런 태도를 취할 때가 많았다.

그의 대답을 듣고 있자니 화가 치밀었다. 그러나 나 역시 똑같은 일을 저지를 때가 많았다는 사실이 떠오르자 화가 싹 가라앉았다. 나는 집안에서 은혜를 베푸는 일에 너무 인색했고, 항상 판단만을 일삼았다. 그러나 그런 내 태도에는 그보다 훨씬 더 위험한 요소가 도사리고 있었다. 다시 말해, 내가 스스로 만들어낸 정체성은 다른 사람들과의 관계만이 아니라 하나님과의 관계까지 파괴하고 있었다.

나는 나의 내면에서 무슨 일이 일어나고 있는지도 모르고, 혼자 고고한 척 안일하고, 교만하고, 방어적인 태도를 일삼았다. 나는 이렇게 생각하곤 했다.

'난 목회자야. 다른 사람들이 필요로 하는 게 내게는 필요하지 않아.'

지금 생각하면 참으로 부질없는 생각이 아닐 수 없다. 목회자라는 것은 나의 소명일 뿐, 나의 정체성이 아니었다. 내가 지극히 높으신 하나님의 자녀가 된 것은 그리스도의 십자가를 통해 주어진 것이었다. 그리스도의 몸에 속한 하나의 지체, 그것이 곧 나의 정체성이었다. 나는 성화를 이루고 있는 중이었다. 나는 여전히 구원과 변화와 능력과 자유를 주는 은혜를 필요로 하는 죄인이었다. 그런데도 나는 내가 그리스도 안에서 이미 주어진 것을 수평적 차원에서 바라보고 있고, 또 나의 내면과 사역과 관계 속에서 나쁜 열매가 맺히고 있다는 것을 의식하지 못했다. 불행히도, 나의 사역이 곧 나의 정체성이 되고 말았다. 나는 내가 결코 줄 수 없는 것(내면의 행복)을 내게 주려고 노력했다.

■ 오해 2 나를 결정하는 것은 성경 지식이다

이 오해는 앞의 오해와 무관하지 않지만, 서로 다른 범주로 구분해 살펴볼 만하다. 사역을 하다 보면, 영적 성장의 의미가 미묘하면서도 의미심장하게 재설정될 가능성이 매우 높다. 이런 차이는 죄의 본질과 기능을 어떤 관점에서 생각하느냐에 따라 달라진다. 영적 성장을 신학교에서 이루어지는 학문적인 교육의 결과로 오해하는 목회자가 너무나도 많다.

신학교 교육은 신학의 개념들을 이해시키기 위해 믿음을 이론적으로 다루는 경향이 있다. 그래서 학생들이 성경을 잘 알고 정확한 신학적 지식을 갖추는 것을 영적 성장으로 오해할 소지가 매우 높다. 이런 이유로 성경과 신학에 정통한 신학교 졸업생들은 스스로 영적으로 성숙했다고 생각하는 경향이 많다. 그러나 영적 성장은 단순히 생각으로만 이루어지지 않는다(물론 생각은 영적 성장의 주요 요소 가운데 하나다). 영적 성장은 삶을 살아가는 방식과 밀접하게 관련된다. 신학에는 정통하면서도 삶은 성숙하지 못한 경우나, 성경에는 척척박사이면서도 여전히 영적 성장이 필요한 경우가 얼마든지 가능하다.

신학교를 우등으로 졸업하고 학술상도 수상했던 나는, 내가 성숙했다고 생각했다. 그래서 내 생각에 동의하지 않는 사람이 있다면 나를 잘 몰라서 그러는 것이라고 믿었다. 나는 다른 사람이 충고를 할 때면 복음 사역에 종사하는 사람이 으레 겪어야 할 박해쯤으로 이해했다. 그런 생각은 죄와 은혜의 본질을 깊이 오해한 데 원인이 있었다. 잘 알다시피 죄는 지성적인 문제가 아니라, 도덕적인 문제다(물론 죄는 인간의 모든 기능에 영향을 미쳤고 지성도 예외가 아니다). 죄는 하나님에 대한 반역이자 그분께 속한 영광을 내 것으로 삼고자 하는 행위다. 죄는 다른 무엇보다 하나님과의 관계를 깨뜨린다. 하나님의 규칙을 어기는 일이 쉽고 자연스러운 이유는 그분과의 관계가 깨어졌기 때문이다.

성경의 가르침을 통해 새롭게 되어야 할 것은 우리의 생각만이 아니다. 주 예수 그리스도의 강력한 은혜로 우리의 마음도 새롭게 변화되어야 한다. 그러려면 '칭의'(단회적 사건)와 '성화'(지속적 과정)가 모두 필요하다. 신학교 교육은 나의 가장 깊은 문제인 죄의 문제를 해결할 수 없다. 문제 해결에 더러 기여할 수도 있겠지만, 종종 내 눈을 가려 영적 성숙을 잘못 이해하게 함으로써 나의 참 모습을 보지 못하게 만들 수도 있다. 성경적인 성숙은 지식에 머물지 않고, 항상 그 지식이 은혜를 통해 내 삶을 변화시킨다.

아담과 하와를 생각해 보라. 그들이 하나님의 명령을 몰라서 불순종의 죄를 저지른 게 아니었다. 그들이 하나님의 명령인 줄 알면서도 어긴 이유는 그분의 자리를 탐했기 때문이다. 에덴에서의 영적 싸움은 아담과 하와의 내면, 곧 그들의 욕망이 자리 잡고 있던 마음속에서 이루어졌다. 싸움은 지식을 훨씬 뛰어넘는 차원에서 진행되었다.

다윗을 한번 살펴보자. 다윗이 밧세바를 차지하고, 그녀의 남편을 제거할 음모를 꾸몄던 이유는 그가 간음과 살인을 금지하는 하나님의 율법에 무지했기 때문이 아니다. 그가 그런 일을 저질렀던 이유는 하나님이 원하시는 것을 알고서도 일부러 무시했기 때문이다. 그는 아무것에도 개의치 않고 자기 마음이 원하는 것만을 얻으려고 했다.

'지혜롭다'는 것이 무슨 의미인지 생각해 보자. 지식과 지혜는 큰 차이가 있다. 지식은 진리에 대한 정확한 이해를 가리키고, 지혜는 진리를 매일의 삶과 관계에 적용하는 법을 이해해 행동으로 옮기는 것을 뜻한다. 지식은 뇌를 활용하는 것이고, 지혜는 마음의 헌신을 통해 삶을 변화시키는 것이다.

나는 나도 모르는 사이에 성경이 가르치는 영적 성숙을 잘못 이해한 상태에서 목회 사역에 뛰어들었다. 지금 생각하면 참으로 두렵지만, 당시만 해도 나는 내가 온전한 상태에 도달했다고 생각했다. 나는 나 자신을 실제보다 훨씬 더 성숙하게 바라보았다. 그것이 아내가 내 잘못을 일깨워 줄 때마다 방어적인 태도를 취했던 이유였다. 아내의 판단이 잘못되었다고 생각했던 나는 오히려 아내에게 문제가 있다고 확신하기에 이르렀다. 나는 나 자신이 부족하다고 생각하지 않았다. 그리고 내 잘못을 지적하는 말을 받아들이지 않고, 신학과 성경 지식을 동원해 나를 옹호했다. 나는 엉망진창인 상태였지만, 그 사실을 의식하지 못했다.

■ 오해 3 목회의 성공은 하나님이 나를 인정하신다는 증거다

목회 사역은 여러모로 재미있었다. 교인들의 숫자는 날로 늘어났고, 모두 영적으로 성장하고 있는 듯했다. 활기찬 믿음의 공동체에 삶을 헌신하는 사람들이 점점 많아졌으며, 사람들이 신앙생활을 잘하기 위해 열심히 노력하는 모습이 역력했다. 우리는 기독교 학교를 설립했고, 그 학교의 명성과 영향력은 나날이 커졌다. 지도자들을 발굴해 훈련시키기도 했다. 물론 모든 일이 잘 풀린 것은 아니었다. 때로는 힘들고 고통스러울 때도 있었다. 그러나 나는 하나님이 내게 주신 소명을 이룰 수 있는 특권을 허락하셨다고 생각하며 하루하루를 살아갔다. 나는 믿음의 공동체를 이끌었고, 하나님은 우리의 노력을 축복하셨다. 그러나 나는 그런 축복을 잘못 해석했다. 나는 나도 모르는 사이에 하나님이 나와 교인들, 하나님 나라의 사역, 구원의 계획, 교회에게 충실하신 것을 나를 인정하신다는 증거로 착각했다.

"나는 선한 사람이야. 하나님이 항상 내 뒤를 밀어 주고 계셔."

나는 이런 관점에서 나의 사역과 나 자신을 평가했다. 사실 나는 아내에게 이렇게 말할 때가 많았다(지금 생각하면 말하기조차 부끄럽지만, 솔직히 인정하는 게 중요하다고 생각한다).

"내가 나쁜 사람이라면 하나님이 내가 하는 일마다 복을 주실 이유가 없겠지."

하나님이 그런 역사를 일으키신 이유는 내 삶을 인정하시기 위해서가 아니라, 자신의 영광을 드러내고 자기 백성에게 하신 은혜의 약속을 충실히 지키시기 위해서였다. 하나님은 자신이 원하시는 도구를 선택해 그것을 자신이 원하시는 방식으로 사용하실 수 있는 권위와 능력을 지니고 계신다. 사역의 성공은 하나님이 자신의 목적을 위해 사용하시는 사람이 누군가가 아니라, 하나님이 어떤 분인가를 더 많이 보여 준다. 나는 모든 것을 착각했다. 내 능력으로 이룬 일이 아니기에 아무 자격이 없는데도 그 모든 공로를 독차지하려고 했던 것이다. 내가 불행을 향해 달려가고 있으면서도 그 사실을 의식하지 못했던 이유는 바로 그런 착각 때문이었다.

나는 구원의 은혜가 절실히 필요한 사람이었다. 하나님은 아내의 충실한 조언과 테드의 날카로운 질문을 통해 나를 변화시키셨다.

당신은 어떤가? 자기 자신을 어떻게 생각하는가? 자신에 관해 늘 어떤 식으로 말하는가? 자신이 사역하는 사람들과 자기 자신을 다르게 생각하는 미묘한 징후가 삶에서 발견되는가? 은혜의 사역자인 본인에게도 동일한 은혜가 필요하다고 생각하는가? 자신이 전하는 복음과 삶이 서로 일치하지 않는데도 마음이 전혀 불편하지 않은가? 공생활과 사생활이 서로 불협화음을 일으키고 있지는 않는가? 교회에서는 공동체를 강조하면서 정작 자신은 거기에 참여하지 않고 있지는 않는가? 자신보다 자기 자신에 대해 더 정확하게 알고 있는 사람은 아무도 없다고 생각하는가? 다른 사람이 충고할 때 자신의 지식과 경험을 이용해 상대방의 판단이 잘못되었다는 것을 입증하려고 노력하는가?

목회자들이여, 마음속에 있는 것을 두려워할 필요 없다. 속에 있는 것이 드러날까 겁낼 필요 없다. 무엇이 드러나더라도 이미 우리 구주이신 예수님의 보혈이 다 깨끗하게 씻은 것일 테니 말이다.

Chapter 2

"더 이상 못하겠어. 내가 아닌 다른 사람인 척하는 것."

무엇이 잘못되었나?

대중 앞에 비친 내 모습과 개인적인 삶에서의 내 모습이 분리되어 서로 상충되는 현상이 심해질수록 자신의 실상이 겉으로 드러날까 두려워하게 된다. 사람들이 나의 사생활을 알면 나를 어떻게 생각하고, 내게 어떤 태도를 보일까 두려운 생각이 드는 것이다. 심지어는 일자리를 잃을까 초조해하기도 한다. 그런 상태에서 사람들이 나를 염려하며 자꾸 의문을 갖는 것을 보면, 두려움에서 비롯하는 반응을 보일 수밖에 없다. 동료 사역자들에게 정기적으로 나의 문제와 고민을 허심탄회하게 털어놓고 기도해 달라고 부탁해야 하는데, 오히려 그들이 혹시 나에 대해 물으면 어떻게 대답해야 할지만 고민하기에 이른다.

이것이 나만의 이야기이고, 다른 목회자들은 나와 다르다고 말할 수 있다면 얼마나 좋을까? 대다수의 목회자들이 공생활과 사생활이 서로 일치하는 삶을 살고 있다고 말할 수 있다면 얼마나 행복할까? 다른 사람들에게 복음을 전하는 것처럼 자기 자신에게 전하고, 교회 직원들과 원만하게 지내며, 분노나 원망을 느끼지 않는다고 말할 수 있다면 얼마나 기쁠까? 많은 교회가 목회자를 잘 돌보고 있고, 또 대부분의 목회자가 쉽게 다가갈 수 있는 겸손한 사람이며, 스스로의 필요를 깊이 인식하는 사람이라고 말할 수 있다면 얼마나 기쁠까? 그러나 안타깝게도 그럴 수가 없다.

나는 목회자들과 교회를 사랑한다. 나는 목회 사역에 뒤따르는 어려움과 즐거움을 잘 안다. 나 역시 목회 사역의 즐거운 순간과 암울한 순간을 모두 경험했기 때문이다. 목회 사역이 감당하기 힘든 짐일 때도 있고, 순전한 기쁨으로 느껴질 때도 있다는 것을 잘 알고 있다. 목회자들은 어려움을 겪을 뿐 아니라, 그 어려움을 더욱 가중시키는 경향이 있다. 용서와 변화와 능력과 구원을 가져다주는 은혜를 필요로 하지 않는 목회자는 단 한 사람도 없다. 그렇기 때문에 상황이 어떻게 돌아가고 있는지, 또 목회자들이 무엇을 하고 있는지 관심이 많고, 또 알고 싶다.

나는 목회자들을 만나 그들의 울타리를 흔들어 놓기를 좋아한다. 나는 목회자들이 자신이 겪고 있는 일과 그 과정에서 어떻게 행동하는지 솔직하게 말할 수 있도록 돕고 싶다. 또한 예수님의 인격과 사역을 통해 주어지는 축복과 은혜를 상기시켜 주고 싶고, 교인들이 베푸는 사랑이 아니라 예수님이 이미 목회자들에게 베푸신 큰 사랑을 통해 안전하게 살아갈 수 있다는 점을 깨닫도록 돕고 싶다. 더불어 교만한 목회자가 성경이 가르치는 관용으로 자기 자신을 바라볼 수 있고, 낙심한 목회자가 복음의 은혜의 빛으로 자기 자신을 바라볼 수 있도록 돕고 싶다. 따라서 나는 목회자들의 말을 주의 깊게 듣고, 사역의 의도로 그들을 지켜본다. 그들의 이야기를 듣고, 그런 이야기들이 목회자의 마음속에서 어떤 의미로 받아들여지고 있는지 파악하려고 애쓴다. 교회의 목회 문화를 올바른 관점에서 접근하려고 노력하는 나는, 이런 일을 할 때마다 한 가지 물음을 생각한다.

"예수 그리스도의 복음이 목회자의 마음과 목회 사역의 문화를 어떻게 형성하고 변화시켜 나가는가?"

이 책의 내용 가운데에는 목회자들과 그들의 동역자들이 직접 들려주는 삶의 이야기는 물론, 간접적으로 건네 들은 경험담도 담겨 있다. 나는 거의 매주 결혼, 자녀 양육, 의사소통, 그리스도의 몸 등 신앙생활의 여러 가지 주제들에 대해 강연을 한다. 강연이 끝나면 나를 조용히 자신의 방으로 데리고 들어가 자신의 문제를 털어놓는 목회자가 꼭 있다. 예를 들면, 가정생활 문제, 매일 저녁 텔레비전을 과도하게 시청하는 문제, 자녀들에게 화를 내는 문제, 목회 사역의 부담감에 대한 문제, 대인 관계가 원만하지 못한 문제 등이다. 그런 이야기 가운데 하나를 소개해 보겠다.

K 목사의 폭탄 선언

주말 강연 장소에 도착하기 바로 전 날, 그 교회의 K 담임 목사가 내게 전화를 걸어 왔다. 교회 지도자들을 위해 한 시간 정도 시간을 내줄 수 없느냐는 내용의 전화였다. 나는 주말 강연을 마치고 난 후 곧바로 목회자 사무실로 안내되었다. 우리는 잠시 함께 기도했다. 그러고 나서 그들은 자신들의 문제를 말하기 시작했다.

그 교회의 지도자들은 매주 월요일 아침에 결과 보고회를 가졌다. 그들은 잠시 기도를 한 뒤 주일에 있었던 일에 관해 대화를 나누곤 했다. 그런데 갑자기 예기치 않은 사태가 발생했다. 담임 목사가 제시간에 모습을 드러내지 않은 것이었다. 늦는 것을 싫어하고, 단 한 번도 늦은 적이 없던 그가 어찌된 영문인지 너무 오래도록 모임에 나타나지 않았다. 지도자들 가운데 한 사람이 걱정이 되어 그에게 전화를 걸었다. 그가 마침

내 모습을 드러낸 순간, 뭔가가 크게 잘못되었다는 것을 모두 직감했다.

K 목사의 나이는 사역자로서 한창 때인 45세였지만, 나이에 비해 폭삭 늙어 보였다. 게다가 얼굴은 피로로 찌들어 있었다. 바로 전 날 설교를 전했던 사람의 모습과는 영 딴판이었다.

그는 작은 소리로 모임에 늦어 미안하다고 말하고 나서 곧장 이렇게 말했다.

"이제 전 더 이상 못하겠습니다. 사역의 부담감을 견디기가 힘듭니다. 더 이상 설교를 할 수도, 모임을 이끌 수도 없습니다. 솔직히 말하면, 모든 것을 그만두고 이곳을 떠나고 싶습니다. 아내와도 더 이상 같이 살고 싶지 않습니다. 무슨 불륜을 저질러서가 아닙니다. 단지 제가 아닌 다른 사람인 척하는 것이 피곤해졌기 때문입니다. 문제가 있는데 없는 척하는 것도 싫고, 결혼생활이 전혀 행복하지 않은데 행복한 것처럼 꾸미는 것도 싫습니다. 다음 주일에 설교를 할 수 없습니다. 혼자 있을 시간이 필요합니다. 그렇지 않으면 폭발해 버릴 것만 같습니다. 이런 말을 이런 식으로 전하게 되어 죄송합니다. 더 이상은 못하겠습니다."

그러더니 그는 몸을 일으켜 총총히 사라졌다. 교회 지도자들은 너무 놀라 그를 만류할 생각조차 하지 못했다. 그들은 잠시 한두 마디 대화를 나누고 나서 기도한 후, K 목사에게 전화를 걸어 돌아오라고 말했다. 그들은 그동안 K 목사와 함께 지내며 사역했지만, 그를 진정으로 알지 못했다. 그들은 나와의 대화를 통해 비로소 그 사실을 깨달았다.

사실 나는 이런 식의 슬픈 이야기를 무수히 들어 보았다. 여기에서 우리의 관심을 자극하는 문제는 사건이 느닷없이 터져 모두를 놀라게 한 것이 아니다. 문제는 그 목회자가 자신을 잘 알지도 못하고 잘 보살피지도 않았던 사람들 틈에서 하루하루를 살아가야 했다는 충격적인 현실이다. 나는 교회 지도자들이 취해야 할 조처와 목회자를 보살피는 방법을 생각할 수 있도록 도와주었지만, 그들 모두가 당분간 큰 고통의 과정을 겪게 될 것을 알았기에 마음이 몹시 무거웠다.

나는 이와 비슷한 일을 겪고 있는 목회자들을 너무나도 많이 목격했고, 실망과 원망과 고독과 두려움과 갈망을 느끼는 목회자들의 이야기를 들을 수 있었다. 내가 먼저 내 이야기를 들려주면 목회자들은 안심하고 자신의 이야기를 털어놓았다. 슬픈 사연을 지닌 목회자가 많았다.

"도대체 무엇이 잘못된 것일까?"

나 자신의 이야기를 전하고, 동료 사역자들의 이야기를 들려주는 동안 몇 가지 주제가 확연하게 떠올랐다. 모든 이야기는 제각기 독특해서 그런 이야기를 일반화시키는 것은 무익하고 위험할 수 있다. 그러나 우리 자신이 겪는 일은 다른 많은 사람이 겪었던 일이기도 하다. 따라서 그들의 이야기를 살펴보면 우리의 이야기를 이해하는 데 도움이 될 수도 있다.

어려움에 처한 목회자의 증상

K 목사의 이야기를 살펴보면 목회자가 어려움에 처한 징후를 요약적으로 보여 주는 증상이 몇 가지 발견된다.

■ **증상 1 문제의 명백한 증거를 무시한다**

그가 어려움에 처한 증거는 도처에 깔려 있었지만, 그는 주의를 기울이지 않았다. K 목사는 자기 자신과 오랜 대화를 나누면서 스스로가 어려움에 처해 있음을 암시하는 증거를 부인하고, 축소하고, 합리화했다. 그의 문제는 불륜이나 포르노그래피가 아니었다. 그는 그런 것보다 훨씬 더 근본적인 문제를 안고 있었다. 그가 자녀들에게 종종 분노를 표출한 것은 그런 징후 가운데 하나였다. 또한 사역 모임을 가진 후 동료 사역자들을 항상 불만족스럽게 여겼던 것도 그런 징후 중 하나였다. 아내와의 관계가 차츰 소원해진 것도 문제이기는 마찬가지였다. 진정어린 경건생활이 부족했던 것도, 매일 저녁 텔레비전 앞에 붙어 있었던 것도, 다른 곳에서 다른 모습으로 목회를 하고 싶어 하는 마음이 생긴 것도 뭔가가 잘못되었다는 징후였다. 자기 자신의 문제를 올바로 직시하지 못했던 것은 그가 방향을 잃고 헤매기 시작했다는 증거였다. 그는 이 모든 증거를 부인하고, 무시하고, 적당히 합리화한 것이다.

K 목사는 우리 모두에게 존재하는 죄의 성향, 곧 자기를 기만하는 성향을 여실히 보여 준다. 우리가 그런 성향에 치우치게 되는 과정을 설명하면 이렇다. 우리 자신이 부족할 뿐 아니라 매일 은혜를 절실히 필요로 하는 상태에 놓여 있다는 사실을 늘 상기하지 않으면, 즉 우리 주위에 나타나는 많은 증거를 보면서도 스스로를 의롭게 생각하는 마음을 버리지 못하면, 우리에게 아무 문제가 없다는 거짓을 믿게 될 수밖에 없다. 다시 말해, 타락한 세상이 제공하는 많은 근거를 들이대며 주위 사람들과 상황이 잘못되었기 때문에 그런 식으로 반응할 수밖에 없다는

논리를 펼쳐 우리를 옹호할 수밖에 없다.

"나는 아무 문제가 없어. 내가 아니라 그들이 문제야. 나는 바뀔 필요가 없어. 주변 상황과 다른 사람들이 바뀌어야 해."

우리는 스스로에게 이렇게 속삭인다. 그러면서 우리는 스스로 의식하지 못하는 상태에서 자기의 의로움을 내세우는 정교한 논리를 구축하기 시작한다. 우리는 매일 스스로에게 그런 논리를 주지시키고, 다른 사람들 앞에서 그런 논리를 펼칠 방법을 찾는다. 참되신 구원자의 은혜에 의존하기보다 스스로 구원자가 되어 하나님이 잘못이라고 말씀하시는 것을 옳다는 식으로 말한다. 증거를 부인하고, 자기 의를 옹호하고, 은혜를 거부한다. 어느 순간에 모든 것이 와르르 무너질 때까지 상황은 갈수록 더욱더 악화된다. 나는 그런 식으로 증거를 부인하는 행위를 누구보다 잘 알고 있다. 나 스스로가 그런 행위를 자주 일삼았기 때문이다. 다른 사람들 앞에서 아름다우신 구원자를 굳게 붙드는 모습을 보여 주는 대신, 나 스스로 구원자가 되려고 무진 애를 썼던 목회자가 바로 나였다.

■ 증상 2 자신의 마음 상태를 옳게 파악하지 못한다

우리의 마음속에 남아 있는 죄가 무서운 이유 가운데 하나는 자기기만을 부추기기 때문이다. 우리는 이런 사실을 마땅히 인정하고 고백해야 한다. 죄는 우리의 눈을 멀게 한다. 우리는 두 종류의 눈을 가지고 있다. 육신의 눈으로는 우리 주위에 있는 물리적인 세상을 바라보고, 마음의 눈으로는 영적인 현실을 바라본다. 우리가 창조된 목적과 우리가 해야 할 일을 옳게 파악하고 있는지를 확인하는 눈은 후자다. 죄는 마음의 눈을 혼란스럽게 한다. 우리는 다른 사람의 죄는 구체적으로 명확하게 보면서도, 정작 우리 자신의 죄는 보지 못하는 경향이 있다. 우리는 위험한 상황에 처해 있지만, 그 가운데서도 가장 위험한 것은 영적으로 눈이 멀었는데도 스스로의 눈먼 상태를 의식하지 못한다는 것이다.

K 목사는 '나 자신보다 스스로를 더 정확하게 알고 있는 사람은 아무도 없다'는 착각에 깊이 사로잡혀 있었다. 그는 다른 사람이 자신의 생각과 욕망과 동기와 선택과 언행을 지적하는 말보다 자기 자신을 더욱 신뢰했다. 그는 오직 자기 자신만이 자신의 문제와 고칠 점이 무엇인지 알 수 있다고 생각했다. 다른 사람이 문제를 지적하면 내면의 방어 체계를 가동하고, 그럴 듯한 논리로 자신을 변호했다. 그는 이런 식으로 생각했다.

'다른 사람은 나를 잘 몰라. 나를 잘 알았다면 그런 식으로 내 잘못을 지적하지 않았을 거야.'

그는 종종 화를 내면서 아내에게 이렇게 말하곤 했다.

"여보, 당신은 나를 안다고 생각하지만 사실은 나를 잘 모르고 있어."

죄는 우리의 눈을 멀게 하기 때문에 하나님은 그리스도의 몸을 세워 우리의 삶을 지켜보는 역할을 담당하게 하셨다. 우리 자신을 깊고 정확하게 볼 수 있도록 배려하신 것이다. 그런 배려가 없었다면 우리 스스로는 절대로 그렇게 할 수 없었을 것이다. 그러나 K 목사는 다른 사람들의 눈을 신뢰하지 않고, 영적 소경 상태로 오로지 스스로를 바라보는 자신의 관점만을 신뢰했다.

■ 증상 3 그의 사역에는 경건한 헌신이 없다

경건한 헌신이 뒷받침되어야만 우리의 사역에 동기와 인내, 겸손, 기쁨, 사랑, 열정, 은혜가 넘칠 수 있다. 날마다 나의 부족함을 인정하고, 주 예수 그리스도의 은혜를 묵상하며, 내 힘을 새롭게 하는 말씀의 지혜를 받아들여야만 주님으로부터 받은 은혜를 사람들에게 힘 있게 전할 수 있다. 목회자의 삶에서 경건한 헌신이 없으면 아무리 성경을 잘 풀이하고, 설교를 잘하고, 리더십이 훌륭해도 좋은 결과가 나타날 수 없다. 다른 사람들이 예배를 드리게 하려면 내가 먼저 예배를 드려야 하고, 은혜를 필요로 하는 사람들을 섬기려면 내가 먼저 은혜를 필요로 해야 하며, 다른 사람들에게 '그리스도 안에' 거하는 것이 무슨 의미인지 일깨워 주려면 내가 먼저 그리스도 안에 거하는 기쁨을 느껴야 한다. 또한 호소력 있는 설교를 전하려면 설교자가 먼저 경건한 마음으로 자신의 설교에 귀를 기울여야 한다.

개인적인 헌신을 토대로 한 사역을 하려면 마음 깊은 곳에서 겸손한 고백이 이루어져야 한다. K 목사를 비롯해 그와 비슷한 처지에 있는 많은 목회자가 바로 이 점에서 잘못을 저지른다. 그는 자신의 주변에서 발견되는 증거를 부인하고, 자신의 마음에 무지했기 때문에 스스로에게 문제가 있는데도 아무 문제가 없는 것처럼 생각했다. 그는 설교를 준비할 때도 자신의 잘못을 깨우치거나 말씀을 통해 은혜를 받지 못했다. 그가 사역을 하면서 했던 말과 행동은 스스로 만족을 얻기 위한 것이었을 뿐, 그리스도를 예배하고 사랑하는 마음과는 거리가 멀었다. 그는 설교를 준비할 때도 생각을 고쳐야 할 필요가 있는 사람들에게 전달할 몇 가지 진리를 나열하는 것에 그쳤고, 상담을 할 때도 복음을 전하는 것보다 문제 해결에 초점을 맞추었다. 따라서 그의 사역은 점차 호소력을 잃고 무미건조해지기 시작했다. 사역이 생명력을 잃고 만 것이다. 마음에서 우러나는 예배는 사라지고, 다람쥐 쳇바퀴 돌 듯 목회 활동의 의무만이 늘 되풀이되곤 했다.

■ 증상 4 자기 자신에게 복음을 전하지 않는다

사역을 하면서 스스로에게 늘 '지금 이 순간'의 복음을 일깨워 주지 않으면, 곧 현재의 현실 속에서 그리스도의 은혜를 누리지 못하면 오직 예수님 안에서만 발견할 수 있는 것을 다른 데서 찾는 잘못을 저지를 수밖에 없다. 매순간 우리의 영혼이 그리스도의 임재와 약속과 능력을 의지하지 않으면, 사람들이나 상황을 통해 활로를 찾으려는 노력을 기울이기 쉽다. 주님의 견고한 사랑 안에서 우리의 정체성을 발견하지 못하면, 우리 자신의 삶에 있는 것들을 통해 구원의 길을 찾으려고 할 것이다. 그러나 그런 것들은 우리를 구원할 수 없다. 우리의 영적 행복을 수직적 차원에서 찾지 못하면 수평적 차원에서 찾으려고 애쓰다가 늘 공허감을 느낄 수밖에 없다. 참되고 유일한 복음을 의지하고, 그 복음을 우리 자신에게 거듭 주지시키지 않으면 불안한 마음을 달래기 위해 다른 복음을 찾으려고 애쓸 수밖에 없는 것이다.

K 목사는 그리스도 안에서 자신의 정체성을 찾으려고 하지 않았기 때문에 안식이 없는 곳에서 안식을 찾으려고 안간힘을 썼다. 자신도 모르는 사이에 주위의 상황과 사람들에게서 구원을 찾으려고 노력했다. 그

는 다른 지도자들이 자신을 대하는 태도만을 중시하며, 그들이 자신을 존경하는 듯하면 그것으로 마음의 위안을 삼았다. 또한 그는 교인들이 자신의 설교를 칭찬하는 것을 좋아했다. 그럴 때면 자신이 사역을 잘 감당하고 있다는 생각에 마음이 흐뭇했다. 그는 자신의 정체성을 자신의 생각이나 감정과 결부시켰기 때문에 스스로에 대해 좋은 생각이나 좋은 기분을 느끼지 못하면 크게 실망하곤 했다.

그는 수직적 차원에서 찾아야 할 것을 수평적 차원에서 찾으려고 애썼기 때문에 외로움과 불만이 갈수록 고조되었다. 자기 자신과 대화를 나누면서 자기 연민에 사로잡혀 스스로를 변호하고, 다른 사람들에게 상처를 안겨 주는 언행을 일삼았다. 그리스도의 사랑을 항상 되새기며 그 사랑에서 사역의 열정과 자유를 얻어야 했지만, 그렇게 하지 못했다. 다른 사람들에게만 복음을 전하려고 노력했을 뿐, 자기 자신에게는 복음을 전하지 않았다. 그 결과 그의 심령 상태는 갈수록 악화되었다. 그런데도 그 사실을 의식하지 못한 채 더 이상 감당할 수 없는 상태에 이르렀고, 결국에는 자신이 하고 싶었던 모든 것을 중단해야 할 상황이 되고 말았다.

■ 증상 5 가까운 사람들의 말에도 귀를 기울이지 않는다

K 목사는 자신의 마음속에서 무슨 일이 일어나고 있는지 몰랐다. 하지만, 그에게 외부의 도움이 전혀 없었던 것은 아니었다. 그의 곁에는 항상 그를 염려하는 마음으로 솔직한 충고를 아끼지 않았던 지도자들이 있었다. 오랫동안 함께 일해 온 동료 사역자와 장로들이 여러 번 그

의 태도나 말하는 방식에 대해 조언을 아끼지 않았다. 지난 수년 동안 사람들이 그를 염려하는 마음으로 그의 결혼생활에 관해 충고를 한 적도 수없이 많았다. 그들은 그가 결혼생활에 충분한 시간을 투자하지 않고 있다거나, 또 시간을 투자해도 잘못 투자하고 있다고 일깨워 주기도 하고, 그의 자녀들의 삶에서 일어나고 있는 일에 대해서도 적절히 지적했다. 그는 개인으로서의 삶을 신중하게 꾸려 가지 못하는 잘못을 지적받기도 하고, 사무실에서 밤늦게까지 머물러 있을 때가 많다며 각성을 촉구하는 말을 듣기도 했다. 그의 마음속에서 엄청난 싸움이 벌어지고 있다는 사실을 아는 사람은 아무도 없었지만, 그는 결코 혼자가 아니었다. 그가 다른 사람들의 충고를 진지하게 받아들였다면, 마음속의 근본 문제를 의식할 수 있었을 것이다.

그는 사람들의 충고를 대놓고 무시하지는 않았지만 주의 깊게 듣지 않았다. 마음을 열어 놓지 않은 탓에 사람들이 자신을 오해하고 있다거나, 상황이 그렇게 심각하지 않다고 자위할 때가 많았다. 심지어는 자신을 염려하는 사람들에게 고맙다는 말을 하기도 했지만, 내심 속으로는 자신이 일상생활 속에서 여러 가지 좋은 일을 하고 있다는 사실을 그들이 잘 모르고 있다고 생각했다. 그는 겉으로만 봐서는 스스럼없이 다가갈 수 있는 사람이었지만, 하나님이 그리스도의 몸에 속한 지체들을 통해 건네시는 경고에 주의하지 않았다.

■ 증상 6 사역이 짐이 된다

이것은 피할 수 없는 결과였다. 일상생활 속에서 복음이 사라지고, 사생활과 공생활의 괴리가 점차 깊어지고, 사역의 원동력을 제공하는 경건생활이 무기력해지고, 주위 사람들이 자신을 오해하고 있는 것처럼 보이고, 가족들이 이유 없이 자신에게 불만을 토로하는 것처럼 생각되고, 자신이 당연히 받아야 할 존경을 받지 못하고 있다고 느끼고, 엉뚱한 곳에서 영적 생명을 얻으려고 했던 탓에 영적 힘이 날로 쇠약해졌으니 그런 결과가 나타난 것은 지극히 당연했다. 이 모든 요인이 사역에 영향을 미친 결과, 그의 사역은 짐이자 의무로 전락하기 시작했다.

사역의 기쁨을 잃어버린 목회자들, 단지 다른 할 일이 없다는 이유 하나만으로 한 주 한 주를 억지로 버티며 살아가는 목회자들이 참으로 많다는 사실을 알면 모두들 놀랄 것이다. 목회 사역이 더 이상 하나님을 예배하는 것과는 무관하게 변해 버린 경우가 얼마나 많은가? 목회 사역을 통해 하나님 나라가 아니라, 자신의 왕국을 건설하고 있는 목회자들이 얼마나 많은가? 우리 가운데 얼마나 많은 이들이 마음의 상처와 비애를 느끼며 사역을 하고 있는가? 벗어나고 싶어도 그 방법을 알지 못해 고민하는 목회자들이 얼마나 많은가?

■ 증상7 침묵하며 살기 시작한다

침묵하게 되는 이유는 두 가지다. 첫째는 사람들에게서 위안을 찾으려고 하기 때문이다. 다시 말해, 사람들이 보내는 지지와 존경에 힘입어 사역을 하려고 하면 그들에게 자신의 죄와 약점과 실패를 솔직하게 고백하기가 어렵다. 둘째는 두려움 때문이다. 대중 앞에 비친 내 모습과 개인적인 삶에서의 내 모습이 분리되어 서로 상충되는 현상이 심해질

수록 자신의 실상이 겉으로 드러날까 두려워하게 된다. 사람들이 나의 사생활을 알면 나를 어떻게 생각하고, 내게 어떤 태도를 보일까 두려운 생각이 드는 것이다. 심지어는 일자리를 잃을까 초조해하기도 한다. 그런 상태에서 사람들이 나를 염려하며 자꾸 의문을 갖는 것을 보면, 두려움에서 비롯하는 반응을 보일 수밖에 없다. 동료 사역자들에게 정기적으로 나의 문제와 고민을 허심탄회하게 털어놓고 기도해 달라고 부탁해야 하는데, 오히려 그들이 혹시 나에 대해 물으면 어떻게 대답해야 할지만 고민하기에 이른다.

그런 상태가 되면 그리스도의 몸에 속한 지체들이 건네는 가르침과 조언과 격려와 보호를 더 이상 경험할 수 없게 된다. 또한 우리 가운데 아무도 할 수 없는 일을 혼자서 해나가려고 애쓰는 지경에 이른다. 하나님은 우리의 영적 생활이 공동체 안에서 이루어질 수 있도록 계획하셨기에 '나 홀로' 기독교는 절대로 효과를 발휘할 수 없다.

■ **증상 8 자신의 소명을 의심하기 시작한다.**

나의 인격과 태도를 깊이 성찰하지도, 나의 참 모습을 정확하게 파악하지도 못한 상태에서 사역이 점차 부담스러운 짐으로 느껴지다 보니 급기야는 내가 목회 소명을 받았는지조차 의심스럽기 시작했다. 사역이 안팎에서 문제에 부딪히는 이유는 두 가지밖에 없다. 하나는 내게 주어지지 않은 소명을 행하려고 노력하기 때문이고, 다른 하나는 소명을 받은 것은 분명하지만 잘못된 것을 생각하거나 행하기 때문이다. 겉으로 드러난 증거를 외면하고 다른 사람들의 충고에 귀 기울이지 않으면,

자신의 악한 마음을 깨닫지 못하고 스스로를 의롭게 여기기 쉽다. 그렇게 되면 자신에게 문제가 있다고 결론짓기가 매우 어려워진다. 그런 경우에는 사역이나 사역의 어떤 요소에 문제가 있기 때문에 사역의 방식을 고쳐야 한다는 결론에 도달할 수밖에 없다. 바로 이것이 K 목사의 문제였다. 그는 처음 5년 동안은 자신의 소명을 의심하지 않았지만, 그 후부터는 깊은 불안감을 느끼기 시작했다.

- **증상9 다른 삶을 꿈꾸기 시작한다.**

상황이 그 지경에 이르자 남은 한 가지 희망과 꿈은 '이 삶에서 벗어나야 한다'는 것이었다. 처음에는 그런 생각을 하는 것이 두려웠지만 그는 생각을 멈출 수가 없었다. 그는 다른 삶을 꿈꾸는 일에 점차 익숙해져 갔다. 그런 생각을 다른 사람에게 내비치는 것을 두려워했지만, 결국에는 아내에게 속마음을 털어놓고 다른 삶을 살면 삶이 한결 편해질 거라고 설득하려고 애썼다. 또한 그는 그로부터 얼마 지나지 않아 다른 지도자들에게도 사역을 그만두고 싶다는 의사를 밝혀야겠다고 생각했다. 결국 그는 자신이 상상했던 것보다 더 만신창이가 된 모습으로 그들 앞에서 사의를 표명하기에 이르렀다.

이런 일이 단지 이 한 사람에게만 일어난 현상이었다고 말하고 싶은 마음이 굴뚝같다. 하지만 안타깝게도 그럴 수가 없다. 나는 이런 이야기를 수없이 들어보았다. 다음에 어떤 이야기가 이어질지 정확하게 예측할 수 있을 정도다. 자신에게 문제가 있다는 것을 알고 있는 목회자들보다 자신에게 문제가 있는데도 그것을 의식하지 못하는 목회자들이 훨씬 더 많다. 물론 이런 증상들이 나와 대화를 나눈 목회자들에게 모두 다 나타나는 것은 아니다. 그러나 많은 목회자들에게서 이런 증상들이 나타난다. 이런 증상들은 우리에게 격려와 능력과 변화와 구원을 가져다주는 예수 그리스도의 복음의 진리 밖에서 위세를 떨친다. 내가 이 글을 쓰는 이유는 나 자신은 물론, 다른 사람들을 걱정하기 때문이다. 나는 종종 이런 일이 일어나도록 방치하는 교회 문화에 깊은 우려를 느낀다.

Chapter **3**

"나는 성경 연구가 중요해.
사람들은
사역의 걸림돌일 뿐"

신학을 위한 목회 vs **영혼을 위한 목회**

어느 날 저녁, 로마서의 한 대목을 주석하는데 무엇인가가 번개처럼 뇌리를 스쳤다. 복음을 가장 훌륭하고 포괄적으로 설명한 로마서를 수개월 동안 매일 몇 시간씩 연구해 왔으면서도 정작 그 메시지에 아무런 감동을 느끼지 못하고 있다는 사실이 불현듯 떠올랐다. 복음의 메시지는 내게 아무런 영향도 미치지 못했다. 문법과 구문, 신학적 개념과 논리적 논증이 전부였다. 거창한 지적 활동이었을 뿐, 영적 능력은 거의 전무했다. 글자가 빼곡히 적힌 페이지를 물끄러미 바라보았던 기억이 난다. 모든 것이 실생활과 동떨어진 것처럼, 나와는 아무 상관없는 것처럼 멀고 흐릿하게 느껴졌다. 환각은 아니었다. 그것은 모두 내가 직접 기록한 것이다. 그러니 나 자신, 나의 실생활, 결혼생활, 죄와의 투쟁, 나의 과거와 미래, 나의 가장 깊은 희망과 꿈과 두려움과는 아무 상관이 없는 듯 보였다. 공책을 물끄러미 쳐다보는 동안 이 모든 것이 단지 학점이나 과제나 학위를 위한 것이라면, 끝까지 마무리하는 것이 불가능할 것 같다는 생각이 들었다.

내가 생각했던 것보다 훨씬 더 큰 깨달음을 얻은 순간이 있다. 지금 돌이켜보면 하나님이 나를 구원해 주신 참으로 은혜로운 순간이 아닐 수 없다. 그것은 나를 목회자로 불러 사역의 열정을 느끼도록 만들었던 은혜와 조금도 다르지 않았다.

당시 나는 바울이 복음의 기본 원리를 설명한 로마서를 주석하던 중이었다. 나는 큰 공책을 준비한 뒤, 매 세 번째 페이지마다 오른쪽 맨 위 구석을 정사각형으로 잘라내어 그 양쪽에 헬라어 원문을 풀로 붙였다. 그런 다음, 나머지 페이지에는 주석과 설교 개요와 예화를 적어 넣었다. 내가 당시에 새로 배웠거나 습득한 목회 기술을 총망라한 작업이었다. 재미도 있고, 여러모로 도움이 많이 되었던 일이었다. 공책에 로마서를 주석한 내용이 가득 적힌 것을 보니 마음이 흐뭇했다. 나는 헬라어 구문과 신학적 논증이 가져다주는 재미에 푹 젖어들었다. 나는 시제와 문맥과 목적어와 연결사를 분석했고, 단어의 어원과 바울의 용어들을 열심히 공부했으며, 세부 내용을 성경 저자의 전체적인 의도에 연결시키려고 노력했다. 그리고 여러 학자들의 견해를 살펴보며 그들의 통찰력과 견해를 서로 견주어보았다. 많은 시간 혼자서 성경을 공부하다 보니 공책의 페이지마다 내가 연구한 내용이 빼곡히 들어찼다.

어느 날 저녁, 로마서의 한 대목을 주석하는데 무엇인가가 번개처럼 뇌리를 스쳤다. 복음을 가장 훌륭하고 포괄적으로 설명한 로마서를 수개월 동안 매일 몇 시간씩 연구해 왔으면서도 정작 그 메시지에 아무런 감동을 느끼지 못하고 있다는 사실이 불현듯 떠올랐다. 복음의 메시지는 내게 아무런 영향도 미치지 못했다. 문법과 구문, 신학적 개념과 논리적 논증이 전부였다. 거창한 지적 활동이었을 뿐, 영적 능력은 거의 전무했다. 글자가 빼곡히 적힌 페이지를 물끄러미 바라보았던 기억이 난다. 모든 것이 실생활과 동떨어진 것처럼, 나와는 아무 상관없는 것처럼 멀고 흐릿하게 느껴졌다. 환각은 아니었다. 그것은 모두 내가 직접 기록한 것이다. 그러나 나 자신, 나의 실생활, 결혼생활, 죄와의 투쟁, 나의 과거와 미래, 나의 가장 깊은 희망과 꿈과 두려움과는 아무 상관이 없는 듯 보였다. 공책을 물끄러미 쳐다보는 동안 이 모든 것이 단지 학점이나 과제나 학위를 위한 것이라면, 끝까지 마무리하는 것이 불가능할 것 같다는 생각이 들었다.

나는 마치 현실 세계와 가상 세계 사이에 둥둥 떠 매달려 있기라도 한 듯, 잠시 멍한 상태로 가만히 앉아 있었다. 그동안의 학과 수업과 과제와 시험을 떠올렸다. 그동안 투자해 온 많은 시간과 노력과 비용을 생각했다.

"그 모든 게 고작 이것을 위한 것이었단 말인가?"

나는 크게 울부짖었다. 격한 감정이 쏟아져 나왔다. 다른 방에 있던 아내가 깜짝 놀라서 달려 나올 정도였다. 아내는 허리를 굽혀 팔로 나를 감싸면서 무슨 일이냐고 물었다. 아내는 신학교에 다니는 젊은 남편이 자기의 눈앞에서 무너져 내린 모습을 보고 크게 놀라지 않을 수 없었다. 그럴 때면 으레 그러했듯, 나는 그녀에게 이렇게 말했다.

"난 이제 끝났어."

나는 아내에게 더 이상 신학교 공부를 할 수 없다고 말했다. 다행히도 나는 지혜롭고 인내심 많은 여자와 결혼했다. 아내는 내가 다시 용기를 내 공부를 끝까지 끝마칠 수 있도록 도와주었다. 그날 저녁, 나는 중요한 사실 하나를 깨달았다. 우리의 믿음을 학문 차원에서 바라보는 것이 얼마나 위험한지 말이다. 나는 예수 그리스도의 복음이 여러 가지 신학적 개념과 그런 개념들을 다루는 기술로 축소되는 순간에 어떤 일이 일어나는지 직접 경험했다. 믿음의 성장이 존재가 아닌 지식에 의해 규정되기 시작하는 순간, 심각한 문제가 발생한다. 성경 속 진리의 개념 자체를 더 사랑하는 순간 큰 위험이 뒤따르기 시작하는 것이다.

필라델피아 웨스트민스터 신학교 교수로서 내가 담당했던 학과목 중 하나는 목회상담학이었다. 그것은 목회학 박사 과정 학생들이 필수로 들어야 하는 강의였다. 학생들은 필수 과목이라는 이유만으로 내 과목을 수강했다. 나는 학생들이 내 강의를 듣고 싶어 하지도 않고, 또 내가 가르치는 것에 관심이나 열정이 없다는 것을 알면서도 매년 강의를 되풀이했다. 머리만 잔뜩 커질 장래의 목회자들에게 내 강의가 중요한 의미를 지닌다는 사실을 깨닫기 전까지의 몇 년 동안은 강의를 이어 나가기가 매우 힘들었다. 나는 강의 분위기를 바꾸고, 나 자신부터 매년 강의 시간을 설레는 마음으로 기다릴 수 있는 전략을 구상했다.

매 학기마다 목회자들이 두려워하는 것들, 목회자들이 싫어하지만 어쩔 수 없이 해야 할 일들을 소개하기로 결정했다. 나는 학생들에게 남편에게 폭행 당한 아내들의 이야기, 열다섯 살 된 딸이 임신한 사실을 알고 슬퍼하는 어머니의 이야기, 네 살 된 아들의 관 앞을 떠날 줄 모르는 부모의 곁을 지켜 주어야 했던 이야기, 심한 우울증을 앓는 사람이나 가정 경제를 파국으로 몰아넣은 사람과 여러 시간 동안 함께 지낸 이야기를 들려주었다. 그 밖에도 세상에서 살아가는 동안 그리스도의 몸이 겪어야 할 고통과 슬픔에 관한 이야기, 두려움과 실망과 분노와 우울함과 고독과 상실에 관한 이야기를 들려주었다.

나는 학생들에게 그들의 소명이 단지 주석학적으로 정확하고, 신학적으로 건전한 설교를 전하는 데 그치지 않고, 사람들을 돌보고, 그들과 함께 살고, 걷고, 고통 받는 데까지 나아가야 한다는 점을 일깨워 주고 싶었다. 또한 그들이 단지 교회의 신학 교사가 아니라, 그리스도의 시자가 되어 그분의 얼굴과 손길과 음성을 대변하기 위해 부르심을 받았다는 사실을 깨닫기를 원했다. 그리고 그리스도의 임재를 보고, 그분의 은혜를 기억하기를 간절히 사모하는 사람들의 삶 속에 보이시 않으시는 그분을 나타내야 하는 막중한 사명을 의식할 수 있기를 원했다. 한마디로 나는 그들이 사람들에게 신학을 가르치는 데 그치지 않고, 사람들과 더불어 '신학을 행하는 일'을 해주기를 갈망했다. 더불어 그들이 신학교에 다니는 이유가 미로처럼 복잡한 신학의 개념들을 좋아하기 때문인지, 아니면 예수님을 사랑하는 마음으로 그분의 도구가 되어 죄의 노예가 되어 살아가는 사람들을 변화시키고 싶어서인지 진지하게 고민하기를 원했다.

나는 학기를 시작할 때마다 내가 목회하면서 겪었던 실패와 부족함을 솔직하게 털어놓았다. 그런 내 이야기가 학생들의 마음속에서 목회 사역에 관한 좀 더 원만하고 원대한 성경적 비전으로 새롭게 태어날 수 있기를 바랐다.

한 번은 그런 이야기를 들려주고 있는데 나는 물론, 강의실에 있던 학생들 모두가 결코 잊지 못할 일이 일어났다. 내 시간과 에너지를 많이 빼앗아 간 한 사람이 있었는데, 그 사람으로부터 다시 방문해 달라는 요청을 받고 마음속으로 크게 갈등을 겪고 있었다는 이야기를 들려주고 있었다. 한 학생이 손을 번쩍 들더니 이렇게 불쑥 말했다.

"알겠습니다, 교수님. 앞으로 저희도 교회에서 그런 '프로젝트'를 접하게 될 텐데, 그럴 때는 어떻게 해야 방해받지 않고 사역 할 수 있는지 알려 주시면 좋겠습니다."

이 학생이 한 말 가운데 주의를 기울여야 할 점은, 우리가 복음을 전해야 할 사명이 있는 사람들을 '사람'이 아닌 '프로젝트'로 일컬은 점이다. 그 학생에게 그들은 목회 사역을 방해하는 걸림돌에 지나지 않았다. 그런 사람들이 목회 사역의 목표요 대상이 아니라면, 목회 사역은 대체 무엇이란 말인가? 그 학생의 말에서는 사람들을 사랑하는 마음이 조금도 느껴지지 않았다. 그의 목회 비전 안에 사람들을 사랑하는 마음이 담겨 있지 않다면, 거기에는 그리스도를 사랑하는 마음도 담겨 있지 않다고 말해도 무방할 것이다. 그는 내 강의를 듣던 다른 많은 학생들처럼 '신학'이라는 기술과 개념을 연마하는 것으로 만족할 뿐이었다. 나는 그런 학생들을 일컬을 때 '신학 벌레'라는 다소 경멸적인 표현을 사용했다. 그 말에는 신학을 목적을 이루는 수단이 아니라, 목적 자체로 간주한다는 의미가 담겨 있다. 그런 사람들은 학문을 좋아하고, 자기도 모르는 사이에 교회를 학문의 장으로 만들며, 복음이 아닌 신학 강좌에 가까운 설교를 한다.

나는 그 학생의 책상 앞까지 걸어 내려와 무릎을 꿇고, 얼굴을 마주한 채 방금 한 말을 큰소리로 또박또박 다시 말해 보라고 요구했다. 그 순간 나는 그 학생과 그의 말을 들은 학생들 전체를 상대로 목회 사역을 하는 중이었다. 나는 그들이 그 순간을 결코 잊지 않기를 원했다. 나는 그에게 이렇게 말했다.

"방금 사람들을 어떤 말로 일컬었는지 다시 한 번 말해 볼래요?"

그는 기어들어 가는 목소리로 대답했다.

"프로젝트요…."

하나님이 올바른 가르침을 전할 수 있는 놀라운 기회를 허락하셨던 셈이다. 얼마 전에 오래전 그때 그 강의실에 참석했던 한 목회자로부터 안부 인사를 받았다. 그는 당시의 일을 잊지 않고, 그 일을 생각하며 늘 경각심을 늦추지 않고 있다고 말했다.

지난 수년 동안 목회상담학을 가르쳐 오면서 많은 학생들로부터 상담 요청을 받았다. 그 과정을 설명해 보겠다. 내가 복음의 '현재성'을 강조하면서 삶을 구체적으로 변화시키는 복음의 능력을 일깨워 주자 학생들은 자신의 삶 속에서 일어나는 문제를 곰곰이 되새기기 시작했다. 그 결과 전에 드러나지 않았던 문제들이 드러났다. 또 몇 개월 후면 학교를 졸업하고 목회 현장에서 일해야 하는 처지였기 때문에 드러난 문제들을 신속히 처리해야 했다. 학생들이 털어놓는 고민 가운데는 내가 미처 생각하지도 못했던 것들도 더러 있었다.

프랭크가 그 가운데 하나였다. 그는 결혼생활을 시작한 지 15년이 넘었고, 십대 자녀를 시작으로 모두 네 명의 자녀를 두었다. 그는 경제적으로 많은 성공을 거둔 뒤에 신학교에 들어왔다. 나는 내 사무실에서 그와 마주했다. 그는 내 도움이 필요하다고 생각해서 찾아왔지만, 선뜻 자신의 문제를 털어놓지 못했다. 나는 그를 진심으로 대하겠다고 다시 확언했다. 그리고 들은 말을 절대 누설하지 않겠다고 약속하고, 문제가 있으면 도움을 구하는 게 중요하다고 말했다. 그는 내가 전혀 예상하지 못했던 사연을 털어놓았다.

"사실 저는 지하실 벽장에 여자 옷을 넣어 두고, 밤중에 꺼내 입곤 합니다. 하루 중에 편안함을 느끼는 유일한 시간이지요."

나는 잠시 머리가 멍했다. 그는 머리가 좋아 신학 공부에 재능도 있었고, 성격도 밝은 사람이었다. 매일 하나님의 말씀을 배우며 말씀대로 살려고 노력했고, 예수 그리스도의 복음을 상세하게 설명할 수 있었다. 그런데도 그는 정체성의 깊은 혼란을 겪고 있었다. 그가 다른 사람들을 돕기 위해 공부하고 있는 복음이 정작 그를 구원하지는 못한 듯했다. 무슨 생각으로 신학교 입학 면접을 치렀는지 궁금했다. 또 어떻게 그의 아내가 그 모든 일을 감당해 왔고, 감수성이 점차 예민해져 가는 자녀들 앞에서 어떻게 그 일을 숨길 수 있을 거라고 생각했을지 궁금했다. 무엇보다 그가 한밤중에 여자 옷을 입고 있다가 다음날 아침에 일어나 어떻게 골로새서를 주석했는지가 가장 궁금했다.

이제 조지의 이야기를 들려주겠다. 조지는 내게 말하는 것을 어렵게 생각하지 않았다. 왜냐하면 스스로를 더 이상 신뢰할 수가 없었고, 또 몹시 두려웠기 때문이다. 그는 아내와 함께 저녁식사를 마치고 서점에서 책을 읽으며 시간을 보내기 시작했다. 그곳은 신학교라는 온실에서 벗어나 잠시 휴식을 취하며 조용히 독서하는 공간을 그에게 제공했다. 그런데 그는 오래지 않아 저녁 시간에 서점을 서성거리는 젊고 아름다운 여성들에게 눈길을 주기 시작했다. 어느 날 저녁, 그는 한 아름다운 젊은 여성을 보고 그녀를 좀 더 가까이에서 보기 위해 자리를 이동해 자리를 잡았다. 어떤 때는 한 여성과 눈을 맞출 수 있는 자세를 취했고, 어떤 때는 여성들을 바라보고 있다는 분위기를 풍기지 않으면서 그들의 모습을 살필 수 있는 자세를 취했다.

그렇게 몇 달이 지났다. 그가 바라보고 있던 한 여성이 자리에서 일어나자, 그녀와 우연히 마주치기를 바라며 그도 뒤따라 자리에서 일어났다. 급기야 그의 그런 행동은 함께 자리를 뜨는 데 그치지 않고, 자동차에 올라타 멀리서 그녀의 집까지 쫓아가는 행동으로까지 발전했다. 결국 그는 자동차에서 내려 그녀의 문 앞까지 따라 올라갔다. 막 문을 두

드리려는 찰나, 갑자기 무서운 생각이 들어 황급히 차를 몰아 그 자리를 피했다.

그런 일이 있었던 바로 그 다음날 그는 두려운 마음으로 내게 상담을 요청했다. 그는 강의실에서는 친절하고 유순한 신학생이었다. 그가 살았던 낮과 밤이 그렇게 달랐다는 사실이 참으로 놀라웠다.

그 밖에도 나는 거의 파탄 지경에 이른 결혼생활, 가정폭력, 가족과의 관계 단절, 은밀한 성적 범죄, 우울증과 불안증, 심한 강박증, 인터넷 포르노그래피 등과 관련된 이야기들을 전해 들었다.

그런 이야기를 전해 들을수록 내가 학생들의 삶에서 발견하는 일들이 개인의 차원을 뛰어넘어 전체에까지 영향을 미치고 있다는 확신이 더욱 커졌다. 그래서 학생들을 상대로 목회 사역을 하기로 결심했다. 그러나 내가 그렇게 시도할 때마다 종종 학생들의 반발이 불거졌다. 한 학생은 전체 학생 앞에서 대놓고 이렇게 반발했다.

"교수님, 지금 저희에게 설교를 하고 계시는군요. 여기는 신학교 강의실이지 교수님의 교회가 아닙니다. 저희는 교수님의 교인들이 아니라고요!"

실제로 있었던 일이다. 그동안 나는 "그것이 시험에 나옵니까?"라는 말은 많이 들어보았지만, "교수님이 가르치는 대로 살아갈 수 있는 방법을 깨우쳐 주세요."라는 말은 많이 들어보지 못했다. 내게 배우려고 하기보다 나를 가르치려고 하는 학생들의 교만하고 자신에 찬 태도를 반영하는 답안지가 너무나도 많았다. 그런 답안지를 읽으면서 그들이 조만간 어느 교회의 목회자가 될 것이라고 생각하니 몹시 걱정스러웠다. 그렇다면 학생들 모두에게 영적 문제가 있었던 것일까? 물론 그렇지는 않다. 그러나 많은 학생이 그랬다. 그들은 매일 '하나님의 말씀'이라는 거울을 들여다보고 있었지만, 어떻게 해야 할지 알지 못했다. 이런 안타까운 경험이 이 책을 쓰는 주된 동기로 작용했다. 나는 다른 사람들과 다음 질문을 함께 생각하고 논의하지 않을 수가 없었다.

"목회 사역을 위해 학생들을 훈련하는 우리의 방식에 무슨 문제가 있는 것은 아닐까?"

진정한 전문가

장미꽃을 가꾸는 재미에 푹 빠진 친구가 하나 있다. 그 친구는 동네에서 가장 다채롭고, 아름답고, 싱싱한 장미 정원을 소유하고 있다. 그는 장미꽃을 튼튼하고 풍요롭게 기르기 위해 할 수 있는 모든 일은 다 했다. 장미 철이 되면 장미를 돌보기 위해 매일 여러 시간 동안 일을 하곤 했고, 장미를 정말 사랑하는 마음으로 인내심을 갖고 가꾸었다. 뿐만 아니라, 장미와 관련된 중요한 인터넷 사이트를 모조리 알고 있었고, 지역에 있는 종묘원 소유주들과 친분을 쌓았으며, 장미의 역사와 재배법에 관한 세세한 정보를 끊임없이 섭렵했다. 장미에 대한 그의 지식은 상대방이 장미에 관해 문외한인 경우에는 온갖 전문용어를 알아듣기 쉽게 설명해 줄 수 있을 정도였다. 그의 아내는 그의 정신이 조금 이상하다고까지 생각했고, 친구들은 대체 장미가 무엇이기에 친구가 그렇게 열정을 기울이는지 궁금해했다. 그러나 그 무엇도 장미를 향한 그의 열정을 식게 만들지 못했다.

어느 금요일 저녁, 그는 장미를 가꾼 뒤 부엌에서 손을 씻으면서 창문 밖을 물끄러미 내다보았다. 그 순간 갑자기 자신이 해보지 않았던 한 가지 일이 문득 떠올랐다. 그것은 장미를 즐기는 일이었다. 그는 장미에 그 많은 시간을 투자하면서도 정작 자신의 수고로 일군 결실을 즐기는 시간을 갖지 못했다. 그는 전문가가 되었지만, 자신이 만들어낸 아름다움에 감동을 느끼거나 그것을 통해 삶이 새로워지는 경험을 해본 적이 없었던 것이다.

그날 저녁, 그는 싱크대 앞에 서서 장미를 즐겨 보기로 했다. 다음날 아침, 그는 자신의 결심을 행동으로 옮겨 오전 내내 정원에 가만히 앉아 장미를 감상했다. 그는 장미의 가지들이 제각기 독특하다는 사실을 발견했다. 가시가 붙어 있는 위치나 구부러진 모양새도 제각기 달랐고, 장미에 들러붙어 있는 곤충들도 눈에 띄었으며, 새로 자란 연두색 어린 가지와 오래되어 껍질이 까칠까칠하게 일어난 가지의 대조적인 모습도 눈에 띄었다. 꽃잎의 정교하고 섬세한 구조에 놀라기도 했다.

그는 내게 말했다.

"좀 이상한 말처럼 들릴 수도 있겠지만, 장미 정원에 앉아 여러 시간을 보내는 동안 나 자신이 변화되는 듯한 느낌이 들었어."

그는 안목이 트이고, 감사하고픈 생각이 들고, 마음이 흐뭇해지는 것을 느낄 수 있었다. 신비감과 기쁨, 그리고 더 중요하게는 예배하는 마음도 생겨났다.

물론 장미 정원은 그 자체로 목적이 아니다. 목적을 이루는 수단일 뿐이다. 장미의 영광스러운 모습은 궁극적인 영광이 아니고, 다른 모든 피조물과 마찬가지로 영광을 드러내는 흔적이다. 모든 피조물은 궁극적인 영광을 가리킨다. 인간의 마음을 만족시킬 수 있는 영광은 오직 한 가지, '하나님의 영광'뿐이다. 내 친구는 장미 전문가였지만 오랫동안 영광의 흔적이나 장미가 가리키는 것을 보지 못했고, 아무런 변화나 기쁨도 느끼지 못했다. 예배하는 마음도, 감사하는 마음도 들지 않았다. 장미를 사랑한다고 고백하는 사람이 그랬다고 생각하니 어안이 벙벙하기만 하다.

신학교 교육과 신학생의 관계도 이와 비슷하지 않을까? 삶과 인격은 변하지 않은 채 복음에만 정통한 신학생이 얼마든지 있을 수 있지 않을까? 마음과 삶은 아무 상관없이 성경의 혁신적인 가르침을 편안하게 받아들이도록 신학생들을 지도하는 것은 참으로 위험하지 않을까? 신학생들이 애통하는 마음도 없고, 양심의 가책도 느끼지 않으면서 성경의 메시지에 익숙하게 되는 것은 큰 문제가 아닐까? 신학생들은 날마다 성경의 메시지를 자신에게 먼저 적용하고, 깨달은 것을 다른 사람들에게 전하고 가르쳐야 마땅하지 않을까?

성경은 일관된 어조로 '그리스도를 사랑하는 마음을 통해 삶을 변화시켜야 한다'고 강조한다. 그리스도의 가르침을 배우는 신학생들이 그런 성경의 명령에 주의를 기울여야 하지 않겠는가? 신학생들도 신학을 배우는 데만 급급한 나머지 장미 앞에 앉아 있으면서도 경이감과 사랑과 경배심을 느끼지 못하는 경우가 얼마든지 있을 수 있지 않을까? 신학교가 기독교 고등교육 기관이라면, 그리스도와 복음과 사랑으로 학생들을 양육하는 역할을 충실히 감당해야 하지 않을까? 성경을 정복한 학생들이 아니라, 성경의 하나님께 정복당한 학생들을 길러내는 것을 우리의 사명이자 목표로 삼아야 하지 않을까?

이사야 55장은 가장 아름답고 은혜로운 성경 구절 가운데 하나다.

"이는 비와 눈이 하늘로부터 내려서 그리로 되돌아가지 아니하고 땅을 적셔서 소출이 나게 하며 싹이 나게 하여 파종하는 자에게는 종자를 주며 먹는 자에게는 양식을 줌과 같이 내 입에서 나가는 말도 이와 같이 헛되이 내게로 되돌아오지 아니하고 나의 기뻐하는 뜻을 이루며 내가 보낸 일에 형통함이니라"(사 55:10-11).

나는 이 위대한 약속을 본문으로 한 설교를 많이 들어보았다. 하나님의 말씀이 헛되이 돌아가지 않는다는 사실은 매우 고무적이다. 결과에 대해서는 내가 걱정할 필요가 없다는 것을 알면 참으로 마음이 가벼워진다. 하나님의 말씀은 그 자체로 목적을 지니고 있을 뿐 아니라, 그 배후에 하나님이 계시기 때문에 이루고자 하는 결과를 반드시 만들어낸다는 것을 깨달으면 은혜가 넘친다. 이 모든 내용은 참으로 놀랍다. 그러나 설교자들이 본문이 남기는 중요한 질문은 다루지 않은 채 그 나머지 내용을 설명하는 것에 그칠 때면 항상 아쉽다는 생각이 들곤 한다. 하나님의 말씀이 늘 그 목적을 이룬다는 선언은 "그 목적이 무엇인가?"라는 피할 수 없는 질문을 제기한다. 이 물음에 대답하지 않고서는 본문의 핵심을 제대로 파악할 수 없다. 안타깝게도 성경을 비성경적으로 사용하는 경우가 굉장히 많다. 말씀은 하나님의 분명하신 뜻을 담고 있지만, 그 의도된 뜻과 무관하게 성경을 다루고, 접근하고, 사용하는 일이 얼마든지 있을 수 있다.

"너희는 기쁨으로 나아가며 평안히 인도함을 받을 것이요 산들과 언덕들이 너희 앞에서 노래를 발하고 들의 모든 나무가 손뼉을 칠 것이며 잣나무는 가시나무를 대신하여 나며 화석류는 찔레를 대신하여 날 것이라 이것이 여호와의 기념이 되며 영영한 표징이 되어 끊어지지 아니하리라"
(사 55:12-13).

10-11절이 묻는 질문에 대답하는 이 본문은, 자연을 소재로 한 아름다운 표현으로 말씀의 궁극적인 목적이 '예배'라는 사실을 보여 준다. 그 이유는 타락한 세상과 그 안에 거주하는 인간들, 곧 하나님의 형상으로 지으심을 받은 인간의 이야기가 곧 예배의 이야기이기 때문이다. 복음은 참 예배가 사라졌다가 다시 회복되는 과정을 다룬다. 인간이 창조된 목적은 하나님을 예배하기 위해서다. 성경에 따르면, 언젠가는 모든 피조물이 하나님을 예배할 때가 반드시 올 것이다. 모든 죄는 우상 숭배이고, 은혜의 사역은 가장 깊은 소원과 열정과 생각과 동기가 하나님을 향하도록 만든다. 성경의 내용과 신학은 그 자체로 목적이 아니라, 목적을 이루는 수단이다. 성경의 목적은 하나님을 영화롭게 하고, 삶을 변화시키는 예배를 가르치는 것이다.

그렇다면 어떻게 해야 마음 깊은 곳에서 우러나오는 예배를 드릴 수 있을까? 이것이 본문이 다루는 두 번째 문제다.

거기에 보면 성경에서 흔히 보기 어려운 이상한 표현 하나가 사용된 것을 알 수 있다. 눈과 비가 내리는 것이 본문 전체를 아우르는 비유로 사용되었다. 본문은 비가 내리면 가시나무가 잣나무로 변하고, 찔레가 화석류로 바뀌게 될 것이라고 진술한다. 잠시 생각해 보자. 정원에 작은 가시나무가 자라고 있는데, 그 위에 눈과 비가 내리면 어떤 결과가 나타날 것이라고 예상하는가? 당연히 가시나무가 더 무성하게 자랄 것이 틀림없다. 눈과 비가 찔레 위에 내리면, 찔레가 더 크게 자란다. 그러나 하나님의 말씀은 그렇지 않다. 말씀의 비가 가시나무 위에 내리면 성질이 전혀 다른 것으로 바뀌게 된다. 이 비유는 근본적이고, 구체적이며, 인격적인 변화를 암시한다.

하나님의 백성이 말씀을 충실하게 가르치고, 성령께서 능력을 허락하시면 사람들이 달라진다. 욕망이 있는 사람이 순수해지고, 겁 많은 사람이 용기 있는 사람이 되고, 남의 것을 훔치는 사람이 베푸는 사람이 되고, 남을 부리기 좋아하는 사람이 다른 사람을 섬기게 되고, 노하기를 잘하는 사람이 화평하게 하는 사람이 되고, 불평을 일삼는 사람이 감사하는 사람이 되고, 우상 숭배자들이 유일하고 참되신 하나님을 즐거이 예배하는 사람이 된다. 말씀의 궁극적인 목적은 신학적 지식이 아니라, '마음과 삶의 변화'다.

신학교 교수라면 누구나 이 목적을 잊어서는 안 된다. 이 목적을 염두에 두지 않고 말씀을 주석하고, 가르치고, 논의하는 것은 매우 위험하다. 모든 신학교 교수는 이 목적을 지향해야 한다. 신학교 교수는 학생들이 그렇게 될 수 있도록 그들을 위해 기도해야 하고, 학생들에게 정기적으로 목회 사역을 베풀어야 한다. 학생들의 미래 사역이 궁극적으로 '마음의 상태'에 달려 있다는 것을 항상 기억해야 된다.

생각해 보라. 목회자가 집에 돌아와 아내에게 고함을 지를 때, 그는 그런 태도가 잘못되었다는 사실을 잘 알고 있다. 단지 무엇이 옳고 그른지를 생각하지 않을 뿐이다. 그 이유는 다른 무엇인가가 그의 마음을 지배하고 있기 때문이다. 목회자가 교회에서 목회라기보다는 정치에 더 가까운 방식으로 일을 처리해 나가는 이유는, 그런 태도가 자신의 이기심에서 비롯한 것이라는 사실을 모르기 때문이 아니다. 그것은 하나님의 나라가 아니라 자신의 나라를 건설하려고 애쓰기 때문이다. 목회자가 다른 사역자의 직위를 시기하는 이유도 그런 태도가 위험하다는 것을 몰라서가 아니라, 자기중심적인 마음이 강해 자기도 그런 축복을 누릴 자격이 충분하다고 생각하기 때문이다.

만일 신학에만 정통하고 마음은 병든 신학생들을 길러낸다면, 과연 신학생들을 훈련하는 사역을 제대로 하고 있다고 말할 수 있을까? 학생들의 신학적 훈련과 인격 변화를 동시에 추구해야 하지 않을까? 모든 신학교 강의실에서 하나님이 의도하신 말씀의 목적에 충실한 교육이 이루어져야 하지 않을까? 신학교 교수들이 모두 학생들에게 목회적 사랑을 베풀어야 하지 않을까? 모든 교수가 하나님의 도구가 되어 학생들의 마음속에 그리스도를 사랑하는 마음을 심어 줄 수 있기를 갈망해야 하지 않을까?

나는 목회 문화의 위기가 신학교 강의실에서 시작될 때가 많다고 확신한다. 목회 문화의 위기는 하나님의 말씀을 삶과는 아무 상관없는 정보와 지식으로 다루는 데서부터 시작한다. 신학교 시절에 마음과 상관없이 하나님의 말씀을 다루는 방식에 익숙했던 목회자들, 목회적 차원을 등한시한 채 학술적 차원에서만 성경을 가르치는 신학교 강의실, 마음보다 머리를 더 중요시하고, 인격보다 시험 점수에 더 관심을 기울이는 신학교 교육에서부터 문제가 시작한다. 이 모든 것이 매우 위험한 이유는 교묘하면서도 은밀하기 때문이다. 이 문제는 '이것 아니면 저것'이라는 것을 확실하게 구분할 수 있는 흑백의 세상이 아니라, '그리고'와 '둘 다'의 속성을 지닌 혼란스러운 세상 안에서 발생한다. 신학교 교수들은 학생들의 마음에 관심을 기울이고, 그리스도를 사랑하는 마음을 길러 주는 것을 교육 목적으로 삼아야 한다.

"우리가 가르치는 신학 교육의 내용과 과정이 이 목적을 지향하고 있는가?"

메마른 신학 교육

100년 전만 해도 신학교 교수들은 모두 목회자들이었다. 그들은 목회자의 신분으로 신학 교육에 임했다. 그들의 마음속에는 교회를 사랑하는 열정의 불길이 활활 타올랐으며, 목회 일선에서의 경험을 통해 얻은 겸손함과 지혜를 학생들에게 가르쳤다. 그들은 함께 울고, 분노하고, 기뻐하고, 논쟁했다. 그들은 목회 사역의 가장 격렬한 싸움이 그들 자신의 마음에서 일어나고 있다는 것을 의식하고 강단에 올라섰다. 그리고 학생들을 가르치는 것도 목회 사역의 하나로 간주하고, 신학 교육에 목회적 사랑과 열정을 쏟아부었다.

그러나 세월이 흐르면서 신학 교육이 변하기 시작했다. 신학 교육은 갈수록 전문화되고 세분화되었다. 교수들도 목회 경험이 아예 없거나 거의 없는 사람들이 많아졌다. 그들이 신학교 강단에 서게 된 이유는 다음 세대를 훈련하고 훈육할 자격을 갖춘 성공적인 목회자들이기 때문이 아니다. 각자의 분야에서 전문 지식을 소유하고 있기 때문이다. 이것이 강의실에서 변증신학, 윤리신학, 조직신학, 역사신학, 성경신학에 정통한 전문가들을 양성하게 된 이유다.

그동안 신학교 문화는 미묘하면서도 엄청난 변화를 겪어 왔다. 신학교 교육이 만들어낸 결과도 그러기는 마찬가지다. 어떤 점에서 보면, 모든 것이 신학교 교수가 봉건 영주가 되어 다스리는 작은 봉건 왕국(예를 들면 조직신학 왕국, 윤리신학 왕국)으로 전락했다고 말할 수 있다. 교수들은 다른 왕국의 확장에 맞서 자신이 건설한 왕국을 보호하고, 자신이 획득한 영토를 지키기 위해 여념이 없다. 학생들은 이 왕국에서 저 왕국으로 옮겨 다니며, 자신이 현재 관심을 기울이고 있는 왕국이 더 중요한 비중을 차지하고 있다고 확신한다.

나는 20년 동안 이런 문화에 몸담았던 목회자보서 무거운 마음으로 이 글을 쓰고 있다. 어떤 사람들은 이런 내 글을 읽고 분노를 느낄지도 모른다. 체제는 항상 스스로를 수호하는 방법을 알고 있다. 그러나 나는 그런 대가를 기꺼이 감수할 생각이다. 이것은 매우 중대한 사안이다. 신학교의 각성은 매우 중요하며, 정직한 대화가 반드시 필요하다.

잘못된 신학 교육의 위험성

마음에는 큰 관심을 기울이지 않고, 지식과 기술에만 희망을 두는 학문화된 기독교는 학생들을 위험에 빠뜨린다. 강력한 지식과 기술로 학생들을 무장시키면, 그들은 자기 자신을 실제보다 더 성숙하고, 더 경건하게 생각할 가능성이 높다. 그런 영적 무기를 겸손과 은혜로 사용하는 방법을 가르치지 않고 무작정 학생들의 손에 쥐어 주면, 사람들을 돕겠다고 나서는 것이 오히려 해를 끼치는 결과를 낳을 수밖에 없다.

신학교 교육이 하나님이 의도하신 말씀의 목적에 충실하지 못할 때 학생들의 삶에서 일어날 수 있는 일들을 살펴보고자 한다.

1) 영적으로 눈이 먼다

죄는 영혼의 눈을 멀게 한다. 죄로 인해 눈이 먼 사람들은 자신의 눈이 멀었다는 사실을 깨닫지 못한다. 따라서 학생들에게 말씀의 거울을 통해 자신의 실제 모습을 발견하라고 하지 않고 무작정 성경의 진리를 가르친다면 큰 위험이 뒤따를 것이다. 말씀을 통해 자기를 성찰하지 않는 학생들은 스스로 세상을 치유할 준비가 되었다고 생각하고 사역을 시작할 뿐, 자기도 일반 교인들과 마찬가지로 치유를 필요로 한다는 사실을 의식하지 못한다.

2) 신학적인 자기 의를 추구한다

신학을 실천하는 것보다 배우는 것이 더 쉽다는 것을 인정할 수 있도록 이끌어 주지 못하면, 영적 성숙을 삶이 아니라 지식의 차원에서 생각할 수밖에 없다. 또한 경건을 삶을 살아가는 방식이 아니라, 머리로 이해하는 지식으로 간주하는 잘못을 저지를 수밖에 없다. 지식으로 잔뜩 부푼 학생들은 자신에게 아무 문제가 없는 것처럼 잘난 척할 가능성이 높다.

3) 말씀과 잘못된 관계를 맺는다

학생들은 신학 교육을 받는 과정에서 말씀은 물론, 말씀의 하나님과 관계를 맺는 일을 소홀히 하는 잘못에 치우치기 쉽다. 다시 말해 말씀 연구의 목적이 말씀을 전하는 주님께 복종하는 것이 아니라, 정확한 개념을 이해하는 것으로 전락한다.

4) 복음의 필요성을 느끼지 못한다

신학교에서 배운 지식이 스스로가 실제보다 더 많이 성숙했다는 착각을 부추긴다면, 복음의 필요성을 의식하는 겸손한 마음으로 하나님의 말씀을 대하기가 어려워진다. 다시 말해 말씀 연구가 무릎으로 배우는 것이 아니라, 책상에서 배우는 것으로 와전된다.

5) 인내심 있게 사람들을 대하지 못한다

나는 그동안 글을 써오면서 스스로에게 은혜가 필요하다는 사실을 절실히 의식하는 사람이 가장 큰 은혜를 베풀 수 있다는 것을 거듭 강조해 왔다. 스스로를 의롭게 생각하는 사람들은 다른 사람들을 인내심 있게 대하지 못하며, 무례하고 비판적인 태도를 취하기 쉽다.

6) 잘못된 관점으로 사역을 바라본다

결국 이 모든 것은 주 예수 그리스도를 사랑하고 예배하는 마음보다 신학적 정확성을 토대로 한 목회 사역에 치중하는 결과를 낳기 쉽다. 설교가 복음의 은혜를 설명하고 구세주를 영접하도록 권유하는 것이 아니라, 신학 강좌처럼 들리게 된다. 사람들과 그리스도를 사랑하는 마음이 아니라, 신학적 개념에 대한 열정이 설교의 원동력이 될 때가 많다.

7) 그리스도와 살아 있는 교통을 나누지 못한다

신학과 규칙에 모든 희망을 거는, 그리스도 없는 기독교가 탄생하게 된다. 그런 기독교는 신학과 규칙이 우상 숭배자들의 심령을 변화시킬 수 있다면, 그리스도께서 세상에 오시어 살다가 죽으시고 다시 부활하실 필요가 없으셨을 것이라는 점을 망각한다. 그러니 수단과 목적이 변하고, 세상과 육신과 마귀를 대항할 능력이 없는 기독교로 귀결될 수밖에 없다.

영성이 살아있는 신학 교육

신학교 커리큘럼을 완전히 뜯어 고치라는 말이 아니니 오해 말기를 바란다. 신학교에서 가르치는 연구 분야는 다 중요하다. 나는 단지 교육 내용을 전달하고 적용할 때 목회적 열정을 가지고 학생들을 대해야 한다고 말하고 싶을 뿐이다.

신학교 교수들은 학생들과 더불어 공동체를 형성하는 데 헌신하고,

항상 개인을 변화시키는 복음의 능력에 희망을 걸고, 학생들의 마음을 생각하며 가르침을 베풀어야 한다.

또한 신학생들은 교수들이 자신을 이해하며 사랑하고 있다는 것을 마음속으로 느끼고, 교육을 받는 동안 자신의 마음과 주님을 더욱 깊고 온전하게 알려고 노력해야 한다.

그리고 신학교 강의실에서는 교육과 예배가 함께 이루어져야 한다. 교수들은 학생들에게 목회 사역을 베푸는 동시에 말씀을 전해야 한다. 한 가지 신학 과목이나 특정한 강좌를 듣는다고 해서 영성이 저절로 형성되는 것은 아니기 때문에, 신학의 모든 분야가 영성 형성을 목표로 해야 한다. 또한 어떤 신학 분야를 가르치든 다른 모든 것을 압도할 수 있는 아름다움은 오직 주님의 아름다우심밖에 없다는 것을 깨우쳐 주어야 한다.

Chapter **4**

"목회 기술과 지식은 기본! 인격은 옵션?"

목회자의 인격만큼 중요한 것은 없다

목회자를 초빙해 하나님의 양떼를 이끄는 임무를 위탁할 때는 우선 그 사람의 마음 상태를 파악하는 것이 선행되어야 한다. 옛적에 하나님을 섬겼던 사역자들과 마찬가지로, 그도 한 사람의 개인이자 사역자로 살아가는 동안 중요한 선택의 순간에 부딪히게 될 것이다. 그런 중요한 순간에 그의 행동을 결정짓고, 그에게 승리를 안겨 줄 수 있는 힘은 그의 마음에서 비롯한다. 왜냐하면 다른 모든 사람과 마찬가지로 무엇이 그의 마음을 지배하느냐에 따라 그의 삶과 사역의 방향이 결정되기 때문이다. 단지 이력서에 적힌 정보와 자료에만 관심을 기울이지 말고, 그 너머에 있는 것을 파악하려고 노력하라.

"우리가 알지 못하는 사람을 목회자로 초빙했다는 사실을 이제야 깨닫게 되었습니다."

한 교회를 담임하고 있는 60대의 목사는 은퇴할 때가 다가오고 있는 것을 의식했다. 목회자 초빙위원회가 구성되어 후보자를 심사하는 데 적용할 기준을 마련하기 시작했다. 교회의 연락망을 통해 목회자 초빙 계획이 발표되고, 본격적인 선발 과정이 시작되었다. 그들이 찾고 있는 후보자의 선발 기준을 열거한 두 페이지의 신청서 가운데 후보자의 인격에 관심을 기울인 대목은 모호하고 두루뭉술한 문장 몇 개가 고작이었다. 그들이 마련한 신청서는 처음부터 후보자의 지식과 기술에 주로 초점을 맞추었을 뿐, 그의 마음 상태를 파악하는 것은 그다지 중요하게 취급하지 않았다.

초빙위원회의 위원장이 위원들이 정한 선발 기준에 꼭 맞는 듯 보이는 L 목사의 신청서를 내미는 순간, 모두 설렘과 흥분을 느꼈다. 그는 올바른 교육과 목회 기술은 물론, 교회의 방침에 맞게 교회를 잘 성장시킬 수 있을 것 같은 목회 철학을 소유하고 있었고, 다양한 환경에서 사역을 한 경험까지 갖춘 인물이었다. 위원회 모임이 끝날 무렵 위원들은 후보자의 설교도 들어보고, 그가 이끌고 있는 교회의 상황도 파악할 겸 대표 몇 명을 보내기로 결정했다. 대표들이 그 주일 오전 설교를 듣고 난 뒤 초빙위원회는 그야말로 흥분의 도가니였다. 그들은 그가 설교 본문을 다루는 방식을 좋아했다. 그들 가운데 몇 사람은 그의 설교가 은퇴를 앞둔 담임 목사를 생각나게 한다고 말했다. 초빙위원회는 곧 그를 교회에 불러 설교를 부탁했고, 월요일 오전에 잠시 면담을 거치고 나서 그로부터 며칠 뒤에 그를 교회의 새로운 담임 목사로 초빙했다. 교회의 장로와 집사들은 그와 대충 인사를 나누고, 그의 가족과 한 차례의 상견례를 가졌다. 그의 지식과 경험과 기술이 초빙위원회의 선발 기준을 만족시켰기 때문에 위원들은 초빙을 방해할 만한 말은 무엇이든 귀담아 듣기가 어려웠다.

그가 새 교회에서 사역을 시작한 처음 몇 달은 설렘과 희망이 가득했다. 하나님이 꼭 맞는 적임자를 보내 주신 것만 같았다. 단지 통찰력 있는 몇몇 사람의 고개를 잠시 갸웃거리게 만들었던 점이 한 가지 있었을 뿐이다. 그것은 새 목회자의 아내가 별로 편안해하거나 행복해 보이지 않는다는 것이었다. 그녀는 교회의 여성 신자들과 친밀하게 어울리지 않았고, 목회자의 아내로서 어쩔 수 없이 얼굴을 보여야 할 행사에만 참석하는 듯했다. 새 목회자 자신도 교회 직원들이 기대하는 만큼 오랫동안 사무실에 머물러 있지 않아 만나기가 쉽지 않았다. 그러나 모두 사소한 문제처럼 보였다.

어느 날, 한 나이 든 지혜로운 장로는 동료 지도자와 커피를 마시면서 우려에 찬 말을 꺼냈다.

"지난 8개월 동안 새로 온 목사님의 집에 초청되어 목사님의 가족과 어울렸던 교인이 단 한 사람도 없어요."

L 목사가 모임을 싫어하고, 격식 없이 친교를 나누는 자리를 불편하게 생각한다는 사실이 차츰 분명해졌다. 그는 한 주의 대부분을 사무실에서 연구를 하는 데 할애했고, 목요일 교회 직원 모임과 주일 예배 시간에만 모습을 드러냈다. 교회 직원들은 그가 없는 상황에서 일하는 법을 배워야 했고, 이제 막 사역을 배우는 사람들은 목자 잃은 양 같은 심정을 느꼈다. 그는 공적 상황에서는 뛰어난 자질과 경험을 갖춘 목회자처럼 보였지만, 공인으로서의 인격과 개인으로서의 인격이 서로 충돌하기 시작했다. 그러나 그 사실을 의식하는 사람이 아무도 없는 듯했다.

첫 해가 지날 무렵, L 목사는 자신의 아내가 잠시 부모를 보고 올 것이라고 말했다. 그는 자기는 휴가를 신청하기에는 너무 이르다는 생각이 들어 아내와 아이들만 2주 동안 고향에 보낼 것이고, 그 시간에 혼자 있을 것이라고 말했다. 그 말을 깊이 생각한 사람은 아무도 없었다. 그의 아내가 집을 비운 사이, 교인들이 새 목회자에게 음식을 제공했다. 교인들은 2주가 4주로 늘어나자 조금 궁금한 생각이 들었지만, 이유를 따져 묻지는 않았다. 그의 아내는 돌아오자마자 교인들에게 목회자들이 가정생활과 사역을 하면서 흔히 겪는 문제와 자기 가족들의 삶을 위해 기도를 부탁했다. 그녀는 여전히 새로운 교회에서의 생활에 잘 적응하지 못하고, 자기 또래의 교인들과도 전혀 가깝게 지내지 않는 것처럼 보였다.

L 목사가 교회 직원들과 교회 지도자들과 친밀하게 지내지 않는 것도, 그의 아내가 새로운 교회에서의 생활을 불편하게 생각하는 것도 이상했지만, 그런 그들의 태도는 차츰 일상적인 것이 되어 갔다. 교인들은 그들의 태도에 적응했고, 그런 것을 더 이상 문제 삼지 않았다. 교회 직원들은 담임 목사와 함께 처리해야 할 중요한 문제들을 모두 목요일 모임에서 해결했고, 사역을 배우는 사람들도 혼자서 일을 꾸려 가는 법을 터득했으며, 교인들은 교회의 공식 모임이 잘 진행되는 것에 만족했다. '뭔가가 부족해.'라는 생각이 '그래도 우리는 할 수 있어.'라는 생각으로 바뀌었다. 이는 흔히 나타나는 현상이다.

나는 교회의 가장 큰 위기가 '불만을 느끼면서도 너무 쉽게 거기에 안주해 버리는 태도'에서 비롯한다고 생각한다. 우리는 있어서도 안 되고, 그래서도 안 되는 일들을 쉽게 용납하는 경향이 많다. 당연히 고쳐야 할 일을 고치지 않고, 오히려 거기에 적응해 버린다. 다시 말해 직시해야 할 문제를 회피하고, 사람들에게 책임을 일깨워 주기보다 편안히 안주하며, 상황이 실제보다 더 낫다고 애써 자위하는 것이다. 그러는 과정에서 우리는 우리가 사랑하고 섬긴다고 말하는 하나님의 소명과 기준을 온전히 지키지 못하고 타협을 시도한다. 의사를 두려워하는 병자처럼, 우리는 우리의 심령이 병들었다는 것을 알면서도 애써 이런저런 근거를 들이대며 건강함을 입증하려고 노력한다. 하나님이 최선의 은혜를 베풀어 주고자 하실 때, 우리는 인간의 생각으로 차선에 안주한다.

그렇게 4년의 세월이 흐르는 동안, L 목사와 그의 가족의 마음과 생활에 뭔가 큰 문제가 있다는 것을 보여 주는 명백한 증거들이 여기저기에서 속출했다. 그는 시무룩하고 괴로운 듯한 기색을 종종 드러냈고, 함께 일하는 사람들 앞에서도 인내심을 잃고 쉽게 짜증을 냈다. 그의 아내는 곧 눈물을 터뜨릴 듯한 표정을 종종 지어 보였다. 그는 집사들에게 아내와 자신이 상담을 받는 데 비용이 필요한데 교회에서 도와줄 수 없겠느냐고 조용히 물었다. 교회는 기꺼이 그 비용을 지출했다. 교회의 직분자들은 목회자 부부가 도움을 구하려는 태도를 보이자 흐뭇한 생각이 들었고, 그로부터 몇 달 뒤에는 위기가 극복되었다며 감사했다. 그러나 사실은 달랐다.

어느 추운 토요일 겨울날이었다. 누구도 받고 싶어 하지 않을 전화 한 통이 수석 장로에게 걸려 왔다. 바로 내일인 주일에 두 차례의 오전 설교와 선교 위원들과의 오찬 기도회를 대신 맡아 줄 사람을 섭외할 수 있겠느냐는 L 목사의 전화였다. 그는 가정에 급한 일이 생겼다고 말했고, 그 말을 들은 수석 장로는 그가 몸이 아픈 것으로 착각했다. 그는 그로부터 며칠 동안 일어날 일을 전혀 예측하지 못했다.

L 목사는 월요일에 긴급 당회를 소집한 뒤 상황을 설명했다. 그의 아내가 토요일에 그에게 이런 최후통첩을 날렸다는 것이었다.

"나와 목회 사역, 둘 중에 하나를 선택하세요. 둘 다 가질 수는 없어요. 이제 더 이상은 이런 식으로 못 살겠어요. 공생활과 사생활의 큰 괴리를 더 이상 견디기가 힘들어요. 모든 게 문제인데 아무 문제도 없는 척 살아가는 데 지쳤다고요. 당신이 스스로 하지도 않는 일을 다른 사람들에게 권유하는 말을 묵묵히 듣고 있는 게 넌덜머리가 나요. 새 도시에서의 생활도 싫어요. 이전에 내가 당신에게 생활 터전을 다른 곳으로 옮기지 말아 달라고 부탁했을 텐데요."

그녀는 그렇게 한바탕 말을 쏟아내고 나서 이번 주일부터 교회에 나가지 않겠다고 통보했다. 그는 고개를 숙이며 이렇게 말했다.

"이제 모든 것이 끝났습니다. 참으로 오랜 세월 만에 처음으로 아내와 자녀들에게 관심을 기울이고 싶습니다. 아내의 말이 옳습니다. 너무 오랜 시간이었습니다. 제가 사임 의사를 표하는 건지, 잠시 휴가를 요청하는 건지, 아니면 단순히 도움을 요청하는 건지 잘 모르겠습니다. 그러나 저희가 지금까지 해오던 것을 더 이상 계속할 수는 없을 것 같습니다. 아내는 집에서 짐을 싸고 있습니다. 아이들과 함께 친정집으로 갈 생각입니다. 저도 이 모임을 마치고 몇 가지 일을 정리하고 나서 떠날 계획입니다."

당회원들은 모두 깜짝 놀랐지만, 사실은 놀라지 말았어야 했다. 그들은 목회자 가정의 상황을 알았어야 했고, 그들을 인도하고, 보호하고, 섬기고, 도왔어야 마땅했다. 그들은 자신들이 알지 못하는 사람을 담임목사로 초빙했다. 그들은 그의 결혼생활은 물론, 그의 아내가 그들이 생각했던 것보다 더 큰 어려움을 겪고 있었다는 사실도 알지 못했다. 그들은 지식과 사역 경험과 목회 기술에만 관심을 기울였다. 마땅히 물어야 할 질문을 묻지 않았고, 그의 이력서만 보았을 뿐 그의 마음 상태를 파악하지 못했다. 그들이 그런 것들을 알았더라면 그를 목회자로 초빙하지 않았을 것이다.

그들은 새 목회자와 그의 아내가 목회자 초빙에 관한 문제를 놓고 밤늦게까지 심각한 대화를 나누었다는 사실, 교회 직원들이 느꼈던 소외감을 담임 목사의 가족들이 똑같이 느끼고 있었다는 사실을 몰랐다. 또한 그가 새로운 목회 자리를 받아들였던 이유가 허물어진 아내와의 관계 때문이었다는 것도 눈치 채지 못했다. 게다가 그가 자신의 결혼생활과 가족을 구할 수 있는 길이 담임 목사가 되는 것이라고 확신했을 때 그의 아내가 큰 실망을 느꼈다는 사실도 몰랐다. 이 경우는 물론, 이와 비슷한 위기 상황을 겪는 다른 많은 교회의 잘못은 "몰랐다."는 한마디로 압축될 수 있다.

무엇이 목회자를 성공하게 만드는가?

이런 위기 상황을 발생시키는 대부분의 원인이 무엇인지 아는가? 나는 사역의 성공을 보장하는 주요 요인들을 성경과는 무관하게 규정하는 데 있다고 생각한다. 물론 초빙위원회가 작성한 신청서에는 "주님과 힘차게 동행하는 삶."이라는 자격 조건이 포함되어 있었다. 그러나 섣부른 추정이 오가는 동안, 그들은 그 문제와 관련된 질문을 서의 묻지 않았다. 그들은 지식(올바른 신학), 기술(훌륭한 설교), (교회를 성장시킬 수 있는) 목회 철학, (그 이전의 누적된) 경험에만 관심을 집중했다. 그 동안 나는 위기 상황에 처한 교회 지도자들로부터 이 말을 수없이 많이 들었다.

"우리가 알지 못하는 사람을 목회자로 초빙했습니다."

사람을 안다는 것은 무슨 의미일까? 그것은 '그 사람의 마음 상태를 가능한 한 옳게 파악한다'는 것을 의미한다.

그가 진정으로 좋아하는 것과 싫어하는 것은 무엇인가? 그는 어떤 희망과 꿈과 두려움을 가지고 있는가? 그의 사역 방식에 영향을 미치는 욕구는 무엇인가? 그를 좌절이나 무기력에 빠뜨릴 만한 불안한 정서는 없는가? 다른 사람들의 견책과 비판과 격려의 말을 잘 받아들이는가? 더욱 거룩해지려고 열심히 노력하는가? 스스로의 약점과 실패와 유혹에 대해 솔직한가? 다른 사람들의 지혜로운 조언을 겸손히 잘 받아들이는가? 목회 사역을 공동체를 위한 사역으로 생각하는가?

성격이 부드럽고 다정다감한가? 너그럽고 관대한가? 고통당하는 사람들을 불쌍히 여길 줄 아는 목자의 마음을 갖고 있는가? 아내와 자녀들이 그의 성품에 대해 어떻게 말하는가? 말씀의 거울을 통해 자기 잘못이 발견되면 곧 뉘우치고, 바른 양심을 지니려고 애쓰는가?

경건생활이 얼마나 굳건하고 일관되며, 또 기쁨과 활력이 얼마나 넘치는가? 다른 사람들을 섬기는 사역이 주님과 늘 교통하는 습관에서 비롯하는가? 평범한 수준에 안주하지 않고, 스스로에게 높은 기준을 적용하는가? 함께 일하는 사람들의 필요와 경험에 민감한가? 하나님의 사랑과 은혜를 몸소 실천하는가?

사소한 잘못을 간과하는 경향이 있는가? 비판이나 판단을 일삼지는 않는가? 목회자로서의 공생활과 남편과 아버지로서의 사생활이 서로 다른가? 자신의 건강을 잘 보살피는가? 대중매체나 텔레비전에 지나치게 관심을 기울이는가? 교인들을 한 가족처럼 보살피는 목회 사역을 얼마나 성공적으로 이끌어 왔는가?

목회자의 사역은 지식과 경험과 기술에 의해 결정되지 않는다. 이 점을 기억하라. 목회 사역은 목회자의 마음 상태에 의해 결정된다. 목회자의 마음이 올바르지 못하면, 지식과 경험이 도리어 그를 위험에 빠뜨린다.

L 목사의 아내에게도 해결해야 할 마음의 문제가 있었지만, 실질적인 문제는 그녀에게 있지 않았다. 또 그가 결혼생활을 하면서 늘 어려움을 겪은 것이나 동료 사역자들과 교인들을 멀리한 것도 실질적인 문제가 아니기는 마찬가지였다. 그런 현상들은 그보다 더 깊고, 근원적인 문제의 징후이자 표징이었을 뿐이다. 문제는 그의 마음에 있었다. 그의 사역에 부정적인 영향을 미친 것은 바로 그의 마음이었다. 그것은 수직적인 문제, 곧 그가 하나님과 관계를 맺었던 방식이나 내용과 관련된 문제였다.

그는 스스로의 부족함을 의식하며 겸손히 그리스도와 관계를 맺고, 그분을 경배하고 찬양하며 묵상하는 삶을 살지 못했다. 마치 예수님이 교회를 떠나신 것처럼 보였다. 모든 사역이 지식과 기술에 의존했다. 그의 사역은 늘 살아 계시는 그리스도와의 관계에 바탕을 두지 않았다. 그리스도를 사랑하고, 그분의 사랑을 깊이 감사하는 마음 외에 다른 것이 그의 지식과 기술과 활동을 지배했다. 모든 것이 놀라울 정도로 비인격적으로 이루어졌다. 온통 신학적인 가르침, 정확한 주석, 프로그램에 대한 열정, 제도적인 발전뿐이었다. 다음 설교를 준비하고, 모임 일정을 계획하고, 필요한 리더십을 발휘하고, 예산을 마련하고, 계획을 세우고, 사역의 협력 관계를 구축하는 것이 전부였다. 물론 모두 필요한 일이지만, 그런 것들이 그 자체로 목적이 되거나 사역을 움직이는 원동력이 되어서는 곤란하다. 그것들은 그보다 더 깊은 무엇을 표현하는 방편에 지나지 않는다. 더 깊은 무엇은 바로 '목회자의 마음'에 있다. 목회자의 마음이 모든 사역의 원동력이 되어야 하고, 나아가 목회자의 사생활에까지 영향을 미쳐야 한다.

목회자는 경이로움과 설렘으로 주님과 사랑에 빠지기를 좋아해야 한다. 그리스도를 사랑하고, 그분의 사랑 안에서 안식하는 것이 목회자가 생각하고, 바라고, 선택하고, 결정하고, 말하고, 행하는 모든 것에 영향을 미쳐야 한다. 또한 주님의 은혜를 통해 안식과 확신을 얻고, 늘 자신을 돌아보며 겸손한 태도를 유지해야 한다. 날마다 그리스도와 교제를 나누는 삶을 통해 심령이 부드러워져야만 사랑과 인내가 넘치고, 심령이 온유하고, 너그럽고, 남을 격려할 줄 아는 목회자가 될 수 있다. 그리스도의 임재와 약속과 축복을 묵상하는 일보다 사역 방식을 생각하는 일이 앞서서는 곤란하다.

목회자의 마음을 보호하고, 사역을 망칠 수 있는 요인들을 사랑하지 않도록 이끌어 줄 수 있는 사랑은 오직 그리스도를 향한 사랑뿐이다. 사역하다 보면 목회자의 귀에 은밀한 유혹의 말을 속삭이는 우상들이 많다. 그런 우상들로부터 목회자를 지켜 줄 수 있는 것은 오직 그리스도를 예배하는 마음뿐이다. 사역자들은 너 나 할 것 없이 자기의 영광을 추구하려는 유혹을 느끼고, 그로 인해 실패의 쓴맛을 경험할 때가 많다. 그런 결말을 피하려면 부활하신 그리스도의 영광을 추구해야 한다. 오직 그리스도께서만이 교만한 신학교 졸업생들을 인내와 겸손으로 은혜를 전하는 목회자로 바꿔 놓으실 수 있다. 그리고 고난 당하신 주님께 깊이 감사하는 태도가 있어야만 사역의 고난을 즐겁게 감당할 수 있다. 그리스도 안에서 만족하는 마음이 있어야만 사역의 고난을 감당하는 동안 영적 만족을 얻을 수 있고, 스스로의 죄를 애통해하는 마음이 있어야만 하나님이 섬기라고 명령하신 동료 죄인들에게 은혜를 전할 수 있다. 또한 목회자의 정체성이 그리스도 안에 굳게 뿌리를 내려야만 사역을 통해 정체성을 찾으려는 잘못을 저지르지 않게 된다.

영적 성숙의 정도와 사역을 할 준비가 된 상태를 판단할 때는 세심한 주의가 필요하다. 신학교 졸업생이 교육과 훈련을 잘 받았다는 이유만으로 사역을 할 준비를 잘 갖추었다고 판단하거나 사역의 지식, 왕성한 활동력, 능숙한 기술을 영적 성숙으로 오인할 위험성이 항상 도사리고 있다. 영적 성숙은 수직적 차원에 속하고, 수평적 차원의 영역 안에서 광범위하게 표현된다. 영적 성숙은 '하나님과 교제하며 겸손하고 지혜롭게 살아가는 것'을 의미한다. 그리스도를 사랑하는 마음이 무르익으면 그 마음이 자연스레 다른 사람들에게까지 확대된다. 그리스도의 은혜에 감사하는 마음이 있으면 그 은혜로움이 다른 사람들에게 그대로 전달되고, 그리스도의 인내와 용서에 깊이 감사하는 마음이 있으면 자연스레 인내와 용서를 베풀 수 있다. 구원의 복음을 날마다 경험하고 살아가면 다른 사람들도 구원을 경험하기를 바라는 열정이 힘차게 솟아날 수밖에 없다.

이 모든 것은 사실이다. 따라서 목회자를 초빙할 때는 이 모든 것을 전면에 부각시켜 철저히 점검해야 한다. 속마음과 무관한 삶을 살거나 하나님 외에 다른 것을 예배하는 사람을 선택해서는 안 된다. 거룩해지기 위해 애쓰는 사람, 우리를 속이고 유혹하는 죄의 권세에 맞서 싸우려고 노력하는 사람을 선택해야 한다. 하나님이 의도하신 방식에 위배되는 일상생활 속의 온갖 유혹의 덫을 경계할 줄 아는 사람, 하나님이 자신의 영광을 드러내시고 구원의 은혜를 베푸시기 위해 고난을 감당하게 하실 사람, 동료 죄인들과 날마다 친밀하게 어울릴 줄 아는 사람을 선택해야 한다. 다른 사람들과 마찬가지로 자신에게 현혹되어 그릇 치우치거나 자기만족과 자기 의를 추구하려는 유혹에 연약한 인간적인 사람, 과거의 사역을 통해 얻은 경험을 옳게 해석해 새로운 목회지에 접목시킬 줄 아는 사람, 용서와 변화와 능력과 구원을 가져다주는 은혜를 절실히 필요로 하고, 그 은혜를 자신이 섬기는 사람들에게 전할 줄 아는 사람이 필요하다. 일평생 은혜를 구하며 살아가는 참된 사람을 선택해야 한다.

그러려면 영적 지도자로 세워 하나님의 백성을 돌보게 할 사람을 제대로 알아야 한다.

마음이 중요하다

성경을 살펴보면 지도자의 성공과 실패가 지식과 전략, 기술과 경험에 달려 있지 않다는 사실을 분명히 알 수 있다.

로마서 4장에 기록된 아브라함에 관해 잠시 생각해 보자. 하나님은 아브라함을 선택하셔서 언약의 약속을 허락하셨다. 그분은 아브라함의 후손이 해변의 모래처럼 많아질 것이라고 약속하셨다. 그러나 그의 아내는 아이를 낳기에는 나이가 너무 많았다. 그는 늦게까지 자신의 뒤를 이을 아들을 낳지 못했다.

로마서 4장은 아브라함의 마음 상태를 보여 주는 중요한 단서를 제공한다. 하나님이 우리를 불러 아브라함처럼 오랜 세월을 기다리게 하셨다고 가정해 보자. 우리는 기다리는 동안 믿음이 점점 약해질 것이다. 다시 말해, 기다려야 할 아이를 생각하는 시간이 길면 길어질수록 아이를 낳을 능력이 없다는 것을 생각하는 시간도 덩달아 길어질 것이다. 하나님이 우리를 선택하시어 기다리게 하신 이유를 궁금해하는 시간이 길어질수록 우리의 믿음은 더욱더 약해질 것이다. 그러나 아브라함은 그렇지 않았다. 기다리는 시간이 길어지면서 그의 믿음은 더욱 강해졌다. 아브라함은 자신의 불가능한 처지를 생각하지 않고, 약속을 이루시는 하나님의 권능과 성품을 묵상했다. 아브라함의 마음이 하나님의 영광을 생각할수록 그분이 약속하신 것을 능히 이루시리라고 확신하는 믿음이 더욱 커졌다. 아브라함의 이야기는 절망과 낙심이 아니라, 격려와 희망의 연속이었다. 그 이유는 무엇일까? 아브라함은 올바른 것을 생각했기 때문이다.

요셉의 경우는 또 어떤가? 애굽의 관원이었던 보디발의 아내가 그를 유혹했지만 그는 굴복하지 않았다. 왜 그랬을까? 결과를 두려워했기 때문이거나 궁궐의 복잡한 인간관계를 적절히 관리할 줄 아는 기술이나 능력이 탁월했기 때문이 아니었다. 창세기 39장은 그 중요한 순간에 요셉이 무엇을 생각했는지 잘 보여 준다. 그가 유혹을 물리칠 수 있었던 이유는 주님께 헌신하는 마음이 깊었기 때문이다. 요셉의 마음은 수평적 차원에서 주어지는 쾌락이 아니라, 수직적 차원에서 이루어지는 예배에 지배되었다. 그는 하나님 앞에서 그런 사악한 행위를 저지를 생각이 추호도 없었다. 요셉이 유혹의 손길을 마음으로부터 즉각 거부할 수 있었던 이유는 창조된 세상의 일시적인 영광보다 더 큰 영광이 그의 마음을 사로잡았기 때문이다.

이번에는 불붙은 가시떨기 앞에 서 있던 모세를 생각해 보자. 하나님은 모세를 구원의 도구로 세워 이스라엘 백성을 애굽에서 구원해 약속의 땅으로 이끌게 하실 계획이었다. 그러나 모세는 그런 의도도, 희망도 없었다. 출애굽기 3-4장은 모세가 하나님과 논쟁을 벌인 내용을 기록하고 있다. 모세는 하나님이 자기에게 맡기신 일을 행할 능력이나 준비나 자격을 전혀 갖추지 못했다고 생각했다. 하나님은 "내가 반드시 너와 함께 있으리라"(출 3:12)고 간단히 말씀하셨지만, 모세는 "오 주여 보낼 만한 자를 보내소서"(출 4:13)라고 완강하게 버텼다. 심지어 모세는 하나님이 선택하신 도구인 자신에게 주어질 능력을 두 눈으로 직접 목격하고 나서도 고집을 부렸다. 대체 왜 그랬을까? 애굽에서 받은 우수한 교육도 그를 보호하지 못했고, 애굽의 문화에 대한 지식도 그를 움직이지 못했으며, 궁궐의 정치를 직접 겪었던 풍요로운 경험도 그를 고무하지 못했다. 마음속에 두려움이 가득했기 때문이다. 결국 하나님은 크게 분노하셨고, 모세는 그제야 그분의 부르심에 응했다.

이번에는 엘라 골짜기에 있던 이스라엘 군대를 생각해 보자. 그들은 싸움터에 나섰지만, 너무 두려워 감히 싸울 엄두조차 내지 못했다. 그들은 지극히 높으신 하나님, 만군의 주님의 군대였지만 블레셋의 영웅과 대적하기를 두려워했다. 자신들의 정체성을 의식하지 못했던 것이 그들의 문제였다. 그들은 자신들이 누구인지 잊었다. 그들은 자신들에게 주어진 약속을 망각했다. 바로 그것이 그들이 잘못된 영적 잣대로 눈앞의 상황을 평가했던 이유였다. 사실은 작고 미천한 군대가 거대한 거인을 상대하는 상황이 아니라, 하잘것없는 거인이 전능하신 하나님을 상대하는 상황으로 파악해야 옳았다.

사무엘상 17장은 다윗의 등장을 다룬다. 목동이었던 다윗은 형들에게 먹을 음식을 갖다주기 위해 그곳에 왔다. 다윗은 믿음의 사람, 곧 하나님의 구원 능력을 경험한 사람이었다. 다윗은 이스라엘 군대가 싸우지 않는 이유를 이해할 수 없었다. 다윗은 스스로를 하나님의 자녀라고 확신하는 사람만이 보여 줄 수 있는 용기와 지금까지 자신이 경험했던 일들을 토대로 물매만을 들고 골리앗과 맞섰다. 다윗은 올바른 영적 잣대를 꺼내들었기에 하나님이 블레셋의 영웅과 그의 군대를 자신의 손에 붙이실 것이라고 확신했다. 그는 자신이 하나님의 영광의 광채 안에서 싸울 것을 알았다. 다윗을 골짜기로 걸어 나가게 만든 것은 바로 그의 마음속에 있는 용기였다.

엘리야는 갈멜 산에서 바알 선지자들을 상대로 큰 승리를 거둔 뒤 죽기를 소원할 정도로 깊은 낙심과 절망에 빠졌다. 열왕기상 19장은 삶의 의욕을 잃고 모든 것이 끝났다고 생각했던 이 애처로운 선지자의 모습을 잘 보여 준다. 엘리야는 도무지 희망을 찾을 수 없었다. 그는 남아 있는 의인이라곤 오직 자기 하나뿐이라고 생각했다. 엘리야의 견지에서 보면 악이 승리할 것처럼 보였다. 하나님은 엘리야가 정신을 되찾도록 그를 도와주셔야 했다. 그는 혼자가 아니었다. 하나님의 사역은 끝나지 않았다. 악은 절대로 승리하지 못할 것이다. 하나님의 사역을 할 사람이 아직도 7천 명이나 남아 있었다.

바울은 베드로를 엄히 꾸짖었다. 베드로는 유대인들의 이목이 두려워 복음의 핵심 원리를 저버릴 뻔했다. 그는 자신에게 위탁된 복음의 메시지와 정면으로 충돌하는 행위를 저지를 뻔했다. 그것은 그 순간 그의 마음이 수직적 차원의 신념보다 수평적 차원의 두려움에 지배되었기 때문이다.

이 모든 사례는 마음의 상태가 중요한 순간에 큰 차이를 만들어낸다는 것을 보여 준다. 마음은 사역의 불가피한 변수다. 두 사람이 똑같은 경험과 훈련과 기술을 쌓았다고 해도 교회라는 사역 현장에서 어떤 일에 부딪혔을 때 똑같이 반응하리라는 보장은 없다. 그렇게 생각하기 쉽지만, 그런 생각은 매우 위험하다. 사역자의 마음을 지배할 수 있는 것이 매우 다양하듯, 두 사람이 목회자로 일하면서 보일 수 있는 행동도 그만큼 다양한 차이를 드러낸다. 목회 사역이 항상 그리스도와 그분의 복음에 대한 사랑으로 이루어질 것이라는 생각은 너무 순진하다. 모든 사역자가 하나님 나라의 발전을 위해 일하고 있다고 결론짓는 것은 위험하다. 사역자들 가운데는 하나님의 영광을 등한시하고 자기 영광을 구하는 사람들이 적지 않다. 모든 사역자가 겸손히 자신의 부족함을 인정하는 태도로 사역에 임하는 것은 아니다. 사역이 그릇된 방향으로 치우치는 이유는 지도자들이 다 이루었다고 생각하고, 자신이 다른 사람들에게 경고하는 것들을 스스로에게는 적용하려고 들지 않기 때문이다. 목회자들이 성적 유혹, 사람에 대한 두려움, 시기, 탐욕, 교만, 분노, 하나님에 대한 의심, 원망하는 마음, 우상 숭배와 같은 죄로부터 자유로울 것이라고 생각하면 큰 오산이다. 모든 목회자가 하나님의 은혜로 항상 새롭게 변화되어야 할 필요성이 있다는 것을 기억해야 한다.

따라서 목회자를 초빙해 하나님의 양떼를 이끄는 임무를 위탁할 때는 우선 그 사람의 마음 상태를 파악하는 것이 선행되어야 한다. 옛적에 하나님을 섬겼던 사역자들과 마찬가지로, 그도 한 사람의 개인이자 사역자로 살아가는 동안 중요한 선택의 순간에 부딪히게 될 것이다. 그런 중요한 순간에 그의 행동을 결정짓고, 그에게 승리를 안겨 줄 수 있는 힘은 그의 마음에서 비롯한다. 왜냐하면 다른 모든 사람과 마찬가지로 무엇이 그의 마음을 지배하느냐에 따라 그의 삶과 사역의 방향이 결정되기 때문이다. 단지 이력서에 적힌 정보와 자료에만 관심을 기울이지 말고, 그 너머에 있는 것을 파악하려고 노력하라.

Chapter **5**

"다른 사람들에게 내 약한 모습을 보이고 싶지 않아."

영혼의 눈이 멀지 않도록 서로 권면하라

그리스도께서 몸의 머리시라면, 그 나머지는 모두 그분의 지체에 해당한다. 목회자나 사역의 지도자가 아무리 유능하다고 해도 하나의 지체에 지나지 않는다. 따라서 그들도 몸의 다른 지체들에게 필요한 것을 필요로 한다. 그리스도의 몸이 행하는 중요한 사역과 그 상호관계망에 관한 규칙 가운데서 오직 목회자만 예외라고 말하는 성경 구절은 신약성경 어디에도 없다. 겉으로 보기에 덜 중요하게 보이는 지체들에게 적용되는 것이 목회자에게도 똑같이 적용된다. 목회자가 홀로 동떨어져 고립된 채 살아가는 문화는 영적으로 건강하지도 않을 뿐더러 성경의 가르침에도 어긋난다.

목회자들이여, 스스로에게 "나는 누구인가? 내게 영적으로 필요한 것은 무엇인가?"라고 물어본 적이 있는가? 교인들이여, 자기 교회의 목회자를 생각하면서 "우리 목사님은 어떤 사람인가? 목사님이 영적 건강을 유지하고, 은혜 안에서 성장하기 위해서는 무엇이 필요할까?"라고 물어본 적이 있는가? 그리스도의 몸인 교회의 사역이 목회자에게 가장 적게 영향을 미치는 현실이 과연 옳고 건강하다고 생각하는가? 목회자기 그리스도의 몸과 아무 관계도 맺지 않고 지내는 것이 최선이라고 생각하는가? 모든 목회자가 성화를 이루는 과정에 있다면, 그도 그리스도의 몸이 행하는 중요한 사역의 범위 안에 포함되어야 마땅하지 않겠는가?(하나님은 교회에 속한 모든 시제가 교회의 사역을 통해 도움을 얻도록 계획하셨다.) 하나님이 자기 백성의 건강과 성장을 위해 허락하신 규칙이 목회자에게는 적용되지 않는다고 말하는 성경 구절을 신약성경에서 단 한 구절이라도 찾아볼 수 있는가? 그동안 목회자와 교인들의 관계가 옳게 구축되어 왔다고 생각하는가? 목회자들이 해서는 안 될 일을 그들에게 요구하고 있지는 않는가? 목회자는 누구와도 친하게 지내서는 안 된다는 식의 주장이 과연 성경적일까? 다른 사람들에게는 혼자 동떨어져 지내는 것이 건강하지 않다고 말하면서 목회자에게는 그런 삶을 요구한다면 큰 모순이 아닐까?

소경을 인도하는 소경

성경은 우리 안에 남아 있는 죄의 권세에 관해 가르친다. 이 가르침을 진지하게 받아들여야만 그리스도의 몸이 행하는 중요한 사역과 무관하게 사는 것이 매우 위험하다는 사실을 깨달을 수 있다. 그리스도의 종으로서 그분의 몸을 보호하고, 인도하고, 이끄는 역할을 하는 목회자도 결코 예외일 수 없다.

그리스도께서 몸의 머리시라면, 그 나머지는 모두 그분의 지체에 해당한다. 목회자나 사역의 지도자가 아무리 유능하다고 해도 하나의 지체에 지나지 않는다. 따라서 그들도 몸의 다른 지체들에게 필요한 것을 필요로 한다. 그리스도의 몸이 행하는 중요한 사역과 그 상호 관계망에 관한 규칙 가운데서 오직 목회자만 예외라고 말하는 성경 구절은 신약성경 어디에도 없다. 겉으로 보기에 덜 중요하게 보이는 지체들에게 적용되는 것이 목회자에게도 똑같이 적용된다. 목회자가 홀로 동떨어져 고립된 채 살아가는 문화는 영적으로 건강하지도 않을 뿐더러 성경의 가르침에도 어긋난다.

이 점을 확실하게 보여 주는 성경 구절이 하나 있다. 바로 히브리서 3장 12-13절이다.

"형제들아 너희는 삼가 혹 너희 중에 누가 믿지 아니하는 악한 마음을 품고 살아 계신 하나님에게서 떨어질까 조심할 것이요 오직 오늘이라 일컫는 동안에 매일 피차 권면하여 너희 중에 누구든지 죄의 유혹으로 완고하게 되지 않도록 하라"(히 3:12-13).

이 말씀은 우리 안에 남아 있는 죄의 권세 때문에 그리스도의 몸이 행하는 사역이 목회자를 비롯한 모든 지체의 삶에 날마다 영향을 미치게 해야 한다는 경고와 권고로 주위를 환기시킨다.

본문의 경고를 먼저 생각해 보자. 이미 간파했을지도 모르겠지만 이 경고는 점진적인 성격을 띠고 있다. 다시 말해, 신자의 마음이 완고하게 굳어져 가는 과정을 묘사한다("형제들아"라는 문구를 사용한 것으로 보아 신자들을 위한 말씀이라는 것을 알 수 있다). 본문은 "너희 중에 누기 믿지 아니하는 악한 마음을 품고…하나님에게서 떨어질까…완고하게 되지 않도록 하라"고 경고한다. 죄를 찾아내 버리지 않으면 어떤 결과가 나타나는지 분명히 알 수 있다. 그 과정을 잠시 살펴보겠다.

모든 것은 죄에 굴복하는 데서부터 시작한다. 이는 곧 하나님이 내게 요구하시는 인격과 행위의 경계선 밖에 있는 것, 곧 하나님이 '악'이라고 일컬으시는 것을 삶 속에 받아들이는 것을 의미한다. 내가 신자라면 돌 같은 마음이 제거되고, 부드러운 살 같은 마음이 형성되었을 것이기 때문에 죄를 지었을 때는 양심이 괴로울 것이 틀림없다.

양심의 가책은 죄를 깨우쳐 주시는 성령의 아름다우신 사역이다. 양심의 가책을 느끼게 되면, 두 가지 가운데 하나를 선택해야 한다. 먼저 가장 좋은 선택은 내가 저지른 일이 죄라는 것을 인정하고, 다시 한 번 그리스도의 의를 의지해 용서를 구하는 것이다. 또 다른 하나는 적당히 변명할 빌미를 찾아 내가 저지른 행위가 옳다고 주장하는 길을 선택하는 것이다. 이것은 단지 내 기분을 좋게 만들어 하나님이 좋게 여기지 않으시는 행위를 적당히 무마하는 것을 의미한다. 이는 내 영혼의 눈을 멀게 만든다. 마음에 죄를 품고 살아가는 사람은 모두 그런 식으로 스스로를 속인다. 사실 우리는 우리가 의식하는 것보다 더 자주 그런 식으로 행동할 때가 많다.

어떤 목회자가 장로 모임에서 분노를 드러냈다고 가정해 보자. 그러나 그는 자신이 분노한 적이 없다 생각하고 이렇게 자위할 수 있다.

"나는 단지 하나님의 선지자처럼 '주 여호와의 말씀이니라.'고 외쳤을 뿐이야."

또 어떤 부부가 소그룹 모임을 마치고 집으로 돌아오는 길에 모임에 참석한 누군가를 헐뜯었다고 가정해 보자. 그 경우 그들은 이렇게 변명할 수 있다.

"우리는 남을 헐뜯는 게 아니야. 이건 단지 그 사람을 위해 좀 더 많이, 구체적으로 기도해 주자는 뜻이야."

헌금하기를 꺼려하는 사업가도 이렇게 자위할 수 있다.

"나는 인색하지 않아. 단지 하나님이 내게 위탁하신 걸 선한 청지기처럼 잘 지키려는 것뿐이야."

이처럼 우리 모두에게는 좋지 않은 일을 하고서도 적당히 무마하려는 성향이 있다. 그럴 경우 마음이 완고해지는 과정의 두 번째 단계가 시작된다. 죄를 변명하고 우리의 의를 내세우려는 순간 '믿지 않는 마음'이 생겨난다. 우리가 행한 것이 죄가 아니기 때문에 우리 자신이 용서의 은혜를 필요로 하는 죄인이라는 사실을 부인하려고 애쓴다. 자신을 적당히 변명하는 것은 '교만'과 '불순종'과 '불신앙'에 해당한다.

교만과 불순종과 불신앙은 죄가 더욱 강하게 역사할 여지를 마련한다. 회개함으로 은혜를 구하지 않으면, 죄의 추악한 역사가 더욱 기승을 부리게 된다. '떨어진다'는 세 번째 단계를 묘사하는 표현이 이 점을 잘 보여 주고 있다. 유혹의 풍랑에 맞서려면 성경의 진단을 겸손히 받아들이고, 그리스도의 은혜를 굳게 붙잡아야 한다. 그 닻줄을 자르면 더 멀리 표류할 수밖에 없다.

마지막 단계는 '완고해진 마음'이다. 전에 우리를 괴롭게 했던 것이 더 이상 우리를 괴롭히지 않는다. 전에 우리의 양심을 자극하던 것이 더 이상 느끼지지 않는다. 하나님의 한계에서 벗어나 걸난고 해서는 안 될 일이라고 알고 있었던 것이 우리의 마음을 지배하게 된 탓에 그런 규칙이 더 이상 중요하게 생각되지 않는다. 참으로 두려운 결과가 아닐 수 없다. 완고해진 마음은 돌 같은 마음이다. 그런 마음은 변화를 거부하기 때문에 쉽게 바뀌지 않으며, 부드럽지 않기 때문에 성령의 역사에 둔감

할 수밖에 없다. 우리의 마음이나 손으로 행하는 행위가 모두 악한데도 아무렇지 않다고 생각한다. 그런 상태에 빠지는 것보다 신자에게 더 위험한 일이 어디에 또 있겠는가?

솔직히 말해, 나도 목회자로서 그런 상태에까지 이른 적이 있었다. 교인들에게 많은 잘못을 저질렀지만, 아무렇지도 않게 지내려고 애썼다. 하나님이 내게 돌보라고 허락하신 사람들을 험담했는데도 양심의 가책이 느껴지지 않았다. 다른 사람들의 사역을 시기했는데도 전혀 마음이 괴롭지 않았고, 때로는 교인들의 인기를 독차지할 의도로 말씀을 전했는데도 그것이 우상 숭배에 해당한다는 것을 의식하지 못했다. 나는 그런 일들을 악으로 여기지 않았기 때문에 변화의 필요성을 전혀 느끼지 못했다.

여기에서 우리 모두는 이 물음을 생각해 볼 필요가 있다.

"마음이 완고해져 가는 무서운 과정이 신자의 삶 속에서 어떻게 일어날 수 있는가?"

이 질문의 답을 알려면, 우리 안에 죄가 남아 있다고 경고하는 히브리서 저자의 말에 귀를 기울여야 한다. 이런 결과가 나타나는 이유는 '죄가 우리를 속이는 본성을 띠고 있기 때문'이라고 말한다. 히브리서 본문의 경고와 그 뒤를 잇는 권고를 옳게 이해하려면 '영적 소경'이라는 신학적 개념을 제대로 이해해야 한다.

죄는 우리를 속인다. 죄가 가장 먼저 누구를 속이는지 생각해 보자. 내 주위에 있는 사람들의 죄를 찾아내는 일은 그리 어렵지 않다. 그러나 다른 사람이 내 죄를 지적하는 경우에는 그 말을 선뜻 받아들이기 어렵다.

죄는 이 책을 읽고 있는 열 사람 중에 열 사람을 모두 속인다. 그러나 이렇게 말하는 것조차도 충분하지 않다. 영적 소경은 육체적 소경과는 다르다. 육체의 눈이 먼 사람은 자신이 소경이라는 사실을 알고, 그런 결함을 보완하기 위한 조처를 취한다. 그러나 영적 소경은 영혼의 눈이 멀었는데도 스스로의 눈 먼 상태를 의식하지 못하며, 자신이 건강하다고 생각한다. 영적 소경은 자기만큼 자기에 대해 더 정확하게 아는 사람은 아무도 없다는 착각에 사로잡혀 살아간다.

이것이 본문이 말하는 권고에 귀를 기울여야 하는 이유다. 본문은 "매일 피차 권면"하라고 당부한다. "누구든지 죄의 유혹으로 완고하게 되지 않도록"이라는 말은 이런 권고가 왜 중요한지 잘 설명하고 있다. 영혼의 눈을 멀게 하는 죄의 위력은 무척 강력하기 때문에 하루도 빠짐없이 서로를 권면하지 않으면 안 된다.

히브리서 저자가 이런 경고와 권고로 깨부수려고 하는 것은 '예수님과 나'라는 개인화되고 고립화된 기독교에 안주하려는 성향이다. 그는 모든 신자의 삶 속에서 서로를 권면하는 사역이 이루어져야 한다고 강조한다. 물론 여기에는 목회자도 당연히 포함된다. 우리 가운데 혼자서 신앙생활을 할 수 있는 사람은 아무도 없다. 아무도 모르는 곳에서 홀로 동떨어져 살아가는 삶은 결코 안전할 수 없다. 목회자든 평신도든, 자기 자신의 실상을 정확하고 분명하게 파악하려면 다른 사람들의 눈이 필요하다.

그렇다면 매일 서로를 권면하는 사역은 무엇으로부터 우리를 보호할까? 다른 사람들이 우리의 개인생활에 대해 통찰력 있는 조언을 아끼지 않으면, 영혼의 눈이 멀어 마음이 완고해지는 상태에 이르는 것을 예방할 수 있다. 우리는 이 점을 진지하게 받아들여야 한다. 히브리서 저자는 '개인의 영적 통찰력은 공동체의 산물'이라고 강조한다. 혼자서는 그런 통찰력을 지니기가 어렵다. 자기 성찰이 공동체의 차원에서 이루어져야 하는 이유는 남아 있는 죄의 권세가 우리의 눈을 멀게 할 가능성이 높기 때문이다. 모든 목회자는 이 사실을 겸손히 인정해야 할 필요가 있다. 목회자가 스스로를 성경이 가르치는 대로 정확하게 파악하려면, 다른 사람들의 도움이 필요하다.

하나님이 제공하신 도움과 보호의 체계에 의지할 필요가 없다고 생각하는 목회자는 점차 눈이 어두워져 마음이 완고해질 위험성이 매우 높다. 영혼의 눈이 멀기 시작하면 스스로를 실제보다 더 의롭게 생각하게 되고, 변화를 거부하는 단계에 이를 수밖에 없다. 결국 그런 목회자는 다른 사람들이 계속 변화를 촉구하는데도 거기에 응하지 않으며, 다른 사람들과 원만한 협력 관계를 유지하기가 힘들어진다. 이런 류의 사람은 하나님과 동행하는 삶이 공동체의 사역이라고 확신하는 사람들에 비해 사역을 잘하기가 어려울 뿐더러, 또 남의 말에 귀를 잘 기울이지도 않는다.

그런 목회자는 방향을 잃고 헤매거나 혼란에 빠져 있는 사람들을 인내심 있게 대하지 못한다. 스스로를 의롭게 여기는 사람들은 다른 사람들의 실패를 잘 이해하지 못하는 성향이 있다. 사실 스스로에게 은혜가 절실히 필요하다고 생각하는 사람만이 다른 사람들에게도 참된 은혜를 베풀 수 있다. 영혼의 눈이 멀어 스스로를 의롭게 여기는 사람은 다른 사람들의 반론이나 비판을 달게 받아들일 수 없다. 하나님은 그런 충고와 조언을 통해 그 안에서 역사하시며 그의 양심을 자극하는 은혜를 베풀고 계시지만, 그는 그것을 은혜로 받아들이지 않는다. 그는 자신의 현재 상태에 만족하기 때문에 하나님이 왜 이런 특별한 어려움을 겪게 하시는지 궁금해하며, 그분의 선하심과 지혜를 의심하는 지경에까지 이른다.

그동안 많은 목회자와 대화를 나누었지만 그들의 문제는 사역이 어렵다거나, 교인들이 교회 일에 적극 참여하지 않는다거나, 동료 사역자들이 부족하기 때문이라는 이유와는 무관했다. 그들의 문제는 바로 '하나님과의 관계'였다. 사역이 힘들고 부담스럽게 느껴지게 만든 것은 하나님에 대한 분노와 실망이었다. 자신이 의심하는 누군가를 위해 일한다는 것은 당연히 어려울 수밖에 없고, 자신이 신뢰하지 못하는 누군가를 다른 사람들에게 신뢰하라고 권하는 것은 당연히 힘들 수밖에 없다. 스스로에게 없는 것을 다른 사람들에게 나눠 주는 것은 불가능한 일이라 할 수 있다.

사역을 어디에서 얼마나 오래 했든, 또 얼마나 큰 교회를 담임하고 있든 목회자라면 누구나 본문의 경고와 권고에 귀를 기울여야 한다. 이보다 더 절실히 필요하고, 더 정확한 진단이 또 어디에 있겠는가?

영혼의 눈이 먼 사람의 특징

조와 그의 아내 주디는 강한 소명 의식과 설레는 마음으로 사역을 시작했다. 그들은 생계를 위해 사역자로 부르심을 받았다고 생각하지 않았다. 그들은 자신들이 오랫동안 출석했던 교회, 곧 자신들의 소명과 은사를 인정해 준 교회를 사랑했다. 그들은 수습 기간을 거쳐 교회 직원으로 일하다가 마침내 새로 설립한 교회의 지도자로 선정되는 영예를 누렸다. 꿈이 실제로 이루어진 것처럼 보였다.

그들은 서로를 섬기는 활기찬 공동체 안에서 생활했다. 교인들은 거의 매일 그들에게 조언을 아끼지 않았다. 동료 신자들은 그들이 방향을 잃고 헤매거나 혼란에 빠지는 일이 당연히 있을 것이라고 예상했다. 그들을 보호하고, 치우치지 않도록 도와주는 사랑, 즉 격려와 권면을 아끼지 않고 용서와 희망을 제공하는 사랑이 도처에 차고 넘쳤다.

조와 그의 아내 주디는 그런 환경에 너무나도 익숙해져 있었다. 그래서 개인의 성장을 독려하는 교회의 사역이 참으로 중요하다는 사실을 진지하게 생각하지 않고, 새 교회 개척 사역에 선뜻 뛰어들었다. 그들은 자신들이 그 누구도 원하지 않을 위험 지대에 발을 들여 놓았다는 사실을 의식하지 못했다.

조의 마음에서 즉각 변화가 일어나기 시작했다. 그러나 그는 그런 변화를 감지하지 못했고, 심각하게 여기지도 않았다. 젊은 목회자였던 조는 헌신적인 개척 멤버들과 함께 자신의 사역지에 복음을 전하겠다는 열정으로 가득했지만, 전에 한 번도 다루어 본 적이 없는 마음의 문제를 다루어야 할 상황에 직면했다. 물론 그는 당시만 해도 그런 문제의 중요성을 인식하지 못했다. 그는 그런 마음의 문제가 자신을 위험 지대로 이끌어 사역을 거의 파국으로 몰아넣게 될 줄은 꿈에도 생각하지 못했다.

나는 조와 그의 아내가 모든 것을 포기하려고 할 즈음에 그들을 처음 만났다. 주디는 이렇게 말했다.

"제가 바라는 것은 사역을 하지 않는 남자와 사는 자유로움입니다. 남편과 우리 가족에게 일어난 일을 도무지 견딜 수가 없어요. 저는 이제 그만하렵니다. 더는 버틸 수가 없어요. 남편도 다른 사람들을 이끌 상태가 아니라고 생각합니다."

조와 주디는 대체 무슨 이유로 그런 절망과 낙심에 빠져들게 되었을까? 설레는 마음으로 사역에 뛰어들어 사역에 대해 실망하고 개인적인 위기를 겪게 되기까지의 과정은 조의 마음에서 일어난 변화에서부터 시작했다. 그런 변화가 다른 사람들의 눈에는 그렇게 중요하지도 않고 위험하지도 않은 것처럼 보일지 몰라도, 바로 그것 때문에 재능 있는 목회자였던 조는 거의 파국 직전에까지 내몰렸다.

교회 개척 사역을 막 시작할 즈음, 조는 전에 느끼지 못했던 부담감을 느끼기 시작했다. 그는 그런 부담감을 다른 사람은 물론, 아내에게까지 털어놓지 않았다. 그는 활기찬 교회를 떠나 새로운 사역에 동참한 용기 있는 개척 멤버들을 이끄는 지도자로서 그들을 절대로 실망시켜서는 안 된다는 강박감에 사로잡혔다. 항상 언행을 올바르게 해야 한다고 생각했기 때문에 그의 부담감은 그가 여태 느껴 본 그 어떤 부담감보다 더 컸다.

그는 교인들이 자신이 힘들어하고, 무기력해하고, 두려워하고, 무능력하게 보이는 모습을 보고 실망하는 것을 원하지 않았다. 아내에게도 그런 모습을 보이고 싶은 생각이 없었다. 왜냐하면 자신의 아내가 다른 누구보다 더 많은 것을 포기하고, 더 큰 위험을 감수한 채 새로운 사역지로 그를 따라왔기 때문이다. 그래서 그는 속으로는 그렇지 않더라도 겉으로는 희망과 확신과 용기가 넘치는 모습을 보여야 한다고 생각했다(일종의 연기를 한 셈이었다). 그는 공인으로서의 모습과 그의 마음과 실제의 삶이 서로 충돌하는데도, 그런 상태를 점차 편안하게 느끼기 시작했다.

그는 개척 멤버들이 자신의 리더십을 못미더워해 사역에 동참한 것을 의문시하는 것을 원하지 않았다. 그래서 그렇게 하는 것이 중요하다고 스스로에게 세뇌시키곤 했다. 그는 자기도 모르는 사이에 사람들과 거리를 두기 시작했다. 사람들이 사적인 질문을 던지면 적당히 둘러대는 데 능숙해졌다. 또한 자신이 실제로 느끼고 생각하는 것을 말하기보다 성경과 신학에 관한 상투적인 내용을 언급하는 데 익숙해졌다. 물론 목회자는 말을 조심해서 가려 하는 것이 좋다. 그러나 교인들과 거리를 두거나 그런 태도를 사역을 위한 불가피한 희생으로 치부해서는 곤란하다. 그러나 조는 그런 잘못을 저질렀다.

조와 같은 태도를 취하는 사역자들이 너무나도 많다. 그들은 홀로 고립되어 지낼 뿐 아니라, 그것을 사역자가 당연히 감당해야 할 일이라고 생각한다. 그들은 고립 상태를 위험이 아니라, 올바르고 성숙한 선택으로 받아들인다. 담임 목사로부터 가급적 사람들과 거리를 두고 지내라는 조언을 듣고 있다는 젊은 목회자들이 의외로 많다.

조는 사람들이 자신의 고민을 알게 되면 복음의 능력을 의지하는 믿음이 약화될지도 모른다고 우려했다. 그는 교인들이 목회자가 복음의 능력을 의지하지 못하는 모습을 보면, 복음을 의문시하지 않을지 염려했다. 또한 하나님이 목회자를 도우시지 않는 것처럼 보이면, 사람들이 믿음의 시험에 빠질까 염려스러웠다. 따라서 조는 굳이 많은 노력을 기울이지 않아도 자연스레 자신을 숨길 수 있었다. 그로서는 그것이 최선이요, 사역의 대가처럼 느껴졌다. 그는 은혜의 필요성에 관한 신학적 진리를 전했지만, 자기 자신이 영적으로 궁핍한 사람이라는 사실을 사람들이 진지하게 생각할 수 있도록 이끌지 못했다.

그러나 실제보다 더 의롭게 보여야 할 필요가 있다고 생각하고 그렇게 되려고 노력하는 동안, 그는 점차 지쳐 갔고, 부담감이 크게 증폭되기 시작했다. 조는 격식 없는 모임에서조차 편안하지 못했다. 그는 그런 모임을 즐거워하지 않았기에 적당한 구실을 둘러대 참여하지 않으려고 애썼다. 담임 목사로서 자신의 은사를 사용하고 표현할 수 있는 자유와 기쁨을 간절히 염원했지만 그런 것을 전혀 느끼지 못했다. 조는 다른 많은 목회자들이 내게 털어놓았던 생각을 지니고 있었다. 그는 그리스도의 몸 안에 있는 다른 모든 사람은 죄를 고백해야 하지만, 자기는 그렇게 할 수도 없고, 또 해서도 안 된다고 확신했다.

조의 고립된 생활은 목회 사역의 부담감을 더욱 가중시켰고, 그보다 훨씬 더 큰 위험을 초래했다. 조의 영적 눈이 멀게 된 것이다. 그는 사기 합리화, 변명과 방어, 자기 옹호와 같은 논리를 펼치기 시작했다. 조에게만 너무 가혹하다고 생각하지 말라. 죄인이면 누구나 그런 성향을 지닌다. 그 이유는 영적 소경의 가장 두드러진 특성 가운데 하나가 자기 기만이기 때문이다. 우리는 그 누구보다도 우리 자신을 더 기만하고, 그 누구보다 우리 자신을 더 옹호하려는 성향이 있다. 영적으로 소경된 다른 사람들처럼 조도 자신이 영적으로 눈이 멀었다는 사실을 전혀 의식하지 못했다. 사실 조의 경우는 자신이 영적으로 눈이 멀었다는 사실을 인정하기가 더욱 어려웠다. 왜냐하면 목회자로서 그가 지닌 은사와 재능과 정신력은 그에게 아무 문제가 없는 것처럼 보이게 만들었기 때문이다. 그러나 사실은 그렇지 않았다.

조는 괜찮다고 생각해서는 안 될 일을 괜찮다고 생각하는 습성에 점차 물들어 갔다. 그는 다른 사람을 은근히 비꼬기도 하고, 동료 지도자를 험담하기도 하고, 모임 중에 조급함을 드러내기도 했다. 또한 대화를 나누다가 화를 내며 자리를 뜨거나 일부 교인들을 원망하기도 했으며, 개인 예배와 경건 시간에 성실하지 못했고, 집에서도 혼자 지내면서 초조하고 성급한 기색을 드러내기도 했다.

그러는 사이 그의 아내 주디는 조가 달라졌다는 것을 보여 주는 여러 가지 징후들을 포착하기 시작했다. 그러나 그의 변화는 한순간에 일어난 것이 아니었다. 그것은 조가 전에 하지 않았던 말과 행동이 거듭 반복되면서 나타난 결과였다. 그러나 주디가 우려했던 것은 그런 문제를 전혀 고심하지 않는 조의 태도였다. 조는 과거에 그런 유혹에 치우칠 때면 언제나 곧바로 잘못을 고백하고, 올바른 태도를 회복하려고 노력했던 사람이었다.

주디는 조가 잘못을 고백하지 않는 것도 걱정스러웠지만, 자신이 문제를 지적할 때마다 그가 발끈하며 화내는 것이 더욱 걱정스러웠다. 그는 그녀에게 이렇게 말하곤 했다.

"그렇지 않아도 밖에서 사람들이 내 사역을 유심히 지켜보면서 비난하는데 집에서까지 그래야겠어?"

또한 조의 아내는 조가 가족을 멀리하려 한다는 것을 알아차렸다. 그는 페이스북을 하는 데 너무 많은 시간을 소비했고, 오랫동안 꼼짝도 않고 텔레비전을 시청했다. 주디는 그런 그에게 적절한 충고의 말조차 건네기가 어려웠다. 또 조는 아이들이 자기를 방해한다 싶으면, 자상하고 인내심 있는 태도로 그들을 대하지 않았다.

조의 공생활과 사생활의 괴리는 주디가 감당하기에는 너무 버거웠다. 그는 목회 사역이 조와 자신의 가정을 망치고 있다고 생각하기 시작했다. 그녀는 조가 막바지에 이르렀다는 것을 깨닫고 사역을 그만두기를 바랐다. 조는 홀로 고립되어 생존하는 상태로 들어갔다. 그는 자신의 의무를 이행했지만, 모든 기쁨이 사라지고 말았다. 한 주 한 주를 겨우겨우 꾸려 나가는 조의 모습을 지켜보던 주디는 예수님이 교회를 떠나신 것처럼 느끼기 시작했다. 그녀는 그런 상황을 더 이상 견딜 수가 없었다. 조를 몹시 사랑했던 그녀는 그의 소명이 자신들이 감당하기에는 너무 벅차다는 결론에 도달했다. 그녀는 마침내 최후통첩을 날리기에 이르렀다.

"나와 사역, 둘 중에 하나를 선택하세요."

조의 이야기가 특별하다고 말하고 싶지만 그렇지 않다. 세부 내용은 개인에 따라 다르지만, 나는 이와 비슷한 이야기를 수없이 들어왔다. 목회자 개인의 죄보다 훨씬 너 큰 문제는 바로 목회 문화다. 목회 문화가 바뀌어야 한다.

개인의 성화를 추구하는 사람이 하나님이 정해 주신 가장 중요한 수단, 곧 개인적인 깨달음과 성장과 영적 건강을 얻을 수 있는 수단을 멀리한다면 어떻게 될까? 홀로 고립되어 지내는 탓에 자신의 실상을 보지 못하는 목회자들에게 어떻게 그들이 보지 못하는 것을 고백하라고 요구할 수 있을까? 모든 것을 솔직하게 고백하면 사람들의 존경심과 목회자로서의 지위까지 잃을지도 모른다고 생각하는 그들에게 어떻게 사실을 인정하라고 권유할 수 있을까? 어떻게 그들이 고백하지 않는 잘못을 뉘우치고 돌이키기를 기대할 수 있을까?

그리스도의 몸을 이끄는 목회자는 다른 교인들보다 몸의 사역이 주는 혜택을 덜 받아도 괜찮다는 생각이 과연 옳을까? 어째서 목회자들이 죄로 고민하는 것을 놀랍게 여기는 것인가? 목회자들이 사랑의 견책과 책망을 필요로 하지 않는다고 생각하는 이유가 무엇인가?

목회자들이 정체성의 혼란 속에 빠져들고, 그리스도 안에서 이미 그들에게 주어진 것을 수평적 차원에서 찾기 시작한다고 해서 놀랄 이유가 무엇인가? 목회자들이 전임 사역자로 일한다는 이유만으로 그들이 자기 의나 자기변명을 내세우지 않을 것이라고 단정하는 이유가 무엇인가? 은혜의 길을 알지 못하는 목회자들이 자신의 의를 옹호하거나 과시하려 하지 않고 그리스도의 의를 의지할 것이라고 추정하는 이유가 무엇인가?

목회자가 그의 가족을 당연히 사랑할 것이라고 생각하고 안심해도 괜찮을까? 그가 시간과 돈을 잘 사용할 것이라고 믿고, 홀로 있는 시간에도 하나님을 영화롭게 할 것이라고 생각하는 것이 과연 옳을까? 그가 자신에게 주어진 기회와 책임을 올바로 행하고 있다고 생각하거나 그가 전하는 설교와 그의 사생활이 서로 일치하고 있다고 믿고 안심해도 되는 것일까? 목회자를 비롯해 그리스도의 몸에 속한 지체라면 누구나 몸의 사역을 필요로 하지 않을까?

그리스도의 몸에 속하는 길

목회자를 고립 상태에서 건져내 그리스도의 몸이 행하는 중요한 사역을 좀 더 자주 접할 기회를 제공하려면 다음과 같은 노력이 필요하다.

1) 목회자가 소그룹 모임에 참석하도록 권유하라

소그룹 사람들이 목회자와 친분을 쌓고, 좀 더 정상적인 상황에서 그를 바라보고, 그에게 필요한 사역과 기도가 무엇인지 파악하는 일은 매우 단순한 활동이지만 그 효과는 참으로 크다. 그동안 그런 모임에 참여한 목회자들과 대화를 나눠 보았더니 모두 이구동성으로 영적으로 큰 도움을 받고 있다고 말했다.

2) 목회자는 조언을 구할 수 있는 성숙한 사람을 찾으라

목회자는 목회 사역을 하는 동안 스스로도 목회적 돌봄을 경험해야 한다. 신뢰할 수 있는 성숙한 사람을 찾아 마음을 나누어야 한다. 그런 사람을 반드시 찾아 강한 신뢰 관계를 구축하라. 그와 가능하면 자주 만나서 고민을 털어놓고, 그의 조언과 충고를 겸손히 받아들이라.

3) 목회자 사모들을 위한 소그룹을 구성하라

내가 지난 몇 년 동안 일했던 제10장로교회에서는 모든 교역자의 사모들이 월례 모임을 가졌다. 그 모임에는 한 가지 규칙이 있었다.

"모임에서 한 말은 절대 다른 곳에서 입 밖에 내지 않는다."

사모들이 한 사람씩 자신의 사정을 털어놓고, 그들을 위해 충분한 기도 시간을 갖는 것이 모임의 주된 활동이었다. 사모들은 모임을 통해 많은 도움과 보살핌을 경험했을 뿐 아니라, 좀 더 담대하고 지혜롭게 남편의 사역을 격려하고 보조할 수 있는 기량을 기를 수 있었다. 어쩌면 이것은 교회에서 가장 효과적인 소그룹 모임일지도 모른다. 교회의 규모가 작아 교역자들의 숫자가 많지 않을 때는 여러 교회가 함께 그룹을 만들 수도 있다.

4) 목회자는 설교를 전할 때 자신의 속사정을 털어 놓으라

공적 사역을 행하는 자리에서 속사정을 털어놓기는 그리 쉬운 일이 아니다. 그러나 그렇게 할 수 있는 방법은 많다. 목회자는 자신이 설명하는 진리의 중요성과 실용성을 뒷받침하는 예화를 자신의 삶에서 찾아 전할 수 있다. 그렇게 하면 효과가 클 뿐 아니라, 목회자도 평신도와 마찬가지로 구원과 용서와 능력을 필요로 한다는 사실을 상기시켜 줄 수 있다. 그렇게 하면 교인들이 목회자를 바라보면서 이런 말을 더 이상 하지 않을 것이다.

"우리 목사님만큼만 될 수 있으면 좋겠어."

물론 교인들은 목회자를 통해 늘 함께 계시는 그리스도의 영광을 볼 수 있어야 한다. 그러려면 교인들 앞에서 겉만 그럴 듯하게 꾸민 사람이 되어서는 안 된다. 우리는 우리의 희망이신 그리스도를 보여 주는 맑은 창과 같은 사람이 되어야 한다. 나는 설교할 때 내 이야기를 전하고 나서 나중에 나를 위해 기도하는 교인들이 많다는 사실을 알고 늘 감사하곤 한다.

5) 목회자와 그의 가족을 교인들의 가정에 초대하라

목회자와 그의 가족이 고립된 상태로 살아가지 않도록 관심을 기울이는 것이 좋다. 교인들에게 목회자의 가족을 초대해서 함께 즐기게 하라. 함께 바비큐 파티를 하기도 하고, 가정에서 대대로 전수되어 온 전통 음식을 대접하기도 하라. 또한 운동경기를 함께 관람하기도 하며, 외식도 하고, 여러 사람들과 어울려 골프나 낚시를 즐기게 하라. 그들을 숨어 있는 곳에서 데리고 나와 편안한 분위기에서 즐겁게 휴식을 취할 수 있도록 도우라.

6) 목회자 사모에게 조언을 구할 수 있는 사람이 있는지 살피라

목회자 사모에게는 필요할 때마다 서슴없이 연락을 취할 수 있는 사람이 필요하다. 언제나 그녀의 밑에 귀를 기울여 주고, 도움을 베풀 수 있는 사람이 있어야 한다. 다시 말해서 목회자 사모가 말하기 곤란한 문제를 기꺼이 상의할 수 있을 뿐 아니라, 수면 시간을 방해하지 않는 한도에서 언제라도 연락을 취할 수 있는 사람이 필요하다.

7) 목회자 부부가 한적한 시간을 보낼 수 있는 방안을 마련하라

집안일이 바쁘고, 해야 할 사역이 많다고 해서 목회자 부부가 결혼생활에 충분한 관심을 기울이지 못하는 사태가 발생해서는 안 된다. 목회자 부부가 주말에 가끔씩 집을 떠나 한적한 시간을 보낼 수 있도록 시간과 도움과 비용을 제공하는 것이 좋다. 목회자 부부가 가정과 사역 사이의 갈등을 불가피한 것으로 받아들이지 않도록 배려하라. 목회자 부부가 결혼생활에 관심을 기울여 서로를 이해하고, 사랑하고, 화합하며 살아갈 수 있도록 필요한 것을 제공하라.

8) 목회자와 그의 가족이 언제라도 상담을 통해 도움 받게 하라

목회자가 부임한 첫날부터 필요할 때면 언제라도 상담을 통해 도움을 받을 수 있도록 배려해야 한다.

목회자들이여, 스스로에게 솔직하고 필요한 경우에는 신속히 도움을 구하기를 바란다. 자신에게 아무 문제가 없고, 고립된 상태로 지내는 것이 목회자의 의무라고 생각하는가? 진실을 말해야 할 필요가 있을 때 서슴없이 말할 수 있을 만큼 자신을 잘 아는 사람이 있는가? 스스로를 스스로에게서 보호해 줄 사람이 누구인가? 그리스도의 몸에 속한 지체들의 눈에 비친 자신의 실제 모습이 얼마나 정확한가? 교회 안에 자신의 죄를 솔직하게 고백할 수 있는 분위기가 마련되어 있는가? 공적 사역 현장에서 자신의 참 모습을 드러내기가 두려운가? 자신의 아내가 공생활과 사생활이 서로 충돌하는 것을 지켜보면서 고통을 느끼고 있지는 않은가?

그리스도의 몸과 분리되어 고립된 상태로 지내는 목회자들이 갈수록 줄어들기를 바란다. 그에 반해 온유와 겸손의 본보기가 되고, 삶을 변화시키는 주 예수 그리스도의 은혜와 능력을 필요로 하는 목회자들은 더욱더 많아지기를 간절히 기도한다.

Chapter 6

"나를 이해해 주는 사람이 없어. 나는 외톨이야."

고립된 나, 사라진 공동체

"매일 피차 권면"(히 3:13)하라는 명령은 우리 마음에 남아 있는 죄 때문에 자기를 기만할 가능성이 높아서 서로의 삶에 자주 개입할 필요성이 있음을 일깨워 준다. 우리 모두는 서로의 삶에 개입해야 한다. 죄를 온전히 극복할 수 있을 때까지 성경의 정확한 가르침에 우리 자신을 비춰 볼 수 있도록 도와줄 사람들이 필요하다. 그러나 목회자에 대해 잘못된 선입견을 품은 채 사랑으로 솔직하게 서로를 권고하는 문화 속으로 그를 끌어들이지 못하고 동떨어진 삶을 살도록 허용한다면, 그는 마음을 올바르게 인도하는 그리스도 중심적인 사역의 혜택을 누리지 못하게 될 것이다.

나는 1960-1970년대의 근본주의, 그러니까 '예수님과 나'라는 개인화되고 고립화된 기독교 신앙 안에서 성장했다. 우리 교회에서 사사로이 교제를 나눌 수 있는 기회는 가끔 있는 목회 심방과 수요일 저녁 기도회가 전부였다. 우리 부모를 아는 사람은 아무도 없었다. 내 말은 그들을 진정으로 아는 사람이 없었다는 뜻이다. 영적으로 눈먼 내 아버지가 스스로를 속이며 이중생활을 하고 있다는 것을 깨닫도록 도와준 사람은 아무도 없었다. 또한 내 어머니가 싱경에는 해박하면서도 심한 고통을 느끼고 있다는 사실을 알고 있는 사람도 아무도 없었다. 우리는 활기찬 교회에 적극 참여하는 기독교인 가정이었지만, 기독교의 가장 중요하고 본질적인 특성 가운데 하나(제 기능을 원활하게 발휘하는 훈련된 그리스도의 몸)를 결여하고 있는 상태였다. 우리는 에베소서 4장, 고린도전서 12장, 히브리서 3장 12-13절의 가르침과는 거리가 먼 기독교를 믿었다.

나는 신앙생활도 오래 하고 사역도 조금 해보았지만, 하나님과 동행하는 삶이 공동체의 사역이라는 사실을 이해하지 못했다. 나는 기독교가 처음부터 끝까지 관계지향적이라는 사실도 몰랐고, 혼자서 신앙생활을 꾸려 가려는 것이 얼마나 위험한지도 몰랐다. 또한 나는 내 안에 남아 있는 죄가 영적인 눈을 멀게 한다는 사실도 몰랐고, 하나님이 깨달음과 격려, 확신, 성장을 독려하시기 위해 제공하신 수단과 동떨어진 삶을 살고 있다는 것도 인지하지 못했다. 진정한 참여보다는 소비지상주의적인 가치관이 교회를 지배하고 있는 현실도 전혀 이해하지 못했다. 게다가 나는 개인의 차원에서 이루어지는 말씀 사역이 신자들의 건강에 중요한 영향을 미친다는 것도 몰랐다. 한마디로 나는 아무것도 알지 못했다.

그러나 이제는 내게 다른 사람들이 필요하다는 것을 이해하게 되었다. '서로의 삶에 의도적으로 개입해 구원과 은혜의 사역을 펼치는 그리스도 중심적인 공동체' 안에서의 삶에 헌신해야 한다는 것을 알게 되었다. 이제 내가 해야 할 일은 이런 공동체를 찾아내 사람들이 나 스스로는 말할 수 없는 일들을 말해 달라고 부탁하는 것이다. 나는 경고와 격려, 보호, 은혜, 사랑의 말이 내게 절실히 필요하다는 것을 깨달았다. 이제 나는 다른 사람들과 하나로 연결되어 있다. 그것이 몸의 머리가 되시는 주 예수 그리스도의 지혜로우신 계획이기 때문이다.

나는 내가 주님보다 더 현명하다거나 내가 실제보다 더 강하다고 생각할 수 없다. 내가 도달하지 못한 성장 단계를 나 자신에게 적용해서도 안 되고, 하나님이 정하신 영적 성장의 수단을 멀리하면서도 아무 문제가 없다고 믿어서도 안 된다. 또한 사역의 경험이나 성공, 또는 신학 지식이 나의 영적 건강을 가늠하는 척도가 되어서는 안 된다. 의도는 선하지만 나를 잘 알지 못하는 사람들이 내 주일 사역을 지켜보고 칭찬한다고 해서 안일한 생각에 빠져서도 안 된다. 이제 나는 그리스도의 몸과 동떨어진 삶을 살면서도 내 결혼생활이 건강할 수 있다고 생각하지 않는다.

내 마음속에는 여전히 죄가 남아 있다. 그렇기 때문에 내 삶의 가장 큰 위험이 내 안에 있다고 말해야 옳다. 따라서 내게 아무 문제가 없다고 생각하는 것은 너무 순진해서거나 너무 교만해서다. 물론 우리 안에 거하시며 죄를 깨닫게 해주시는 성령의 사역을 한순간도 망각하거나 폄하할 생각은 추호도 없다. 그러나 나는 성령께서 도구들을 사용하신다고 확실하게 말할 수 있다(삶을 변화시키는 말씀을 충실하게 전하는 일은 사람들의 몫이고, 그 말씀에 능력을 더하시는 것은 내주하시는 성령님의 몫이다).

이 모든 말을 하고 나서도 '개인화되고 고립화된 기독교'가 아직도 존재한다고 말해야 한다고 생각하니 참으로 서글프다. 이 기독교는 그리스도의 몸 밖이나 그 위에서 살아가는 삶을 허용하거나, 직접 이끌고 있는 수많은 목회자의 삶과 사역 가운데 아직도 건재하게 살아 있다. 많은 목회자가 그런 경험을 하고 있다.

그들이 고향 교회를 떠나 다른 도시에서 신학교에 다니는 순간, 그들의 신앙생활은 즉시 개인화되기 시작한다. 신학교가 성경을 다루는 방식이나 학생들과 관계를 맺는 방식에 있어 인격적이지도 않고, 목회적이지도 않은 영적 공동체로 전락해 버린 경우가 허다하다. 그런 환경에서 3년 동안 목회적 돌봄을 제대로 경험하지 못한 채 지역 교회와 의례적인 관계만 맺다가 졸업한 신학생들이 진정으로 알지 못하는 교회에 목회자로 초빙된다. 이런 현상은 그들이 교회에 실제로 동참하지 않는 상태로 교회를 인도하는 역할만 감당하는 과정을 거치면서 더욱 악화되기 시작한다. 그들은 자연스럽게 서로를 돕고 섬기는 관계에 참여하지 않는다. 또한 다른 사람들이 교회에 다니는 순간부터 흔히 경험하는 일이나 보호 체계와는 무관한 삶을 살게 된다. 불건전하고 비성경적인 교회 문화는 목회자를 보호할 수도 없고, 그의 사역을 위험으로부터 지켜 줄 수도 없다.

목회자들이여, 자신이 아직 완전한 단계에 이르지 못했다는 사실을 날마다 경험을 통해 확인하고 있을 줄 안다. 우리의 욕망이나 언행은 종종 우리의 마음속에 아직 죄가 남아 있다는 것을 여실히 드러내고 있다. 따라서 성화의 과정을 거치는 동안 우리를 보호하고 성장을 독려해 줄 수단에 기꺼이 헌신하는 것이 마땅하지 않겠는가?

교회의 핵심 사역

정상적인 목회 문화가 무엇이지 잘 보여 주는 성경 본문 세 곳을 한번 살펴보고자 한다. 그 전에 먼저 교회 안에서 이루어지는 말씀 사역을 전

반적으로 살펴보는 것이 좋을 듯하다. 성경은 본질적이고, 상호의존적이며, 보완적인 말씀 사역을 두 가지로 나눠 제시한다. 첫째는 '공적인 말씀 사역'이다. 이것은 하나님의 말씀을 교회에 모인 사람들에게 정기적으로 가르치고 전하는 사역을 가리킨다. 이 사역을 통해 교회의 형성적 훈련이 이루어진다. 모든 신자가 강단에서 전하는 근본 진리, 곧 관점과 삶을 변화시키는 진리를 통해 훈련을 받는다. 하나님의 백성이 모두 같은 길과 방향으로 향한다. 공적인 말씀 사역은 다수의 사람들을 대상으로 하기 때문에 청중 전체를 고려한 가르침과 적용으로 이루어진다. 하나님은 이 중요한 형성적 사역을 행하게 하려고 일부 사람을 따로 세워 특별한 은사를 허락하신다.

한편 하나님의 말씀을 신자 개개인의 삶에 구체적으로 적용해 각자의 상황과 관계 속에서 그리스도를 따른다는 것의 의미를 깨우쳐 주는 사역이 필요하다. 하나님은 이를 위해 또 하나의 보완적인 말씀 사역을 허락하셨다. 그것은 바로 '사적인 말씀 사역'이다. 이 사역은 교회의 교정적 훈련에 해당한다. 이 사역의 내용은 앞서 말한 사역과 조금도 다르지 않다. 이 사역도 모든 사람이 듣고, 각자의 삶에 구체적으로 적용할 수 있는 일반 진리를 전한다. 사람들은 그런 과정을 거치면서 진리의 빛 가운데 산다는 것이 무슨 의미인지 좀 더 구체적으로 이해할 수 있다. 하나님이 의도하신 대로 진리를 가르치는 교회의 말씀 사역은 하나님의 모든 자녀가 이 두 번째 사역에 기꺼이 참여하여 훈련과 가르침을 받도록 이끈다.

사적인 말씀 사역은 사람들에게 형성적 근거를 제시하는 공적인 말씀 사역에 의존하고, 공적인 말씀 사역은 사람들에게 그들이 공적 현장에서 배운 말씀이 삶 속에서 구체적으로 어떤 의미를 지니는지를 보여주는 사적인 말씀 사역을 지향한다. 두 사역은 단순히 겉치레가 아니라, 말씀 중심의 성장 전략을 통해 교회가 수직과 수평, 양방향으로 성장하도록 돕는 핵심 사역에 해당한다.

에베소서의 이 말씀을 목회자의 삶과 사역에 적용해 보자.

"그가 어떤 사람은 사도로, 어떤 사람은 선지자로, 어떤 사람은 복음 전하는 자로, 어떤 사람은 목사와 교사로 삼으셨으니 이는 성도를 온전하게 하여 봉사의 일을 하게 하며 그리스도의 몸을 세우려 하심이라 우리가 다 하나님의 아들을 믿는 것과 아는 일에 하나가 되어 온전한 사람을 이루어 그리스도의 장성한 분량이 충만한 데까지 이르리니 이는 우리가 이제부터 어린아이가 되지 아니하여 사람의 속임수와 간사한 유혹에 빠져 온갖 교훈의 풍조에 밀려 요동하지 않게 하려 함이라 오직 사랑 안에서 참된 것을 하여 범사에 그에게까지 자랄지라 그는 머리니 곧 그리스도라 그에게서 온 몸이 각 마디를 통하여 도움을 받음으로 연결되고 결합되어 각 지체의 분량대로 역사하여 그 몸을 자라게 하며 사랑 안에서 스스로 세우느니라"(엡 4:11-16).

영적으로 교만한 목회자는 이 모든 말씀이 자신에게 해당되지 않는다고 생각하기 때문에 논의를 마다할 것이 분명하다. 그러나 본문은 목회자들에게 영적 교만을 버리라고 가르친다. 에베소서는 '이미-아직'이라는 원리에 근거한다. 우리는 '이미' 구원의 은혜를 받았다. 성령께서 우리 각자 안에 거하고 계신다. 그러나 우리는 '아직' 믿음을 온전하게 이해하지도 못했고, '아직' 그리스도의 형상을 온전히 이룰 만큼 성장하지도 못했다. 마음을 속이는 싸움은 여전히 진행 중이다. 우리는 그 싸움의 한복판에서 사역을 하며 살아가고 있고, 하나님은 우리를 보호하고 성장시키는 데 필요한 중요한 수단을 제공하셨다. 그런 중요한 수단을 활용하지 않고서도 잘 살아갈 수 있다고 생각한다면, 우리 가운데 건강하거나 안전한 사람은 아무도 없을 것이다.

그렇다면 바울이 본문에서 말하는 '모든 사람이 항상 행하는' 사역의 목표는 무엇일까? 그것은 믿음의 일치, 하나님의 아들을 아는 지식, 그리스도 안에서의 성장이다. 우리는 이 목표에 미치지 못하는 삶을 살고 있다는 것을 겸손히 인정해야 한다. 목회자도 예외일 수 없다. 온전히 하나가 된 믿음의 공동체 안에 거하는 사람이나 그리스도를 온전히 알고 있는 사람, 또는 예수님의 형상을 온전히 이룬 사람은 우리 가운데 아무도 없다. 이런 사실을 겸손히 인정한다는 것은 무슨 의미일까? 그것은 곧 모든 사람이, 하나님이 우리의 마음과 삶 속에서 그런 목표가 이루어지도록 돕기 위해 제공하신 수단을 기꺼이 받아들이는 것을 의미한다.

하나님이 우리의 영적 건강과 성장을 위해 제공하신 수단을 의지하지 않고서도 충분히 잘 살아갈 수 있다는 생각에는 어떤 위험이 뒤따를까? 이 문제의 대답도 본문에 명백히 드러나 있다. 구원받은 사람으로서 해서는 안 될 일을 하려고 애쓴다면, 우리의 삶은 정체 상태에 머문 채 성장하지 못할 것이고, 교리적인 오류와 혼란에 치우쳐 스스로를 속이는 삶을 살게 될 것이다.

잠시 생각해 보자. 목회자들 가운데도 그런 위험에 빠진 사람이 많다. 그동안 목회자들을 상담하면서 그들이 성장하지 못한 탓에 교회가 피해를 당하는 경우를 많이 보았다. 나는 목회자들이 잘못된 교훈의 풍조에 밀려 요동하는 바람에 교회가 그 피해를 고스란히 감당하는 것을 종종 목격했다. 나 역시 스스로를 속인 목회자였다. 나는 나를 누구보다 잘 알고, 내가 실제보다 영적으로 더 성숙했다고 착각했다.

이런 경고의 말은 일반 신자뿐 아니라, 그리스도의 몸에 속한 모든 지체에게 해당한다. 사역을 행하는 사람은 누구나 자신의 마음속에서 주도권을 다투려는 싸움이 늘 진행되고 있다는 사실, 곧 '이미-아직'이라는 긴장 상태가 지속되고 있다는 사실을 겸손히 인정해야 한다. 따라서 우리 모두는 그리스도의 몸이 행하는 영적 성장을 독려하는 사역을 필요로 한다.

그렇다면 하나님이 우리를 인도하고, 보호하고, 성장하게 하시기 위해 선택하신 방법은 무엇일까? 그것은 바로 '공적인 말씀 사역'과 '사적인 말씀 사역'이다. 특히 본문은 지체와 지체끼리 이루어지는 사적인 사역의 중요성을 강조한다. 본문의 가르침은 매우 분명하고 구체적이다.

"오직 사랑 안에서 참된 것을 하여⋯온 몸이 각 마디를 통하여⋯연결되고 결합되어 각 지체의 분량대로 역사하여⋯사랑 안에서 스스로 세우느니라."

그리스도의 몸의 지체 가운데 이 중요한 몸의 사역과 무관하게 살아도 좋다고 암시하는 내용은 본문 어디에서도 발견되지 않는다. 그러나 우리는 자칫 잘못하면 본문이 실제로 가르치지 않는 결론을 끄집어낼 수도 있다. 다시 말해, 우리는 하나님의 백성을 훈련시켜 지체와 지체끼리의 사역을 독려해야 할 책임이 목회자에게 있다고 생각하기 때문에 목회자에게는 그들이 필요로 하는 것이 없어도 상관없다고 착각할 가능성이 매우 높다. 그러나 본문은 그렇게 가르치지 않는다. 그와는 정반대로 목회자 자신도 그가 훈련시키는 사역의 도움을 필요로 한다. '각 지체', '각 마디'라는 표현은 예외의 여지를 남기지 않는다. 그리스도께서 몸의 머리시라면, 일반 신자들은 물론 목회자도 몸의 한 지체일 뿐이다. 따라서 목회자도 몸의 사역을 필요로 한다.

고린도전서 12장 14-25절은 이 사실을 훨씬 더 강력하게 진술한다.

"몸은 한 지체뿐만 아니요 여럿이니 만일 발이 이르되 나는 손이 아니니 몸에 붙지 아니하였다 할지라도 이로써 몸에 붙지 아니한 것이 아니요 또 귀가 이르되 나는 눈이 아니니 몸에 붙지 아니하였다 할지라도 이로써 몸에 붙지 아니한 것이 아니니 만일 온 몸이 눈이면 듣는 곳은 어디며 온 몸이 듣는 곳이면 냄새 맡는 곳은 어디냐 그러나 이제 하나님이 그 원하시는 대로 지체를 각각 몸에 두셨으니 만일 다 한 지체뿐이면 몸은 어디냐 이제 지체는 많으나 몸은 하나라 눈이 손더러 내가 너를 쓸 데가 없다 하거나 또한 머리가 발더러 내가 너를 쓸 데가 없다 하지 못하리라 그뿐 아니라 더 약하게 보이는 몸의 지체가 도리어 요긴하고 우리가 몸의 덜 귀히 여기는 그것들을 더욱 귀한 것들로 입혀 주며 우리의 아름답지 못한 지체는 더욱 아름다운 것을 얻느니라 그런즉 우리의 아름다운 지체는 그럴 필요가 없느니라 오직 하나님이 몸을 고르게 하여 부족한 지체에게 귀중함을 더하사 몸 가운데서 분쟁이 없고 오직 여러 지체가 서로 같이 돌보게 하셨느니라"(고전 12:14-25).

본문은 그리스도의 몸을 서로에게 요긴하고, 상호의존적이며, 서로에게 기여하는 많은 지체로 구성된 유기체로 묘사한다. 지체들의 상호의존성과 상호연관성은 몸의 건강과 기능과 성장을 위한 필수 조건이다. 바울은 한 지체가 다른 지체에게 "나는 네가 필요 없어.", "고맙지만 나 혼자서도 잘할 수 있어.", "나는 네가 제공할 게 더 이상 필요 없는 상태야."라고 말할 수 없다는 것을 분명히 한다. 바울이 묘사하는 건강한 물리적인 몸의 특성을 고려할 때 그런 말들은 모두 불가피한 현실을 애써 부정하는 것이나 다름없다. 이 점은 영적 몸인 그리스도의 몸도 마찬가지다.

목회자의 영적 건강과 활기찬 사역이 잘 유지되려면 반드시 몸의 사역이 필요하다. 목회자는 그리스도의 몸에 속한 지체이기 때문에 비록 그 몸을 인도하고 훈련하는 위치에 있지만, 그 사역이 자신에게도 고스란히 적용된다. 이는 똑같은 도움을 받을 목적으로 다른 사람들을 훈련시키는 사람의 경우와 같다. 본문의 가르침이 적용되지 않는 사람은 아무도 없다.

대럴 목사는 집회 도중 휴식 시간에 내 앞에 서서 눈물을 흘렸다. 그는 누가 곁에서 자기를 바라보고 있는지, 누가 자기 말을 듣고 있는지 전혀 상관하지 않았다. 그의 사정은 그만큼 절박했다. 그는 완전히 무너져 내린 사람처럼 보였지만, 사실은 하나님이 은사를 주어 거룩하게 구별하신 목회자였다. 그는 거만한 태도로 다른 사역자들을 무시하지도 않았고, 불륜을 저지르지도 않았으며, 포르노그래피나 약물에 중독된 상태도 아니었다. 그는 원망과 분노와 절망에 사로잡힌 나머지 자포자기에 빠진 상태였다. 그는 눈물을 흘리면서 이렇게 말했다.

"어떻게 집으로 돌아가야 할지 모르겠어요. 집에는 아무도 나를 아는 사람이 없어요. 우리 가족들 사이에서 벌어지고 있는 일을 아는 사람도 없고, 내 마음을 이해하는 사람도 없죠. 내가 매주 억지로 설교를 만들어내고 있다는 걸 아는 사람도 없습니다. 또 내가 인도하는 모임을 나 자신이 싫어하고, 아내와 내가 매주 서로 다투며 괴롭게 살아가고 있는 것도, 내 자녀들이 나 때문에 복음을 싫어하기 시작했다는 것도, 내가 오랫동안 꼼짝도 하지 않고 텔레비전을 본다는 것도 아는 사람이 없습니다. 교회 안에 대화를 나눌 수 있는 사람, 나와 친밀한 관계를 맺은 사람이 단 한 사람도 없습니다. 우리 가족은 고립되어 살고 있어요. 아무도 관심을 가져 주지 않아요. 아내는 친구들이 몇 명 있지만 말을 조심하려고 애쓰죠. 내가 모임을 중단하고 내 실상을 고백한다면, 다른 지도자들이 그런 나를 이해해 줄 것 같지가 않아요. 내가 사람들 앞에서 이 모든 것을 실토한다면 그걸로 끝일 겁니다. 어떻게 집에 돌아가 그 모든 일을 감당해야 할지 모르겠습니다."

대럴의 상황이 특별히 심하다고 생각하는가? 내가 보기에는 그렇지 않다. 왜냐하면 그런 하소연을 수없이 들어보았기 때문이다. 모두가 항상 그 정도로 심한 절망을 느끼는 것은 아니지만, 기쁨을 잃고 억지로 살아가는 목회자가 너무나도 많은 게 사실이다.

원망과 분노에 사로잡힌 사역자들, 곧 전에 경험했던 여러 가지 잘못된 일들을 곱씹으며 마음의 문을 굳게 잠근 채 살아가는 사역자들도 너무 많고, 목회자를 비현실적으로 이상화시켜 왜곡된 시각으로 바라보는 교인들과 교회위원회도 너무 많으며, 적절한 목회적 돌봄을 받지 못한 탓에 아무렇게나 방치된 사역자 가정도 너무 많다. 생존에 급급한 목회자들, 사역을 그만두는 것이 좋다고 생각하는 목회자의 아내들, 분노와 원망에 사로잡힌 아버지를 감당해야 하는 목회자의 자녀들이 굉장히 많다. 교회마다 마치 익명의 존재인 양, 홀로 고립되어 일하는 사역자들이 그렇게 많을 수가 없다.

세 번째 본문은 그리스도의 몸이 행해야 할 사적인 말씀 사역의 본질을 정의하고 있다. 골로새서 3장 15-17절을 읽어 보자.

"그리스도의 평강이 너희 마음을 주장하게 하라 너희는 평강을 위하여 한 몸으로 부르심을 받았나니 너희는 또한 감사하는 자가 되라 그리스도의 말씀이 너희 속에 풍성히 거하여 모든 지혜로 피차 가르치며 권면하고 시와 찬송과 신령한 노래를 부르며 감사하는 마음으로 하나님을 찬양하고 또 무엇을 하든지 말에나 일에나 다 주 예수의 이름으로 하고 그를 힘입어 하나님 아버지께 감사하라"(골 3:15-17).

바울은 잘 준비된 그리스도의 몸, 곧 하나님의 말씀이 마음속에 늘 거하고, 그분이 계획하신 일을 기꺼이 행할 준비가 되어 있는 그리스도의 몸을 묘사하고 있다.

그렇다면 잘 준비된 그리스도의 몸은 과연 어떤 몸일까?

바울의 권고와 가르침은 매우 구체적이다. 솔직히 바울의 묘사는 혁신적이다 못해 불안감이 느껴질 정도다. 그는 모든 신자가 동료 신자들의 삶 속에서 가르치는 역할을 담당해야 한다고 말한다. 이를 테면, 그는 '하나님의 모든 백성이 항상 참여하는 사역 패러다임'을 제시했다. 이는 교회 안에서 목회자만 가르친다면, 교회와 목회자 모두 건강한 삶을 영위할 수 없다는 뜻이다. 하나님이 어떤 위치에 세우셨든 상관없이 모든 사람은 가르침을 받아야 하고, 또한 가르쳐야 한다.

바울은 "가르치며 권면하고"라는 두 가지 표현을 사용했다. '가르친다'는 것은 삶을 하나님의 방식으로 바라보는 능력, 즉 각자의 삶의 이야기를 '구원'이라는 원대한 이야기에 포함시켜 생각하는 능력을 길러주는 것을 의미한다. 또한 '권면한다'는 것은 하나님의 관점에서 바라보게끔 도와주는 것, 곧 하나님의 말씀이라는 완전한 거울에 우리를 비춰 그 참 모습을 직시하게 하는 것을 의미한다. 그리스도의 지체가 가르침을 받지 않아도 되는 날은 단 하루도 없다. 모든 지체는 날마다 다른 지체들의 도움을 통해 자신에게서 아직 복음을 통해 변화되지 않은 요소를 찾아내야 한다. 또한 '세상'이라는 혼란스러운 거울을 들여다보며 왜곡된 시각으로 우리 자신을 바라보고 있다는 것을 일깨워 줄 권고의 말도 매일 필요하기는 마찬가지다.

목회자 주위에는 잘 훈련된 교사와 충실한 사랑의 권고자들이 있어야 한다. 목회자 자신을 아는 사람이 아무도 없는 상황에서 은혜로운 권고자들의 보호를 받지 못하고, 목회자만 홀로 교사로서 활동하는 것만큼 위험한 것은 없다.

고립과 위험의 순환 고리

1) 잘못된 선입견

고립과 위험의 순환 고리는 대개 목회자를 초빙한 교회가 자신이 초빙한 사람에 관해 부정확하고 유익하지 못한 선입견을 갖는 데서부터 시작된다. 안타깝게도, 목회자로 초빙된 사람이 오랫동안 홀로 방치된 채 공동체 안에서 살아가지 못하는 경우가 너무 많다. 목회자는 자신의 은사를 인정해 준 고향 교회를 떠나 믿음을 학술적 차원에서 세분화해 가르치는 환경에 처하게 된다. 그는 그곳에서 스스로를 학생들의 목회자로 여기지 않는 교수들에게 교육받는다. 그는 엄격한 신학 교육을 이수해야 하기 때문에 시간이 부족하여 지역 교회와 형식적인 관계를 유지하는 것으로 만족해야 한다. 그 때문에 그는 가정에서도 충실한 남편이자 아버지가 되기 어렵다. 성경과의 관계도 그의 영혼을 양육하는 경건 활동이 아닌 마음을 무겁게 하는 숙제로 변질된다.

그러나 목회자를 초빙한 교회는 그의 풍부한 은사, 성장도, 신학 지식, 목회 훈련 양을 볼 때 그가 영적으로 건강하고, 보호와 격려가 없어도 홀로 잘 헤쳐 나갈 수 있다고 믿는다. 그런 잘못된 선입견을 앞세워 고립 상태에서의 목회 기능에만 초점을 맞추는 사역 문화는 종종 초빙 면담을 나누는 순간부터 형성될 때가 많다.

2) 비현실적인 기대

목회자를 초빙할 때 품었던 잘못된 선입견은 비현실적인 기대로 이어진다. 예를 들어, 목회자가 죄로 인해 고민하지 않기를 바라는 교회가 많다. 그러나 목회자는 죄에서 자유롭지 못하다. 그도 여전히 성화의 과정을 거치고 있기 때문에 내면에 남아 있는 죄를 점진적으로 극복해 나가야 하는 입장이다. 또한 교회들은 목회자가 복음을 위한 싸움을 하는 도중에 지쳐 낙심에 빠지는 것을 원하지 않으며, 원망이나 시기심에 사로잡히지 않기를 기대한다.

그들은 목회자는 당연히 모범적인 남편이자 아버지가 되어야 하고, 게으르거나 평범한 수준에 머물러서는 안 된다고 생각한다. 목회자도 자신을 방어해야 할 필요가 있을 때는 사람들을 회피하거나 교묘히 통제하려는 태도를 취하지만, 그들은 그런 일은 절대로 없을 것이라고 생각한다. 그들은 목회자가 세상에 있는 사람들 가운데 그 누구도 감당하기 어려운 비현실적인 임무를 기쁨으로 감낭할 수 있기를 기대하며, 그와 교육 수준이 비슷한 대다수 사람들이 받는 보수에 미치지 못하는 사례비에 만족하기를 바란다.

또한 목회사의 아내가 사역에 온전히 헌신해 주기를 원한다. 사실 목회자 한 사람을 고용하면 두 사람의 인력을 고용하는 셈이 된다. 그들은 목회자가 하나님의 선하심을 의심할 수도 있다는 사실을 믿으려 들지 않는다. 그들은 목회자가 모임이나 강단에서 사람을 두려워하는 마음 때문에 하나님이 원하시는 언행을 하지 못할 수도 있다는 것을 생각하지 않는다. 그리고 목회자도 다른 사람들과 마찬가지로 불완전한 인간이기 때문에 그가 전하고 가르치는 은혜를 그 자신도 절실히 필요로 하고 있다는 것을 알지 못한다.

3) 솔직하게 말하지 않는 태도

교회의 '목회 문화'(목회자가 교회 지도자들과 교인들과 맺는 관계의 본질과 성격)는 사역의 초창기에 결정되는 것이 보통이다. 목회자를 초빙한 교회 지도자들이 그를 알기 위해 노력한다면, 즉 서로를 알기 위해 노력하고 구원의 공동체에 참여하게 되었다는 사실을 일깨워 준다면, 그는 그리스도의 몸의 사역을 통해 도움을 얻고 적절한 조언을 아끼지 않을 사람들과 친밀한 유대감을 형성할 수 있을 것이다.

교회가 목회자에게 '목회적 돌봄'(목회자에게 책임 있는 삶을 독려하고, 그의 영혼에 예수 그리스도의 복음을 적용하는 일)을 제공할 의사가 있다는 사실이 초창기부터 분명하게 나타나지 않는다면, 그는 홀로 고립된 상태에서 피상적인 관계를 맺으며 사역에 임할 가능성이 높아진다.

교회와 지도자들이 사랑으로 솔직하게 말하기를 피한다면, 목회자도 사람들에게 자신의 속사정을 말하기를 꺼려할 것이 틀림없다. 그런 경우에는 목회자와 진실한 대화를 나누기보다 그의 등 뒤에서 수군거릴 가능성이 높고, 목회자는 진실을 고백하기보다 숨기기에 급급할 것이다. 그런 현상은 하나님이 계획하신 은혜의 공동체, 곧 교회의 본질과 삶에 정면으로 위배된다.

4) 시기적절한 개입의 부재

"매일 피차 권면"(히 3:13)하라는 명령은 우리 마음에 남아 있는 죄 때문에 자기를 기만할 가능성이 높아서 서로의 삶에 자주 개입할 필요성이 있음을 일깨워 준다. 우리 모두는 서로의 삶에 개입해야 한다. 죄를 온전히 극복할 수 있을 때까지 성경의 정확한 가르침에 우리 자신을 비춰 볼 수 있도록 도와줄 사람들이 필요하다. 그러나 목회자에 대해 잘못된 선입견을 품은 채 사랑으로 솔직하게 서로를 권고하는 문화 속으로 그를 끌어들이지 못하고 동떨어진 삶을 살도록 허용한다면, 그는 마음을 올바르게 인도하는 그리스도 중심적인 사역의 혜택을 누리지 못하게 될 것이다.

5) 개인적인 고백을 듣고 느끼는 실망

그런 상황이 된다면 목회자의 공생활과 사생활의 괴리는 점차 커지고, 그는 계속 자신의 영적 상태를 숨기려는 현상이 나타날 것이다. 그러다가 더 이상 자신을 숨길 수 없는 상태에 이르면, 그제야 비로소 동료 지도자들과 교인들에게 진실을 고백하게 될 것이다. 이는 목회자가 영적으로 자신을 속이는 위선자이기 때문이 아니라, 선입견과 침묵과 단절에 바탕을 둔 목회 문화 때문이다.

목회자가 마침내 진실을 고백했다면, 그것은 곧 그가 그때까지 버티고 올라서 있던 비현실적이고 비성경적인 무대 위에서 내려섰다는 것을 의미한다. 그의 주위에 있는 사람들은 충격을 받고 큰 실망감을 느끼며 그를 더 이상 존경의 눈길로 바라보지 않을 것이다. 따라서 그들은 그가 가르쳐 왔고, 그 자신이 절실히 필요로 하는 복음의 은혜를 그에게 전할 수 없다.

6) 역기능적인 회복 체계

충격에 휩싸인 채 목회자에 대한 존경심을 잃은 교회는 다른 목회자를 초빙하는 데 관심을 돌리기 마련이다. 교회는 그런 식으로 문제를 해결하고, 리더십의 위기를 극복하려고 한다. 그 피해를 목회자와 그의 가족이 고스란히 떠안아야 한다. 교회가 목회자의 마음 상태를 성경적으로 다루지 못했고, 그가 개인적으로 영적 통찰력을 얻거나 복음의 은혜를 누릴 수 있는 기회가 없어서 일어난 일인데도 말이다. 교회 지도자들은 교회가 지닌 리더십의 약점을 옳게 규명하려고 들지 않고 단지 그렇게 떠나는 목회자를 바라보며 좀 더 냉소적으로 변하고, 목회자 자신은 희생자가 되었다는 불만을 느끼는 것으로 사태가 종료되기 마련이다.

지나치게 우울한 이야기라고 생각하는가? 나도 그렇다고 말할 수 있었으면 좋겠지만 이런 서글픈 상황들을 직접 보고 들어왔다.

7) 목회자의 회개와 성장의 부재

우리는 목회자가 계속 영적 성장을 추구할 수 있도록 기도하는 등 우리가 할 수 있는 모든 일을 다해야 한다. 목회자가 그런 노력을 기울이고 있을 것이라고 속단해서는 안 된다. 우리는 목회자를 복음에 철저히 근거한 공동체 안에 포함시켜 성장의 문제를 진지하게 받아들이게 하여, 다른 사람들과 사랑 안에서 정직한 관계를 맺을 수 있도록 이끌어야 한다. 그래야만 영적 성장이 원활하게 이루어질 수 있다. 목회자가 사역 장소를 이리저리 옮기는 동안 은혜의 하나님이 드러내신 결과들을 영적 성장의 발판으로 삼지 못한다면, 그것은 진정 안타까운 일이 아닐 수 없다.

목회자의 죄와 약점과 실패를 직접 접했다면, 그것을 거북하게 여기거나 논쟁거리로 삼지 말고 항상 은혜로 대해야 한다. 하나님은 목회자를 사랑하실 뿐 아니라, 그의 필요를 드러내 모두가 그의 변화와 성장을 독려하는 역할을 해주기를 바라신다.

8) 다음 사역 장소로 문제가 전이되는 현상

이혼이 남편이나 아내의 성장을 가로막을 때가 많듯, 목회자가 교회와의 관계를 매듭짓고 새로운 사역 장소로 떠날 때에도 그의 성장이 방해를 받거나 가로막히는 경우가 종종 발생한다. 교회와 목회자가 관계를 끊는 과정에서 많은 오해가 빚어지고, 비난과 상처를 수고받는 일이 허다한 탓에 목회자가 자신을 정확하고 객관적으로 보기가 매우 어려워진다. 따라서 목회자가 스스로의 잘못을 깨닫고 회개할 가능성도 그만큼 줄어들기 마련이다.

목회자는 문제의 원인이 죄와의 싸움 때문이 아니라 진실을 털어놓은 것 때문이었다고 판단하고, 다음에는 그와 같은 실수를 되풀이하지 않겠다고 다짐하며 교회를 떠난다. 내가 이 글을 쓰는 동안 한 행사에서 오랫동안 목회를 해온 목회자를 만났다. 그는 나의 이런 생각이 잘못되었다며 이렇게 강조했다.

"목회자가 생존할 수 있는 유일한 길은 고립 상태를 유지하며 침묵하는 것뿐입니다."

9) 그리스도의 이름을 욕되게 하는 결과

이 모든 과정은 삶을 변화시키는 복음의 능력을 부인하고, 그리스도께서 교회에 허락하신 은사의 가치를 떨어뜨리며, 복음 전도를 약화시키고, 교회의 사역을 방해하며, 궁극적으로는 그리스도의 이름을 욕되게 하는 결과를 낳는다.

목회자가 삶을 변화시키는 복음의 능력을 입증하는 산 증인이 될 수 있도록 우리 모두 그를 힘써 격려하고 도와주어야 하지 않을까? 모든 목회자의 삶 속에 죄가 여전히 위세를 떨치고 있다는 사실을 진지하게 생각해야 하지 않을까? 목회자가 그리스도의 몸의 사역, 곧 그를 지키고, 격려하고, 필요할 때는 그를 다시 회복시키는 사역과 상관없이 살아가는 것이 참으로 위험하다는 것을 절실히 의식해야 하지 않을까? 한 걸음 뒤로 물러나 우리의 마음을 되돌아보는 시간을 가져 봐야 하지 않을까?

목회자들이여, 그리스도의 몸 밖이나 그 위에서 살아가고 있는가? 자신의 마음 상태를 알고 있는 사람들이 곁에 있는가? 본인에게 목회적 돌봄이 필요하다는 것을 느끼고 있는가?

교인들이여, 목회자가 그리스도의 몸의 사역을 통해 유익을 얻도록 돕기 위해 최선을 다하고 있는가? 목회자가 사랑과 정직함에 바탕을 둔 복음중심적인 문화 안에서 살아가고 있는가? 목회자를 영적으로 잘 보살피고 있는가?

Chapter **7**

"내 마음속
두 왕국의 싸움,
너무 버거워."

내면의 싸움에 철저히 대비하라

목회자가 그리스도 안에서 이미 우리에게 주어진 것의 영광을 바라보지 못하는 순간, '자아의 왕국'이라는 보물은 더 강력하고 매혹적인 매력을 발산하기 시작한다. 그런 유혹에 걸려들면 은혜가 우리를 부요하게 했는데도 스스로 가난하다고 생각하고, 엉뚱한 곳에서 보물을 발견하려고 애쓸 수밖에 없다. 그러나 수치스러워서 도망치거나 두려워할 필요는 없다. 십자가의 은혜가 이 문제도 능히 해결할 수 있을 뿐 아니라, 우리를 우리 자신으로부터 또다시 구원해 줄 것이기 때문이다.

신학교 강의실에서는 한 번도 들어본 적이 없는 일이 일어났다. 나는 목회 사역을 하면서 그런 싸움을 하게 될 줄은 꿈에도 생각하지 못했다. 복음이나 목회 철학을 위한 싸움, 동료 지도자들과의 다툼, 경쟁 관계에 있는 사역들의 신경전 등은 일어날 것을 알고 있었다. 사역이 잘될 때와 안 될 때, 형통할 때와 어려울 때가 있으리라는 것도 예상했고, 사람들이 예수 그리스도의 복음을 갈망하지 않거나 소중히 여기지 않을 때도 있으리라는 것도 미리 알았다. 또한 내가 섬기는 사람들이 나를 좋아하지 않거나 엮이고 싶어 하지 않을 수도 있고, 이전의 목회자들과 나를 비교할 것이라는 것도 익히 짐작할 수 있었다. 도움이나 물질적 지원이 부실한 가운데서 사역을 할 때도 있고, 극한 어려움 속에서 복음을 위해 싸우게 될 때도 있으며, 사람들이 하나님께 분노를 느끼고 나까지 싫어하게 될 때도 있으리라는 것도 알았다. 나는 이 모든 것을 잘 알고 있었지만, 정작 나의 내면에서 격렬한 싸움이 일어날 것이라고는 미처 예상하지 못했다. 이 싸움은 목회자만의 독특한 경험이거나 목회 사역을 통해 더욱 격렬해지는 속성이 있다.

이 책의 나머지 부분에서 다루고 싶은 주제는 바로 '내면의 싸움'이다. 목회자는 복음을 위한 싸움을 준비해야 할 뿐 아니라, 자신의 영혼을 위한 싸움에도 철저히 대비해야 한다. 목회자는 자신의 마음속에서 진행되고 있는 싸움에 대해 정직해야 한다. 또한 스스로에게 복음을 전해야 하고, 사역자라면 누구나 겪는 내적 갈등에 대비해 스스로를 철저히 무장시켜야 한다.

사역은 전쟁이다

과도한 부담감과 지나친 스트레스에 시달리는 목회자들이 많은 이유가 무엇일까? 가정생활과 목회 사역 사이에서 심한 갈등을 느끼는 목회자들이 많은 이유가 무엇일까? 목회 사역이 기쁨보다 시련으로 와 닿을 때가 더 많은 이유는 무엇일까? 목회자의 사생활과 공생활이 서로 일치하지 않을 때가 많은 이유는 무엇일까? 목회자와 주위 사람들의 관계가 원만하지 못한 경우가 많은 이유는 무엇일까? 왜 많은 목회자의 사역 수명이 그토록 짧은 것일까?

아마도 그 이유는 우리가 목회 사역이 전쟁이라는 사실을 잊었기 때문일 것이다. 사실 평화로울 때 가졌던 정신 상태로는 목회 사역에서 성공하기가 어렵다. 목회 사역의 근본적인 싸움은 주변 문화의 변화와는 그다지 큰 관계가 없다. 이 싸움은 복음을 존중하지 않는 완고한 사람들과의 갈등도 아니고, 교회 사역을 성공으로 이끌기 위한 싸움도 아니며, 사역 목표를 이루는 데 필요한 자원과 인력을 확보하기 위한 노력과도 무관하다. 목회 사역의 싸움은 마음속에서 일어나는 전쟁을 가리킨다. 이 싸움이 일어나는 곳은 목회자의 마음이다. 이 싸움에는 목회자의 가치, 충성심, 동기, 미묘한 욕망, 근원적인 꿈이 관련되어 있다. 이 싸움은 모든 목회자를 가장 크게 위협하는 요인이지만, 사역 활동이 분주히 이루어지는 와중에서 쉽게 망각되거나 무시될 때가 많다.

마음을 위한 싸움

첫째, 목회 사역은 항상 자아의 왕국과 하나님의 왕국 사이에서 벌어지는 싸움, 즉 목회자의 마음속에서 일어나는 싸움에 크게 영향을 받는다. 이 싸움이 그토록 은밀하고 위험한 이유는 사역을 하는 가운데 부지중에 두 왕국을 건설하기 때문이다. 신학적 배경을 약간 설명하는 것이 도움이 될지도 모르겠다.

바울은 고린도후서 5장 15절에서 예수님이 죽으신 이유가 '사람들로 하여금 다시는 그들 자신을 위하여 살지 않게 하기 위해서'라고 설명했다. 바울은 여기에서 모든 목회자가 기억해야 할 매우 의미심장한 사실을 언급하고 있다. 그는 죄의 특성이 '이기심'이라고 강조한다. 죄는 우주의 중심, 곧 오직 하나님만이 차지하실 수 있는 자리에 우리를 올려놓는다. 죄는 우리의 욕망, 필요, 감정에 관심을 집중하게 만들며, 모든 것을 나를 중심으로 돌아가도록 유도한다.

죄는 하나님의 목적과 영광을 도외시하고 나의 목적과 영광을 추구하게 만들기 때문에 죄가 내 안에 거하는 한, 나의 영광을 구할 위험이 항상 도사리고 있다.

나는 때로는 은밀하게, 때로는 조금 노골적으로 인간의 영광을 추구하기 시작한다. 다시 말해서 감사, 평판, 성공, 권력, 위로, 통제와 같은 것들이 매우 중요하게 느껴지기 시작한다. 사역에 대한 나의 태도는 내가 중요하게 생각하는 것에 의해 영향을 받기 마련이다. 목회자의 사역은 그의 지식과 은사, 기술, 경험, 그리고 마음의 상태에 의해 결정된다. 목회자가 경험하는 압박감과 실망감은 사역을 통해 구해서는 안 될 것을 구하려는 욕망에서 비롯한다.

복음을 위한 싸움

이 싸움은 두 번째 싸움, 곧 복음을 위한 싸움으로 자연스레 이어진다. 우리는 복음을 위한 싸움을 교회 사역의 근본적인 패러다임으로 받아들여 적극적으로 대처해야 하고, 동시에 복음을 통해 마음의 안식을 얻으려는 싸움에도 충실해야 한다.

목회자들이여, 자신의 삶 속에서 자기 자신보다 더 큰 영향력을 발휘하는 사람은 아무도 없다. 왜냐하면 다른 사람들은 목회자에게 아무 말도 하지 않기 때문이다. 그동안 수많은 목회자를 상대해 본 결과, 안타깝게도 많은 사람이 '복음 건망증'이라는 상태에 빠져 있는 것을 발견했다. 다시 말하자면, 그들은 다른 사람들에게 공적으로 전하는 복음을 스스로에게 똑같이 전해야 한다는 사실을 잊었다는 것이다.

복음을 잊으면 그리스도 안에서 이미 주어진 자기 정체성을 사역을 통해 얻으려고 한다. 그런 것들은 오직 수직적 차원에서만 찾을 수 있고, 이미 그리스도 안에서 우리에게 주어졌다. 따라서 우리는 복음이 우리의 마음속에 거하도록 하기 위해 싸워야 한다. 복음의 은혜에 힘입어 살면 더 이상 실패를 두려워하거나, 다른 사람들에게 자신이 알려지는 것을 피하거나, 자신의 고민과 죄를 숨기지 않을 것이다. 복음은 우리에게서 어떤 죄가 드러나더라도 예수님의 은혜로 능히 용서받을 수 있다고 선언한다. 오직 복음만이 목회자를 죄책감과 수치, 사역적 부담감으로부터 자유롭게 할 수 있다(복음은 그리스도께서 이미 이루신 것을 행하도록 요구한다).

'목회 사역'이라는 전쟁터에서 그리스도의 좋은 군사로 잘 활약하고 있는가? 성령께서 우리 안에 거하신다는 사실을 잊지 말라. 그분은 우리가 의식하지 못할 때에도 우리를 대신해 싸워 주신다. 우리는 그리스도 안에서 마땅히 되어야 할 사람이 되는 데 필요한 것을 모두 소유했다. 그리고 하나님이 세우신 위지에서 우리가 해야 할 일을 행하는 데 필요한 것 또한 소유했다. 임마누엘이신 주님이 우리와 함께 계시기 때문에 우리가 '목회 사역'이라는 전쟁터에서 혼자 싸우는 시간은 단 한 순간도 없음을 기억하라.

자아의 왕국과 하나님의 왕국의 싸움

그동안 나는 목회 사역에 종사해 오면서 하나님의 섭리를 통해 온갖 어려움을 다 겪어 보았다. 그 덕분에 나는 내가 무슨 사역을 행하든 자아의 왕국과 하나님의 왕국 둘 중에 한 곳에 충성하며, 그 가운데 하나를 추구할 수밖에 없다는 불가피한 현실을 깨닫게 되었다. 이 진리를 가장 잘 설명하고 있는 성경 본문은 마태복음 6장 19-34절이다.

"너희를 위하여 보물을 땅에 쌓아 두지 말라 거기는 좀과 동록이 해하며 도둑이 구멍을 뚫고 도둑질하느니라 오직 너희를 위하여 보물을 하늘에 쌓아 두라 거기는 좀이나 동록이 해하지 못하며 도둑이 구멍을 뚫지도 못하고 도둑질도 못하느니라 네 보물 있는 그곳에는 네 마음도 있느니라 눈은 몸의 등불이니 그러므로 네 눈이 성하면 온 몸이 밝을 것이요 눈이 나쁘면 온 몸이 어두울 것이니 그러므로 네게 있는 빛이 어두우면 그 어둠이 얼마나 더하겠느냐 한 사람이 두 주인을 섬기지 못할 것이니 혹 이를 미워하고 저를 사랑하거나 혹 이를 중히 여기고 저를 경히 여김이라 너희가 하나님과 재물을 겸하여 섬기지 못하느니라 그러므로 내가 너희에게 이르노니 목숨을 위하여 무엇을 먹을까 무엇을 마실까 몸을 위하여 무엇을 입을까 염려하지 말라 목숨이 음식보다 중하지 아니하며 몸이 의복보다 중하지 아니하냐 공중의 새를 보라 심지도 않고 거두지도 않고 창고에 모아들이지도 아니하되 너희 하늘 아버지께서 기르시나니 너희는 이것들보다 귀하지 아니하냐 너희 중에 누가 염려함으로 그 키를 한 자라도 더할 수 있겠느냐 또 너희가 어찌 의복을 위하여 염려하느냐 들의 백

합화가 어떻게 자라는가 생각하여 보라 수고도 아니하고 길쌈도 아니하느니라 그러나 내가 너희에게 말하노니 솔로몬의 모든 영광으로도 입은 것이 이 꽃 하나만 같지 못하였느니라 오늘 있다가 내일 아궁이에 던져지는 들풀도 하나님이 이렇게 입히시거든 하물며 너희일까 보냐 믿음이 작은 자들아 그러므로 염려하여 이르기를 무엇을 먹을까 무엇을 마실까 무엇을 입을까 하지 말라 이는 다 이방인들이 구하는 것이라 너희 하늘 아버지께서 이 모든 것이 너희에게 있어야 할 줄을 아시느니라 그런즉 너희는 먼저 그의 나라와 그의 의를 구하라 그리하면 이 모든 것을 너희에게 더하시리라 그러므로 내일 일을 위하여 염려하지 말라 내일 일은 내일이 염려할 것이요 한날의 괴로움은 그날로 족하니라"(마 6:19-34).

이 본문은 자아의 왕국을 건설하려는 사람의 생각과 욕망과 행위를 자세하게 보여 주고 있다. 예수님은 "그런즉 너희는 먼저 그의 나라와 그의 의를 구하라"(33절)고 말씀하셨다. "그런즉"은 글의 내용이 전환되었다는 것을 알리는 표현이다. 그 앞의 내용은 다른 왕국, 곧 자아의 왕국의 속성을 설명하고 있다. 이런 대조적인 내용은 모든 목회자의 마음속에서 일어나고 있는 두 왕국의 전쟁을 세밀히 들여다볼 수 있는 기회를 제공한다.

여기에서 우리는 사역의 중요한 네 가지 원리를 발견할 수 있다. 이 네 가지 원리는 목회자의 마음의 동기를 파악하는 데 큰 도움이 될 것이다.

첫째, 우리의 사역은 가치지향적이다.

하나님은 인간을 가치지향적이고, 목적지향적인 존재로 창조하셨다. 우리가 그렇게 창조된 이유는 하나님을 예배하도록 하기 위해서다. 우리의 말과 행동은 항상 어떤 종류의 가치를 추구한다. 나는 우리가 중요하게 여기는 것들 가운데 진정한 가치를 지닌 것은 거의 없음을 나중에 자세히 설명할 생각이다. 삶의 중요한 것들은 제각기 '부여된 가치'를 지닌다. 살다 보면 어떤 것은 그것이 지닌 참된 가치보다 더 중요하게 부각되기 시작하고, 거기에 따라 우리의 생각과 욕망, 선택, 언행이 이루어진다. 세상에 사는 동안 우리 모두는 언제나 그런 가치 싸움에 휘말린다.

가치를 위한 싸움이란 과연 무엇을 의미할까? 그것은 곧 하나님이 우리의 삶과 사역에 중요하다고 말씀하시는 것을 소중히 지키기 위해 매일 열심히 노력하는 것을 의미한다. 목회자들이여, 사역을 할 때 무엇을 중요하게 여기는가?

둘째, 우리의 사역은 무엇을 중요하게 여기느냐에 따라 마음의 충성심이 결정된다.

예수님은 "네 보물 있는 그곳에는 네 마음도 있느니라"(21절)고 말씀하셨다. 마음, 즉 우리의 속사람은 인간됨의 근원지이다. 예수님의 말씀은 매우 심오하다. 예수님은 우리의 생각과 욕망과 행위를 지배하는 근원지에서 가치를 둘러싼 싸움이 벌어지고 있다고 암시하신다. 의식하든 의식하지 못하든, 우리의 말과 행동은 항상 우리가 귀하게 여기는 것을 얻기 위한 노력의 일환이다. 목회자들이여, 어떤 마음의 소원이 일상생활에서의 말과 행동을 지배하고 있는가?

셋째, 우리의 태도는 충성심을 사로잡는 것에 영향을 받는다.

하나님은 우리를 예배자로 창조하셨다. 예배는 활동이라기보다 우리의 정체성에 해당한다. 이 말은 우리가 행하고 말하는 모든 것이 예배의 산물이라는 뜻이다. 우리의 생각과 마음의 소원을 지배하는 '보물'(우리의 마음속에서 중요한 것으로 부각되기 시작한 것)이 우리가 행하는 일을 지배한다. 이 두 왕국의 싸움은 행위의 싸움이라기보다 마음의 주도권을 갖기 위한 싸움이다. 이 싸움에서 패배하면, 말과 행동이 이루어지는 현장에서 승리의 교두보를 확보하기가 불가능하다. 목회자들이여, 스스로의 언행을 살펴볼 때 자신이 무엇을 중요하게 여기고 있다고 생각하는가?

넷째, 우리의 사역은 자아의 왕국이나 하나님의 왕국 둘 중 하나와 관련이 있다.

그리스도께서 선택은 단 두 가지뿐이라고 말씀하셨다. 우리의 정체성과 목적과 영적 긴장은 자아의 왕국에 있는 속된 보물이든, 하나님의 왕국에 있는 하늘의 보물이든 둘 중 하나와 관련을 맺는다. 이 원리는 목회 사역의 실상을 진단하는 데 매우 유익하다. 무엇이 없기에 목회 사역을 포기하고 싶은가? 무엇을 추구하기에 사역이 힘들고 버겁게 느껴지는가? 무엇이 두렵기에 주저하며 전전긍긍하는가? 무엇을 탐하기에 모든 힘이 소진될 정도로 기진맥진한가? 무엇을 갈망하기에 사역의 아름다움과 기쁨이 사라진 것인가? 무엇을 바라기에 목회 사역과 가정생활이 서로 갈등을 일으키는가?

사역의 중압감을 느끼는 이유는 대부분 결코 얻을 수 없는 것을 사역을 통해 얻으려고 애쓰기 때문이 아닐까? 오직 주님만 하실 수 있는 것을 사역을 통해 이루려고 하기 때문이 아닐까? 그리스도 안에서 이미 주어진 것을 수평적 차원에서 얻으려고 하기 때문이 아닐까? 복음을 망각해 자신의 삶에 적용하지 못하는 탓에 두 왕국의 싸움이 일어나는 것은 아닐까? 그리스도 안에서 우리에게 주어진 것을 잊으면, 사역의 상황과 장소와 관계를 통해 그런 것을 얻으려고 애쓸 수밖에 없다. 목회자들이여, 그리스도 안에서 이미 우리에게 주어진 것을 어떤 식으로 사역을 통해 얻으려고 하는가?

자기 개혁적이거나 자기 방어적인 전략은 자아의 왕국에 대항할 수 있는 최선의 방법이 될 수 없다. 지금 우리 안에서 역사하고 있는 예수 그리스도의 은혜의 영광이 마음을 온전히 지배해야만 자아의 왕국(좁은 밀실에 갇혀 있는 듯한 답답한 왕국)의 일시적인 영광을 구하려는 유혹에서 벗어날 수 있다. 우리가 하나님의 왕국에 얼마나 헌신하느냐에 상관없이, 우리는 수시로 변하는 마음속의 '보물'과 격한 싸움을 벌이고 있다.

세상의 보물 vs 하늘의 보물

그리스도께서 언급하신 '보물'의 개념을 설명하는 데서부터 시작해 보자. '보물'은 자극적인 용어다. 손에 20달러 지폐를 들고 있다고 가정해 보자. 그것이 20달러의 가치를 지니는 이유는 무엇일까? 그 이유는 그것이 20달러의 값어치가 나가는 종이로 만들어졌기 때문이 아니다. 만일 그럴 것 같으면 상당히 많은 양의 종이를 겹겹이 쌓아올려야 할 것이다. 또 인쇄 잉크가 20달러의 값어치를 지니고 있기 때문도 아니다. 그럴 것 같으면 잉크가 한 통 이상 필요할 것이다. 20달러 지폐의 가치는 고유한 가치가 아니라, 부여된 가치다. 정부가 그 지폐에 20달러의 가치를 부여했다.

우리가 소중히 여기는 것들도 대부분 그와 같다. 그것들 가운데 고유한 가치를 지닌 것은 거의 없다. 거의 대부분 부여된 가치를 지닌다. 이 말은 무슨 뜻일까? 이는 어떤 것이 가치를 지닌다면 그것은 곧 우리가 가치를 부여했기 때문이라는 뜻이다.

우리는 항상 그런 일을 한다. 우리는 우리의 삶에서 끊임없이 가치를 매기는 일을 하고 있다. 이것이 예로부터 "누군가의 쓰레기가 다른 사람에게는 보물이 될 수 있다"(One man's trash is another man's treasure.)라는 격언이 전해 오는 이유다. 우리는 항상 어떤 것은 중요한 것으로, 또 어떤 것은 중요하지 않은 것으로 구분한다. 우리는 항상 어떤 것을 바라거나 만족스럽게 여긴다. 그럴 때마다 그것은 우리의 삶을 형성하는 가치를 발휘한다.

20달러 지폐로 다시 돌아가 거기에 가치가 부여되는 순간, 우리의 삶에 어떤 영향을 미치는지 생각해 보자. 내가 가진 지폐가 20달러의 가치를 가지는 순간, 그 가치가 내가 그 직업을 선택하느냐 마느냐를 결정한다. 다시 말해서 내가 소유한 돈의 가치가 집의 규모, 내가 사는 동네, 내가 운전하는 차, 내가 입는 옷, 내가 먹는 음식, 내가 누리는 의료 서비스, 내가 즐기는 휴가의 질은 물론 은퇴 뒤의 소망과 내가 어울리고 싶은 사람들의 종류까지 결정한다. 일단 무엇인가가 우리의 보물이 되면 그것이 우리의 욕망을 지배하고, 행동을 결정하기 시작한다.

따라서 우리는 보물에 관한 그리스도의 가르침에서 즉각 두 가지 실천적인 결론을 끄집어낼 수 있다. 나는 이 두 가지 결론을 '목회 사역'이라는 상황 속에서 설명하고 싶다.

첫째, 목회 사역을 하면서 하나님이 중요하다고 말씀하시는 것을 우리의 마음속에 중요하게 간직하기는 매우 어렵다. 사역을 하다 보면 어떤 것은 그것이 지닌 참된 가치보다 더 중요하게 부각되고, 우리의 욕망을 지배하고 행위를 결정하는 일이 항상 일어난다. 아울러 우리의 사역은 우리가 소중히 여기는 것에 의해 성공할 수도 있고, 실패할 수도 있다. 하나님이 가치 있다고 말씀하시는 것을 소중히 여기면, 우리의 마음이 바라는 그 보물에 의해 사역이 안전하게 지켜지고, 더욱 힘 있게 발전할 것이다. 그러나 그 외의 것을 소중히 여긴다면 하나님이 우리의 사역을 통해 행하시는 일에 동참하기보다 오히려 그것을 방해하게 될 것이다. 아마도 목회 사역에 종사하는 사람은 누구나 다음과 같은 경험이 있을 것이 분명하다.

주일 오전 예배가 끝나고 나서 그는 나를 만나고 싶다는 의향을 내비쳤다. 나는 그가 내 설교에 감명을 받고, 그 진리를 자신의 삶에 적용하는 법을 알고 싶어 하는 줄로 생각했다. 그러나 알고 보니 내 설교가 엉망이었음을 말하고 싶었던 것이었다. 그가 실제로 사용한 말은 '고통스러웠다'라는 표현이었다. 그는 자기와 똑같은 느낌을 받은 다른 여러 사람들을 대신해 말하는 것이라고 설명까지 덧붙였다. 물론 나는 마음에 상처를 받았다. 그러나 나는 지난주에 했던 것처럼 다시 열심히 설교를 준비했다.

다음 주일, 설교를 하기 위해 강단에 서서 청중을 둘러보았다. 다른 교인들은 모두 정상 크기의 머리를 가졌는데 그 사람만 예외였다. 그의 머리는 거대했고, 눈은 마치 모나리자의 눈처럼 모든 각도에서 나를 바라보는 것처럼 느껴졌다. 전에도 의식하지 못하기는 마찬가지였지만, 그때도 내 마음속에서 은밀한 동기의 변화가 일어났다. 물론 나는 본문에 충실해 복음을 명료하게 전하고 싶었지만, 그 외에 다른 것을 염두에 두기 시작했다. 그 사람을 감동시키고 싶은 마음이 들었다. 나는 그가 내게 찾아와 이렇게 말하도록 만들겠다고 결심했다.

"목사님, 제가 틀렸습니다. 목사님은 참으로 훌륭한 설교자입니다."

결국 나는 그 사람을 염두에 두고 설교를 준비하고, 또 전했던 셈이다.

목회 사역에 자아의 왕국이 침투해 들어오는 이유는 마음속의 보물이 늘 역동적으로 변하기 때문이다. 그리스도 중심적이고, 은혜 중심적인 하늘의 보물이 나의 언행을 지배해야 마땅하지만, 세상의 속된 보물이 내 사역을 지배하기 시작할 때 문제가 발생한다. 내 마음을 지배하는 보물이 은밀하게 변하기 시작하면 나의 언행이 거기에 영향을 받게 된다.

어떤 것이 내 마음의 생각과 소원을 지배하기 시작하면 그것이 지닌 가치보다 더 중요하게 보이기 시작하고, 내 사역 방식이 그것에 따라 결정된다. 목회자의 마음속에서 쉽게 일어날 수 있는 보물의 변화를 다섯 가지로 정리해서 설명해 보겠다.

1) 정체성: 정체성을 그리스도 안에서 찾지 않고 사역에서 찾는다

목회 사역을 하다 보면 그리스도 안에서 이미 우리에게 주어진 것을 수평적 차원에서 찾으려는 유혹이 항상 존재한다. 목회자가 자신의 참된 정체성을 망각하는 일은 얼마든지 일어날 수 있다. 우리는 스스로의 정체성, 곧 우리 자신의 가치와 내면의 행복, 의미와 목적을 사람들과 교회의 프로그램을 통해 확인받으려는 성향이 강하다. 또한 우리는 그리스도 안에서 발견한 정체성을 통해 용기와 희망을 얻으려고 하기보다 수평적 차원에서 일시적으로 내 가치와 존재감을 확인받으려는 생각에 사로잡혀 거기에 걸맞은 언행을 일삼을 때가 많다. 이것이 사역을 담대히 하지 못하고, 교인들의 태도와 반응에 지나치게 관심을 기울이는 이유다.

2) 성숙함: 영적 건강을 말씀의 거울이 아니라 사역을 통해 판단한다

성경을 잘 아는 것을 영적 성숙으로 혼동하거나 설교를 정확하게 전하는 것을 경건으로 착각해서는 안 된다. 신학에 능통한 것과 실제로 경건하게 사는 것에는 큰 차이가 있다. 성공적인 리더십을 발휘한다고 해서 그리스도를 사랑하는 마음을 지녔다거나, 영향력이 커지고 있다고 해서 은혜 안에서 성장하고 있다고 착각해서는 곤란하다. 목회자로서의 성숙함을 평가하는 방식을 바꾸고 싶은 유혹이 항상 존재한다. 우리의 마음속에서 은혜가 계속 활동하도록 심령을 부드럽게 하기보다 사역의 성공과 경험을 내세워 실제보다 우리 자신을 더 성숙한 것처럼 생각하는 것은 큰 잘못이다. 목회자가 자신의 설교를 스스로 듣지 못하는 이유는 '다 이루었다'는 교만함 때문이다. 그런 경우에는 은혜롭고 겸손한 마음으로 말씀을 전할 수도 없고, 그리스도의 몸의 사역이 필요하다고 생각하지도 않으며, 사역을 준비할 때도 정성이 줄어들고, 다른 사람들에 대해 판단을 일삼는 태도를 취하기 쉽다.

3) 평판: 그리스도의 영광보다는 칭찬받고 싶은 욕망 때문에 사역을 한다

그리스도의 이름을 더 많은 사람에게 알려 그분의 영광을 널리 드러내려는 마음이 목회 사역의 동기로 작용해야 한다. 그러나 목회자는 자신의 평판을 보물처럼 떠받들고 싶어 하는 유혹을 느낄 수 있다. 다른 사람들에게 존경받기를 원하고, 모두가 자신을 필요로 하기를 바라고, 주도권을 쥐고 싶어 하고, 누구에게나 옳다는 말을 듣고 싶어 하는 욕망이 목회자의 마음을 사로잡는다면 어떻게 될까? 스스로가 틀렸다고 생각해 겸손히 조언을 구하거나, 주도권을 양보하거나, 자신이 옳다고 주장하려는 욕망을 포기하기가 매우 어려워진다. 그런 경우에는 실패에 대한 책임을 인정하고 공로를 다른 사람과 나누기가 힘들어질 뿐 아니라, 사역을 그리스도의 몸이 모두 참여하는 협력 과정으로 받아들이려는 태도를 취하기가 어렵다.

4) 중요성: 하나님의 도구가 아니라 직접 하나님이 되려고 한다

전에는 스스로를 하나님 나라의 공구 상자에 들어 있는 수많은 도구 가운데 하나로 생각했다. 그러나 이제는 하나님의 사역 현장의 중심에 서서 가장 중요한 역할을 하고 있다고 생각한다. 메시아의 인격과 사역을 의지하는 대신, 개인이나 집단 차원에서 이루어지는 영적 성장의 짐을 스스로의 어깨 위에 올려놓는다. 그런 경우 다른 사람들의 은사와 사역의 중요성을 깎아내리고, 자신이 실제로 할 수 있는 것보다 더 많은 일을 하려고 한다. 대개는 자신도 모르는 사이에 하나님의 강력하신 손에 들린 도구가 아니라, 직접 하나님이 되려고 애쓸 가능성이 높다.

5) 자신감: 은혜를 겸손히 의지하기보다는 자신의 경험과 은사를 과신한다

사역을 오래도록 성공리에 수행하는 것은 매우 바람직하다. 그러나 그런 상황은 목회자의 마음을 위태롭게 할 수 있다. 우리는 스스로를 지나치게 과신하려는 성향이 강하다. 구원과 용서와 변화를 가져다주는 은혜의 능력을 겸손히 의지하기보다 스스로의 지식과 능력과 은사와 경험을 의지할 때 자신감의 변화가 일어나기 시작한다. 그런 변화가 일어나면 죄를 충분히 슬퍼하거나, 기도를 충분히 하거나, 사역을 충분히 준비하거나, 고백을 충분히 하거나 다른 사람들의 말을 충분히 잘 듣기가 어려워진다. 또한 스스로에게 자신이 가지고 있지 않은 능력을 부여하기 시작한다. 사역의 주체는 '나'라고 생각하기 때문에 그리스도의 은혜가 절실히 필요하다는 생각 없이 사역을 하고, 다른 사람들의 도움을 구하지 않는다.

우리는 이 모든 분야에서 구원자이신 '예수님의 은혜'라는 보물을 의지하기보다 세상의 보물에 희망을 두려는 유혹을 느낄 수 있다. 예수님이 언급하신 세상의 보물들은 본질상 일시적인 데다 우리가 구하는 것을 채워 줄 능력이 없다. 사역을 할 때 관계가 깨어지고, 우리에게 익숙한 제도상의 문제가 발생하는 이유는 바로 이런 변화 때문이 아닐까? 사역이 기쁨이 아닌 짐이 되는 이유도 이런 변화에 있지 않을까? 이 타락한 세상에서 경험하는 온갖 유혹과 시련, 그리고 마음속에서 진행되고 있는 두 왕국의 싸움 때문에 우리의 사역이 위험해질 가능성은 늘 존재한다. 나는 이 책의 나머지 부분을 그런 위기 상황을 다루는 것에 할애할 생각이다.

목회자가 그리스도 안에서 이미 우리에게 주어진 것의 영광을 바라보지 못하는 순간, '자아의 왕국'이라는 보물은 더 강력하고 매혹적인 매력을 발산하기 시작한다. 그런 유혹에 걸려들면 은혜가 우리를 부요하게 했는데도 스스로 가난하다고 생각하고, 엉뚱한 곳에서 보물을 발견하려고 애쓸 수밖에 없다. 그러나 수치스러워서 도망치거나 두려워할 필요는 없다. 십자가의 은혜가 이 문제도 능히 해결할 수 있을 뿐 아니라, 우리를 우리 자신으로부터 또다시 구원해 줄 것이기 때문이다.

장소가 중요한 이유

이 모든 것을 고려할 때 우리가 기억해야 할 것은 무엇일까? 이 문제를 이렇게 생각해 보자. 전문가들은 집을 살 때 세 가지를 고려해야 한다고 말한다. 그들은 첫째도 장소, 둘째도 장소, 셋째도 장소라고 말한다. 이 말은 삶에도 똑같이 적용될 수 있다. 장소를 이해하면 사역과 삶이 혁신적으로 달라진다. 이해하기 어려운가? 장소가 중요한 이유를 네 가지로 설명해 보겠다.

1) 우리는 철저히 타락한 세상에서 살고 있다

우리는 준비해야 하고, 현실적인 기대를 품고 살아야 한다. 성경적인 이해를 우리가 살고 있는 장소, 사역하는 장소에 적용해야 한다. 그렇지 않으면 늘 준비를 제대로 하지 못해 실망할 수밖에 없다. 우리는 도처에 어려움이 도사리고 있는 불완전한 세상에서 살고 있다. 우리의 몸과 마음은 타락의 영향을 받고 있기 때문에 제 기능을 올바로 발휘하지 못한다. 우리를 다스리는 정부도 본래 의도된 기능대로 움직이지 못하고, 우리가 섬기는 교회도 아직 구원받지 못한 죄인들이 가득하다. 지구의 물리적인 환경도 타락의 무게를 고스란히 감당하고 있다.

바울의 이 말은 이런 상황을 매우 적절하게 묘사하고 있다.

> "피조물이 다 이제까지 함께 탄식하며 함께 고통을 겪고 있는 것을 우리가 아느니라 그뿐 아니라 또한 우리 곧 성령의 처음 익은 열매를 받은 우리까지도 속으로 탄식하여 양자 될 것 곧 우리 몸의 속량을 기다리느니라"(롬 8:22-23).

이는 피할 수 없는 현실로서 우리는 온갖 어려움이 도사리고 있는 세상에 살고 있다. 그런 어려움은 대부분 우리의 마음에서부터 시작된다. 우리는 어떤 식으로든 매일 유혹을 받으며 살아간다. 이런 냉엄한 현실 속에서 우리에게 찾아오는 어려움에 대비해야 한다.

2) 우리의 마음속에서 큰 싸움이 벌어지고 있다

우리는 철저히 타락한 세상에서 살면서 사역하고 있다. 우리는 시련의 원인을 외부에서 찾으려고 해서는 안 된다. 중세의 수도원은 그런 잘못을 저질렀다. 수도원은 벽을 높이 쌓아 악한 세상과 단절하고, 그 안에서 의로운 삶을 살고자 했다. 그러나 결국 수도원도 주변 세상의 온갖 악으로부터 자유롭지 못했다.

수도원 운동이 실패한 이유는 매우 중요한 성경의 진리를 무시했기 때문이다. 인간의 가장 큰 위험은 외부 세상이 아닌 내면에 있다. 목회자도 예외가 아니다. 아직 온전히 영화롭게 되지 못한 하나님의 자녀들의 마음속에는 죄가 여전히 도사리고 있다. 우리를 유혹해 외면적인 죄를 저지르게 만드는 것은 우리의 내면에 숨어 있는 죄다. 우리 주님은 질투하시는 하나님이시다. 그분은 구원의 사랑을 베풀고자 하시는 열정이 무척 강하시기 때문에 우리의 마음을 다른 누구와도 함께 나눠 가지려고 하지 않으신다. 그분은 우리의 마음을 온전히 정복해 그 안에 홀로 거하실 때까지는 잠시도 쉬지 않으실 것이다.

3) 우리는 피할 곳을 찾아야 한다

어려움을 겪는 와중에서 싸움이 격렬해지면 우리는 피할 곳을 찾아야 한다. 안식, 위로, 평화, 격려, 지혜, 치유, 능력을 얻을 수 있는 곳으로 도망쳐야 한다. 참된 보호와 안식과 능력을 얻을 수 있는 곳은 단 한 곳뿐이다. 오직 주님만이 우리의 참된 피난처가 되신다.

우리는 어려움을 당할 때면 사람들에게로 도망치는 경향이 있다. 사람이 우리를 구원할 메시아가 되어 줄 것으로 생각하는 것이다. 또한 어려움을 잠시 잊기 위해 오락에 빠지기도 하고, 고통을 느끼지 않기 위해 약물을 사용하기도 하며, 쾌락으로 고통을 이겨내기 위해 음식이나 섹스를 탐닉하기도 한다. 그런 것들은 우리가 찾는 피난처를 제공할 수 없다. 그런 것에 희망을 두는 것은 오히려 고통을 더욱 가중시킬 뿐이다.

오직 하나님만이 진정한 피난처와 능력을 제공하신다. 그분만이 우리의 어려움을 해결해 주실 수 있고, 우리에게 실망을 안겨 주는 관계들을 바르게 회복시키실 수 있다. 우리를 구원하는 능력은 하나님께만 있다. 오직 그분만이 시련을 극복하는 데 필요한 은혜를 베푸실 수 있고, 지혜를 허락하실 수 있다. 하나님은 늘 우리 안에 거하시며, 우리와 항상 함께하시고, 우리를 위하신다. 그분은 우리의 진정한 피난처이시다. 하나님께로 도망치고 있는가?

4) 우리가 가는 곳에는 더 이상 어려움이 없다

성경은 특별히 세 곳의 장소를 언급한다. 창세기에 나오는 '에덴 동산'은 완벽한 아름다움을 지닌 곳이었지만, 죄로 인해 시련의 장소로 변했다. '갈보리 언덕'은 끔찍한 고통의 장소이자 놀라운 은혜의 장소였다. 성자의 광채로 인해 찬란하게 빛날 '새 예루살렘'은 평화와 피난의 장소다. 그곳은 우리의 영원한 피난처다. 예수 그리스도의 십자가 덕분에 우리의 이야기는 고통 속에서 일시적인 피난처를 찾는 것으로 끝나지 않을 것이다. 우리가 갈 마지막 장소는 우리가 지금까지 경험해 온 곳들과는 완전히 다를 것이다. 사역이 가장 형통한 날도 그곳에 비할 바가 되지 못할 것이다. 우리는 새 예루살렘을 향해 가고 있다. 그곳에 가면 모든 눈물이 그치고, 더 이상 어려움이 없을 것이다.

세상에서 살며 사역 하는 동안에는 갖가지 어려움이 뒤따를 수밖에 없다. 우리는 피할 곳을 찾아 어딘가로 도망쳐야 하고, 희망과 도움을 발견해야 한다. 하나님을 피난처로 삼고 그분께로 도망치라. 더 이상 어려움이 없는 날이 올 것이라는 약속을 기억하라. 그러나 우리는 '이미'와 '아직'의 사이에서 살아가고 있다. 싸움이 여전히 격렬하게 진행 중이다. 목회자들이여, 깨어 준비하는 지혜로운 군사가 되어 우리의 대장이신 주님께로 도망치고 있는가? 우리를 구원하고, 용서하고, 변화시키고, 강하게 해주는 은혜를 그분께 구하고 있는가?

"왕이신 나의 하나님이여 내가 주를 높이고 영원히 주의 이름을 송축하리이다 내가 날마다 주를 송축하며 영원히 주의 이름을 송축하리이다 여호와는 위대하시니 크게 찬양할 것이라 그의 위대하심을 측량하지 못하리로다 대대로 주께서 행하시는 일을 크게 찬양하며 주의 능한 일을 선포하리로다 주의 존귀하고 영광스러운 위엄과 주의 기이한 일들을 나는 작은 소리로 읊조리리이다 사람들은 주의 두려운 일의 권능을 말할 것이요 나도 주의 위대하심을 선포하리이다"(시 145:1-6).

Part 2

잃어버린 경외심을 회복하라

Chapter 8

"다람쥐 쳇바퀴 도는 듯한 삶, 아무런 기쁨이 없어."

익숙함의 위험에서 벗어나라

가장 위험한 일은 늘 거룩한 것과 접촉하며 살아가는 데 있다. 그게 왜 위험한 것일까? 하나님의 일에 익숙해지는 것이 경외심을 잃는 원인이 될 수 있기 때문이다. 오랫동안 성경을 대하다 보면 광대한 지혜가 깃들어 있는 위대한 구원 이야기에 더 이상 감흥을 느끼지 못하게 된다. 오랫동안 속죄를 설명하다 보면 십자가 밑에 서 있어도 기쁨도 없고, 눈물도 나지 않는다. 오랫동안 다른 사람들에게 제자훈련을 시키다 보면 자신이 예수 그리스도의 제자로 선택되었다는 사실이 더 이상 놀랍지 않게 된다. 이 모든 것이 너무 규칙적이고 일상적인 일이 되다 보니 더 이상 마음의 감동을 느낄 수가 없다.

전국적인 사역 단체를 운영하고 있는 한 대표와 모임을 가졌다. 나는 그와 사역을 서로 연계하는 방안을 논의하는 중이었다. 그와 대화하던 중, 무심코 그가 던진 말이 나의 뇌리에서 지워지지 않는다. 내가 세계 곳곳의 교회에서 일어나고 있는 일을 흥분하여 신나게 말하고 있는데 그는 다소 사무적으로 이렇게 말했다.

"이제는 더 이상 아무것에도 흥미가 느껴지질 않네요."

그의 말에 대꾸힐 입장은 아니지만, 나는 속으로 이런 생각을 했다.

"흥분돼서 감정이 막 북받쳐야 하는 게 정상일 텐데요. 지금 당신은 사역 단체를 이끌고 있는데 흥미가 없다고요? 그렇다면 지금 하고 있는 일을 그만두는 게 낫겠네요."

그는 열정을 잃고, 아무런 기쁨도 없이 다람쥐 쳇바퀴 돌 듯 사역의 의무를 반복할 뿐이었다. 참으로 안타깝고 위험천만한 상태가 아닐 수 없었다.

어쩌면 그런 현상은 신학교에서 신앙의 요소들을 자세히 공부하면서부터 시작되는지도 모른다. 어느 순간부턴가 하나님의 영광이 더 이상 영광스럽지 않아 보이기 시작한다. 신학을 배우는 집단 속에서 생활하다 보면 자신도 모르는 사이에 열정이 식고, 경이로움이 사라질 때가 있다. 성경이 주석을 필요로 하는 신학 매뉴얼로 전락하고, 심지어는 하나님조차도 신학적으로 연구되고 이해되어야 할 신적 존재로 축소될 수 있다.

이런 모든 현상을 한마디로 압축한다면 '익숙함의 현상'이라고 표현하겠다. 프린스턴 신학교의 저명한 신학 교수였던 벤자민 워필드는 학생들에게 이렇게 말한 바 있다.

"신학생들에게 가장 위험한 일은 '늘 거룩한 것과 접촉하며 살아가는 데 있다'는 말을 종종 들었습니다. 거룩한 것을 습관적으로 대하다 보면 그것이 평범하게 느껴질 가능성이 있지요. 보통 사람들이 공기를 들이쉬고 햇볕을 쬐면서도 하나님이 악한 자와 불의한 자 할 것 없이 모두에게 햇빛과 비를 허락하신다는 사실을 생각하지 않는 것처럼, 신학생도 성소의 물건들을 만지면서도 그것이 세상의 물질로 만들어졌다는 사실 외에는 별 생각이 없을 수 있어요. 하나님의 위엄과 선하심을 가르치는 성경도 한갓 히브리어와 헬라어의 어원 및 어형 변화, 문장의 연관성을 따지기 위한 문서로 취급할 수 있지요. 또한 하나님의 구원 활동의 신비를 이해하려는 노력도 전제와 결론을 갖춘 논리적 패러다임, 곧 유력한 논증과 그럴싸한 논리 구조를 전개하려는 활동으로 변질되어 형식적인 논리 전개 이상의 의미를 띠지 못하게 될 수도 있습니다. 구원의 과정에서 나타나는 장엄한 하나님의 섭리 사건들도 그냥 평범한 역사적 사실이나 우리가 추측해 내야 할 문제를 제공하는 역사 자료로 축소되어, 단지 우리의 관심을 끄는 일상적인 사건처럼 느껴질 수 있습니다. 이것이 신학생이 겪을 수 있는 큰 위험이지요. 이것이 위험한 이유는 신학생의 큰 특권과 밀접하게 관련되기 때문입니다. 종교의 위대한 것들이 평범한 것으로 전락하는 게 신학생의 가장 큰 위험이라면, 그 순간 신학생은 자신의 특권을 생각해 봐야 합니다. 어려운 삶에 찌들어 사는 사람들은 날마다 생계를 유지하는 데 급급하고, 고달프고 분주한 세상일에 시달리느라 정신이 산만해 하나님이나 종교, 죄로부터의 구원과 같은 문제를 생각할 겨를조차 없어요. 하지만 신학생은 늘 그런 것들을 생각하며, 온 몸의 모공으로 호흡하며 살아가는 환경 속에서 살고 있지요. 때문에 신학생을 둘러싸고 사방에서 압박하는 그 모든 것은 신학생에게 평범하게 될 위험의 소지가 다분합니다. 하나님께 싫증낼 위험이 있는 당신들을 하나님이 굽어 살펴 주시기를 바랍니다!"*

사역자라면 누구나 귀담아 들어야 할 강력한 경고가 아닐 수 없다. "가장 위험한 일은 늘 거룩한 것과 접촉하며 살아가는 데 있다."

---

* 벤자민 B. 워필드, "신학생의 신앙생활"(Benjamin B. Warfield, "The Religious Life of Theological Students"), 1911년 10월 4일, 프린스턴 신학교에서 열렸던 하계 컨퍼런스 연설 중에서.

그게 왜 위험한 것일까? 하나님의 일에 익숙해지는 것이 경외심을 잃는 원인이 될 수 있기 때문이다. 오랫동안 성경을 대하다 보면 광대한 지혜가 깃들어 있는 위대한 구원 이야기에 더 이상 감흥을 느끼지 못하게 된다. 오랫동안 속죄를 설명하다 보면 십자가 밑에 서 있어도 기쁨도 없고, 눈물도 나지 않는다. 오랫동안 다른 사람들에게 제자훈련을 시키다 보면 자신이 예수 그리스도의 제자로 선택되었다는 사실이 더 이상 놀랍지 않게 된다. 오랫동안 성경의 신학을 배우다 보면 그 목적이 개인의 거룩함이라는 사실을 잊게 된다. 또한 오랫동안 교회 사역을 위한 전략과 계획을 세우는 데 집중하다 보면 계획자이신 하나님이 매순간 주권적으로 우리를 인도하신다는 사실이 더 이상 경이롭게 느껴지지 않는다. 게다가 오랫동안 다른 사람들의 예배를 인도하다 보면 개인적으로 경외심을 갖기가 어렵게 된다. 이 모든 것이 너무 규칙적이고 일상적인 일이 되다 보니 더 이상 마음의 감동을 느낄 수가 없다. 바쁜 사역 일정에 쫓기다 보면 은혜의 경이로움을 생각하기 어려울 때가 많은 게 사실이다.

미술가들은 이른바 '시각적 무기력 상태'에 관해 종종 말한다. 이 말은 무엇인가를 오래 보면 볼수록, 그것을 실제로 감상하고 음미하는 맛이 갈수록 줄어든다는 뜻이다. 자동차를 타고 직장에 첫 출근을 하는 날에는 눈에 보이는 사물과 귀에 들려오는 소리에 온통 촉각이 곤두서기 마련이다. 오래된 나무들이 우거진 아름다운 숲과 길모퉁이에 있는 멋진 현대식 복층 아파트가 시야에 들어온다. 그러나 한 달쯤 같은 길을 왔다 갔다 하다 보면, 막힌 길이 뚫려 한시라도 빨리 직장에 도착할 수 있기만을 바라게 된다. 불가피하게 느껴지지만 절대로 좋다고 말할 수 없는 현상이 일어나는 것이다. 전에 우리를 매료시켰던 아름다움은 제자리에 그대로 있지만, 우리는 그것을 더 이상 보지 않는다. 보지 않으니 아무런 감정도 느낄 수 없다. 사역을 이끄는 사람이 경이감을 잃는 것보다 더 큰 위험이 또 어디에 있을까?

자, 그러면 경이감을 묘사하는 성경 본문 한 곳을 묵상하는 데서부터 시작해 보자.

"왕이신 나의 하나님이여 내가 주를 높이고 영원히 주의 이름을 송축하리이다 내가 날마다 주를 송축하며 영원히 주의 이름을 송축하리이다 여호와는 위대하시니 크게 찬양할 것이라 그의 위대하심을 측량하지 못하리로다 대대로 주께서 행하시는 일을 크게 찬양하며 주의 능한 일을 선포하리로다 주의 존귀하고 영광스러운 위엄과 주의 기이한 일들을 나는 작은 소리로 읊조리리이다 사람들은 주의 두려운 일의 권능을 말할 것이요 나도 주의 위대하심을 선포하리이다 그들이 주의 크신 은혜를 기념하여 말하며 주의 의를 노래하리이다 여호와는 은혜로우시며 긍휼이 많으시며 노하기를 더디 하시며 인자하심이 크시도다 여호와께서는 모든 것을 선대하시며 그 지으신 모든 것에 긍휼을 베푸시는도다 여호와여 주께서 지으신 모든 것들이 주께 감사하며 주의 성도들이 주를 송축하리이다 그들이 주의 나라의 영광을 말하며 주의 업적을 일러서 주의 업적과 주의 나라의 위엄 있는 영광을 인생들에게 알게 하리이다 주의 나라는 영원한 나라이니 주의 통치는 대대에 이르리이다 여호와께서는 모든 넘어지는 자들을 붙드시며 비굴한 자들을 일으키시는도다 모든 사람의 눈이 주를 앙망하오니 주는 때를 따라 그들에게 먹을 것을 주시며 손을 펴사 모든 생물의 소원을 만족하게 하시나이다 여호와께서는 그 모든 행위에 의로우시며 그 모든 일에 은혜로우시도다 여호와께서는 자기에게 간구하는 모든 자 곧 진실하게 간구하는 모든 자에게 가까이 하시는도다 그는 자기를 경외하는 자들의 소원을 이루시며 또 그들의 부르짖음을 들으사 구원하시리로다 여호와께서 자기를 사랑하는 자들은 다 보호하시고 악인들은 다 멸하시리로다 내 입이 여호와의 영예를 말하며 모든 육체가 그의 거룩하신 이름을 영원히 송축할지로다" (시 145편).

이 시편에는 어떤 세계관이 담겨 있을까? 모든 인간이 매일 하나님을 경외하며 살도록 창조되었다는 것이다. 다시 말해, 인간의 삶을 이끄는 가장 깊은 동기가 바로 하나님을 경외하는 마음에서 비롯한다는 것이다. 하나님에 대한 경외심은 모든 사람을 보호하고 있는 방패와 같다. 이것은 개인의 삶에서 이루어지는 다른 모든 현실을 규정하는 것이다. 그렇다면 그런 삶은 과연 어떤 삶일까?

그런 삶은 곧, '하나님에 대한 경외심이 나의 모든 언행에 동기를 부여하는 삶'을 가리킨다. 하나님에 대한 경외심이 내가 생각하고 행하는 모든 일과 내가 바라는 모든 소원의 이유가 되어야 한다.

하나님에 대한 경외심이 내가 아내를 대하는 방식과 자녀 양육 방식에 영향을 미쳐야 하고, 직업 활동 방식이나 돈을 다루는 방식은 물론, 물질적인 소유 및 개인적인 신분과 능력에 관해 생각하는 방식에까지 영향을 미쳐야 한다. 하나님에 대한 경외심이 대인관계를 맺는 토대가 되어야 하고, 내가 속한 공동체의 일원으로서 살아가는 방식이나 스스로에 대해 생각하는 방식에 영향을 미쳐야 한다.

또한 다른 사람들에 대해 내가 기대하는 것도 하나님에 대한 경외심에서 비롯해야 한다. 절망 속에서 빠져나올 때나 큰 기쁨을 느낄 때, 나의 죄를 애통해할 때나 다른 사람들의 약점을 인내로 너그럽게 대할 때도 마찬가지다. 막다른 길에 내몰렸을 때 용기를 얻고, 내 능력의 한계를 벗어났을 때 겸손히 인정할 줄 아는 지혜를 얻는 것도 하나님에 대한 경외심에서 비롯해야 한다. 한마디로, 하나님에 대한 경외심이 내 존재의 모든 영역을 지배해야 한다.

그러나 그것이 전부가 아니다. 사역도 하나님에 대한 경외심에서 비롯해야 한다. 왜냐하면 예수 그리스도의 복음의 근본 목적 가운데 하나가 사람들에게 하나님을 경외하는 마음을 회복시켜 주는 데 있기 때문이다. 하나님을 경외하는 마음으로 살지 않는 사람은 인간으로서 올바르게 살 수 없다. 그런 사람은 기관차가 철로에서 벗어나 맨 땅을 달리는 것 같은 삶을 살면서도 그 사실을 의식하지 못한다. 이것이 영적으로 위험한 이유는, 하나님에 대한 경외심이 없으면 우리 자신을 높이 우러르는 생각이 신속하게 그 공백을 채우기 때문이다. 하나님을 위해 살지 않으면 남은 대안은 우리 자신을 위해 사는 것뿐이다. 따라서 사람들이 다시금 창조된 본래의 목적대로 항상 하나님을 경외하며 충실하게 살아가도록 이끄는 것이 교회의 가장 중요한 사역이 되어야 한다.

그러려면 설교를 준비할 때 항상 하나님에 대한 경외심을 잃지 말아야 한다. 또한 설교를 전할 때도 하나님을 경외하는 마음으로 해야 하고, 청중에게 하나님을 경외하는 마음을 갖게 하는 것을 목표로 삼아야 한다. 어린이 사역도 아이들에게 하나님을 경외하는 마음을 일깨워 주는 것에 목표를 두어야 하고, 청소년 사역도 그들로 하여금 하나님의 영광을 삶의 궁극적인 목적으로 삼도록 이끌어야 한다. 그리고 여성을 위한 사역도 교제에만 치중하지 말고, 하나님을 경외하는 마음을 통해 수많은 이기적인 관심과 자아로부터 벗어날 수 있게 이끌어야 한다. 남성을 위한 사역 역시 하나님의 일에 무관심한 마음을 깨우쳐 주고, 가장의 의무를 다하며 삶을 이끌어 나갈 수 있게, 매사에 겸손한 태도로 하나님의 영광을 추구하도록 돕는 데 초점을 맞춰야 한다. 선교와 복음 전도도 마찬가지다.

바울은 이것이 십자가의 목적이었다고 설명했다. 그는 예수님이 십자가에서 죽으신 이유가 사람들이 다시는 자기 자신을 위해 살지 않고, 그들을 대신하여 죽었다가 다시 사신 그분을 위해 살아가도록 하기 위해서라고 말했다(고후 5:15 참조).

하나님에 대한 경외심은 교회가 본궤도에서 벗어나거나 교인들을 그릇된 길로 이끄는 활동 및 행사에 치중하는 사태를 막아 줄 수 있다. 또한 신학을 제자리에 돌려놓는다. 신학은 매우 중요하지만, 하나님을 경외하는 삶을 살도록 이끌지 않고 그 자체로 경외의 대상이 된다면 그보다 더 위험한 것은 없다. 하나님에 대한 경외심은 교회의 사역 전략도 제자리로 되돌려 놓는다. 우리는 전략이 아닌 교회의 머리가 되시는 주님을 의지해야 한다. 더불어 사역의 은사와 경험도 제자리에 돌려놓는다. 우리는 거만한 태도로 우리의 은사를 자랑해서는 안 된다. 우리가 섬기는 하나님의 영광스러운 은혜가 없으면, 아무리 훌륭한 은사라고 해도 단 한 사람도 변화시키지 못할 것이 분명하기 때문이다.

하나님에 대한 경외심은 교회 음악과 예배 의식도 본래의 자리로 되돌려 놓는다. 우리는 성경적이면서도 활력이 넘치는 예배를 인도하기를 원한다. 그러나 성령의 거룩한 임재를 의식하지 못하면 사람들의 능동적인 예배 참여를 이끌어낼 수 없다. 오직 성령께서만이 우리가 행하기를 원하는 모든 것이 올바로 이루어지도록 도우실 수 있고, 그것들이 효과를 발휘할 수 있도록 이끄실 수 있다.

하나님에 대한 경외심은 교회 건물과 자산까지도 올바른 위치로 되돌려 놓는다. 교회 건물을 건축하고, 유지하고, 사용하는 방법은 매우 중요한 사안이지만, 건물 자체는 사람을 구원으로 인도하거나 의롭게 할 수 없다. 오직 주권적인 은혜를 베푸시는 하나님만이 그렇게 하실 수 있다. 하나님이 과거로부터 지금까지 이루어오신 모든 것을 감사하게 여기고, 그분이 중요하다고 말씀하신 것을 적절히 표현하는 물건들을 보유하는 것은 좋은 일이다. 하지만 어제나 오늘이나 영원토록 동일하신 영광의 하나님을 의지하는 것이 더더욱 중요하다.

우리는 하나님의 사역과 그분의 영광을 다음 세대에 전해야 한다. 그럼으로써 그들이 스스로 선택하는 속된 영광이 아니라, 그보다 더 위대한 영광을 통해 구원받고 삶을 영위해 나갈 수 있도록 우리가 할 수 있는 최선의 노력을 기울여야 한다.

그러나 익숙함 때문에 하나님을 경외하는 마음을 잃는다면 제대로 교회 사역을 이끌어나가기가 어려워진다. 우리가 항상 의식하지는 못해도 우리의 사역은 늘 우리의 마음 상태에 의해 좌우되기 마련이다.

사람들에게 인정받는 것을 중요하게 생각해 거기에 치중한다면, 자신도 모르는 사이에 그들의 관심을 끌기 위한 방법으로 사역을 할 것이 분명하다. 주위 사람들과 상황을 통제하려는 생각이 우리의 마음을 지배한다면, 사역을 그런 방향으로 몰고 갈 가능성이 높다. 하나님에 대한 경외심 없이 신학적인 변증만을 중시한다면, 길을 잃고 방황하는 사람들을 잘 보살피기 어려울 것이다. 다른 사람의 성공적인 사역을 시기하는 마음에 사로잡힌다면, 우리는 우리를 부르신 장소와 상황에 만족하지 못하고 늘 불평불만만 일삼는 목회자가 될 수밖에 없다.

우리가 행하는 사역은 단지 은사, 지식, 재능, 경험만으로 이루어지지 않고, 항상 우리의 마음 상태에 영향을 받는다. 교회 사역은 영광을 다투는 싸움이라는 사실을 기억하는 것이 중요한 이유가 여기에 있다. 상황이나 장소, 사역의 관계를 막론하고 늘 우리의 마음이 어떤 영광을 추구하느냐에 따라 사역의 방향과 방식이 결정된다. 하나님을 경외하는 마음과 세상을 우러르는 마음 사이에서 항상 싸움이 진행되고 있다. 하나님을 경외하는 마음이 우리와 사역을 지배하게 해야 한다. 그렇지 않으면 세상을 사랑하는 마음이 우리를 지배할 것이다.

하나님을 경외하는 마음이 가져오는 변화

하나님을 경외하는 마음은 목회자의 심령 속에 어떤 변화를 일으킬

까? 이제부터 하나님을 경외하는 마음을 가지면 어떤 변화가 나타나는지 살펴보겠다. 이러한 변화는 하나님을 영화롭게 하는 사역, 효율적이고 생산적인 사역을 하는 데 결정적인 영향을 미친다.

겸손

우리는 하나님의 영광 앞에서 자신을 솔직하게 드러내야 한다. 우리가 서야 할 본래의 자리로 돌아가고, 자신에 대한 왜곡된 생각을 바로잡고, 교만한 태도를 버리고 자기 의를 내세우지 않으려면 말이다.

하나님의 영광 앞에 서면 내가 자랑했던 모든 영광이 벌거벗겨지듯 사라지고 만다. 나와 다른 사람을 비교하는 한, 내가 의롭다는 것을 입증할 수 있는 상대를 끊임없이 찾을 수밖에 없다. 그러나 영원토록 한 점 얼룩도 없이 깨끗하고 순수하게 유지되는 '하나님의 의'라는 옷에 '나의 의'라는 더러운 누더기를 비교하면, 극도의 수치심으로 도망치고 싶은 마음이 들 것이다.

이사야에게 바로 그런 일이 일어났다(사 6장). 이사야는 하나님의 영광스러운 보좌 앞에 서는 순간 이렇게 부르짖었다.

"화로다 나여 망하게 되었도다 나는 입술이 부정한 사람이요 나는 입술이 부정한 백성 중에 거주하면서 만군의 여호와이신 왕을 뵈었음이로다"(사 6:5).

이사야의 말은 종교적인 과장법과는 거리가 멀다. 그는 자신의 겸손함을 드러내어 하나님의 환심을 사려고 노력하지 않았다. 그는 하나님의 거룩하심과 영광의 광채를 대하는 순간 자신의 실상을 정확히 깨닫고, 오직 하나님만이 허락하실 수 있는 구원을 갈망했다.

목회 사역을 하다가 어느 시점에선가부터 자신의 실상을 망각하는 목회자들이 너무나도 많다. 그들은 자신의 실제 모습보다 과장되고 왜곡된 자아상을 가지고 있는 탓에 쉽게 다가가기 어려울 뿐 아니라, 성경적으로 정당화될 수 없는 생각과 언행을 정당화하는 경향이 있다.

나도 그런 경험을 해보았고, 또 때때로 그런 잘못을 되풀이하기도 한다. 그런 상태에 있을 때는 나 자신으로부터 해방되는 것이 필요하다. 스스로를 지나치게 높여 생각하면, 자신은 모든 것을 하나님의 영광을 위해서 한다고 확신할지 몰라도 실상은 자기 의를 주장하고, 다른 사람들을 통제하고, 판단을 일삼고, 지나친 자신감을 내보이고, 완고한 태도를 취하고, 종교적인 독재를 일삼고, 부지중에 자신의 왕국을 건설하려고 열심을 낼 뿐이다.

온유함

하나님에 대한 경외심만이 우리의 마음을 겸손하게 만들 수 있다. 내 죄를 의식하고 은혜를 간절히 필요로 하는 상태가 되면, 주위 사람들도 나와 똑같은 은혜를 필요로 한다는 것을 알 수 있어서 온유한 태도로 목회 사역을 펼칠 수 있다. 스스로에게 은혜가 필요하고, 그 은혜를 그리스도 안에서 받을 수 있다고 확신하는 사람보다 다른 사람들에게 더 큰 은혜를 베풀 수 있는 사람은 없다.

이런 온유한 마음이 있으면, 하나님의 거룩하신 소명을 욕되게 하지 않으면서도 얼마든지 인내와 희망과 친절과 은혜로 다른 사람들의 죄를 옳게 견책할 수 있다.

그런 마음이 있으면 "당신이 그런 일을 저지르다니 믿을 수가 없군요.", "나는 그런 일은 생각조차 해본 적이 없습니다."와 같은 식의 독선을 일삼지 않을 것이다.

내가 좋아하지도 존중하지도 않는 사람에게 복음을 전하기는 어렵다. 하나님에 대한 경외심에서 비롯하는 온유함만이 내가 정죄를 일삼는 사람이 되지 않도록 막아 줄 수 있다. 또한 오직 은혜만이 할 수 있는 일을 율법으로 대체하는 잘못에서 벗어나게 해줄 수 있다.

열정

나의 사역에서 무엇이 잘되거나 잘못되든, 내가 어떤 어려움이나 싸움에 직면해 있든, 은사와 소명을 받은 대로 내가 해야 할 일을 열정적으로 할 수 있게 만드는 것은 바로 '하나님의 영광'이다. 나의 기쁨은 주위 상황이나 관계에 달려 있지 않다. 어느 곳에 있든지 나는 아무것에도 내 마음을 빼앗기지 않는다.

내기 기뻐하는 이유는 내가 만왕의 왕이시요, 만주의 수시며, 위대하신 창조주요, 구원자이자 승리자시요, 주권자이신 하나님, 지금도 통치하시고 앞으로도 영원히 통치하실 하나님이 선택하신 자녀이자 그분의 부르심을 받은 종이기 때문이다. 그분은 나의 아버지요, 구원자이시며, 대장이시다. 그분은 항상 신실하시다.

사역에 대한 나의 열정은 사람들이 나를 인정하느냐 아니냐에 달려 있지 않다. 하나님이 나를 이미 인정하셨다는 사실만으로 충분하다. 내가 열정을 기울이는 이유는 사람들이 나를 좋아하기 때문이 아니라, 하나님이 나를 받아 주셨고 보내셨기 때문이다. 또한 내가 생각하는 만큼 나의 사역이 영광스럽기 때문이 아니라, 하나님이 영원토록 항상 변함없이 영광스러우시기 때문이다.

이것이 내가 복음의 열정으로 말씀을 전하고, 가르치고, 상담하고, 인도하고, 섬기는 이유다. 그런 나의 열정은 주위 사람들에게까지 자연스레 번져나갈 것이다.

자신감

사역의 자신감, 곧 마음속에서 느끼는 사역에 대한 확신과 능력은 자아를 신뢰하는 데서 비롯하는 그릇된 자신감과는 아무 상관없다. 사역의 자신감은 내가 어떤 분을 섬기는지를 의식하는 데서부터 시작된다. 하나님이 곧 나의 자신감이요 능력이시다. 하나님은 내게 어떤 임무를 맡기신다면 그 임무를 수행할 수 있는 능력을 함께 허락하신다. 그분은 교회의 건강에 나보다 훨씬 더 큰 열정을 기울이신다. 내가 나의 은사를 활용하는 일에 가장 큰 관심을 기울이시는 분은 바로 그 은사를 내게 허락하신 하나님이시다. 하나님보다 그분의 영광에 더 큰 열정을 기울이는 존재는 어디에도 없다.

그분은 항상 살아 계셔서 늘 자신의 뜻을 행하신다. 그분은 전지전능하시다. 그분의 사랑은 무한하고, 그분의 은혜는 지극히 영광스럽다. 그분은 변하지 않으시며, 항상 신실하시다. 그분의 말씀은 항상 진실이고, 그분의 구원 능력은 끝이 없으며, 그분의 통치는 절대 중단되지 않는다. 그분보다 더 위대하여 그분을 정복할 수 있는 존재는 어디에도 없다. 내가 자신 있게 부르심에 응할 수 있는 이유는 내게 무슨 능력이 있어서가 아니다. 하나님이 나의 아버지이시고, 모든 일에 영광스러우시기 때문이다.

자기 수양

사역을 하다 보면 누구나 무기력해질 때가 있기 마련이다. 스스로가 가졌던 순진한 기대감이 그말 그대로 드러날 때가 있고, 사역의 성공이나 주위 사람들의 인정만으로는 더 이상 내가 부르심을 받은 일을 열심히 해나가지 못할 때가 있다. 또한 노력한 것에 비해 결과가 미미해 보이거나 기대했던 변화가 쉽게 일어날 것 같지 않게 느껴질 때도 있고, 사람들에게 배신을 당했다는 생각에 홀로 깊은 외로움을 느낄 때도 있다. 목회자의 자기 수양은 상황을 수평적 차원이 아닌 그보다 좀 더 깊은 것에 뿌리를 두어야 한다. 목회 사역을 하려면 견실한 자기 수양이 반드시 필요하다.

니는 그런 자기 수양의 뿌리가 바로 '예배'에 있다고 생각한다. 이런 나의 확신은 날이 갈수록 커지고 있다. 사역이 형통할 때나 어려울 때나 내가 포기하지 않고 열심히 일하는 이유는 하나님의 성품, 계획, 임재, 약속, 은혜의 영광스러움 때문이다.

안식

교회의 상황이 몹시 혼란스럽고, 내 자신의 약점이 크게 두드러져 보일 때면 과연 무엇을 통해 마음의 안식을 얻을 수 있을까? 그런 때에 내게 안식을 주는 것은 바로 '하나님의 영광'이다.

하나님께는 아무것도 어려운 것이 없다는 믿음과 그분께는 모든 것이 가능하다는 확신을 통해 마음의 안식을 느낄 수 있는 것이다. 아브라함처럼 나의 사역은 하나님의 약속에 근거하고, 그 약속을 허락하신 하나님은 항상 신실하시다는 믿음을 가질 때 안식이 찾아온다. 수평적 차원에서 바라보면 불안해야 할 이유가 많지만, 나를 보내신 영광의 하나님이 "내가 너와 함께 있겠다."고 약속하셨기 때문에 두려워하거나 걱정할 이유가 전혀 없다. 혼자서 전전긍긍할 필요도 없고, 기분 좋게 하기 위해 현실을 부정하거나 축소시킬 필요도 없다. 하나님이 나의 존재를 자신의 영광으로 가득 채워 주시기 때문에 나는 '이미'와 '아직'이라는 긴장 관계 안에 살면서도 편히 안식할 수 있다.

하나님께로 다시 돌아가라!

구체적인 전략은 없다. 단지 지금 당장 영광의 하나님께로 도망치라고 권할 뿐이다. 지루함과 싫증을 느꼈던 잘못을 고백하라. 지금까지 보지 못했던 영광, 곧 온 세상천지를 두루 비추는 하나님의 영광을 볼 수 있는 눈을 허락해 달라고 기도하라. 하나님의 영광을 묵상하는 시간을 마련하겠다고 결심하고, 다른 사람들에게 도움을 구하라. 우리가 은혜를 귀하게 여기지 않을 때도 인내하며 은혜를 베풀어 주시는 예수님께 항상 감사하려고 노력하라.

Chapter 9

"도대체 어떻게 해야 두려움을 극복할 수 있을까"

수치스러운 비밀

우리가 미래의 일에 어려움을 느끼는 이유는 하나님을 온전히 신뢰하지 못하기 때문이다. 우리가 믿고 의지한다고 고백하는 하나님은 만사를 주관하시는 분이기 때문에 미래의 일을 속속들이 다 알고 계신다. 우리는 다음 순간에 어떤 일이 일어날지 알지 못해도 하나님을 신뢰하고, 그분의 인도하심과 보살피심 안에서 안심해야 한다. 미래에 대한 두려움에서 벗어날 수 있는 유일한 길은 '하나님을 경외하는 것'이다. 하나님을 신뢰하는 믿음이 미지의 것을 두려워하는 마음보다 더 커야만, 평정심을 유지할 수 있다.

불신앙의 악습관에 익숙해진 한 목회자 이야기를 해보겠다.

그는 스스로에게 "이건 내가 긴장을 푸는 방법이야."라고 말하곤 했다. 그런 습관이 사역을 하는 데 전혀 방해되지 않는다고 믿었다. 자신이 열심히 일하고 있고, 또 모든 것을 잘하고 있다고 생각했다. 그러나 실상은 그렇지 않았다. 그가 밤을 새는 횟수는 이미 도를 넘어섰다. 지난 몇 년 동안 몸무게가 14킬로그램이나 늘었고, 매일 밤 몇 시간씩 텔레비전 앞에 앉아 있거나 인터넷에 빠져 있느라 그의 두뇌는 올바른 기능을 멈춘 상태였다. 그 어느 때보다 빚은 많았고, 성격도 날이 갈수록 조급해졌다. 그의 아내는 그가 가족들로부터 점차 멀어지고 있다며 자주 불만을 토로했다. 그는 집에 있을 때 아무 기쁨도 없이 피곤에 지친 기색을 종종 내비쳤고, 그의 자녀들은 그가 투명인간처럼 느껴질 때가 많다고 말했다. 그는 모임을 싫어했으며, 설교를 준비하려면 집중력이 필요한데도 쉽게 정신이 산만해짐을 느끼곤 했다. 그의 사무실 문은 전에 비해 잠겨 있을 때가 더 많았고, 자신이 해야 할 일 가운데 대부분을 부교역자에게 일임했다.

그러나 교인들 가운데 이상한 징후를 느낀 사람은 아무도 없었다. 공적인 의무는 모두 감당했기에 교인 입장에서 보면 아무 문제도 없는 것처럼 보였다. 그는 자신이 책임져야 할 모임은 무리 없이 잘 이끌었고, 그 후에 정리해야 할 일도 꼼꼼히 처리했다. 문제는 그의 상태가 정상이 아니라는 데 있었다. 그의 공생활과 사생활의 괴리가 점점 커졌다. 그가 사람들 앞에서 말하는 믿음의 진리와 평상시에 그의 마음을 지배하는 생각이 서로 달랐다. 그는 다른 많은 목회자들처럼 수치스러운 비밀, 곧 믿음의 사람이 인정하기 어려운 비밀을 간직하고 있었다. '수치스러운 비밀'이란, 그가 하는 일이 대부분 믿음이 아닌 두려움에서 비롯한다는 것이다.

아마도 목회 사역의 대부분이 복음의 진리와 예수 그리스도의 인격과 사역을 믿는 믿음이 아니라, 두려움에서 비롯한다고 선뜻 인정하기가 매우 어려울 것이다. 목회자는 '교회의 행복과 번영'이라는 짐을 자신의 어깨 위에 올려놓고 '이렇게 했으면 어땠을까? 저렇게 했으면 어땠을까?'를 끊임없이 생각하면서 심한 부담감에 시달릴 가능성이 매우 높다. 그런 경우에는 충족되지 않은 비현실적인 목표와 실패감, 그로 인한 두려움에 짓눌려 무기력한 상태에 빠질 수밖에 없다.

늘 영적 불안감에 시달리며 살아가는 목회자들이 얼마나 많을까? 무엇이 잘못되지는 않을까 초조해하며, 하나님이 어디에 계시는지 궁금해하는 목회자들이 얼마나 많을까? '전에 한 번 당했으니까 다시 그런 일은 없을 거야.'라고 스스로 자위하는 목회자들이 얼마나 많을까? 실패를 인정하기를 두려워하고, 믿음이 흔들리고 있다는 사실을 털어놓을 사람이 아무도 없는 목회자들이 얼마나 될까? '내가 그런 고백을 하면 어떻게 될까?'라는 두려움 때문에 솔직하고 단호한 태도를 취하지 못하는 목회자들이 얼마나 많을까?

자기 자신에게 복음을 전하지 않고 다른 곳에서 대처할 방법이나 탈출구를 찾는 목회자, 좀 더 편안한 사역 장소를 원하는 목회자, 사역의 짐을 집에까지 짊어지고 들어오는 탓에 자상하고 긍정적인 태도로 자녀들을 대하지 못하는 목회자들이 또 얼마나 많을까? 자기 자신을 은폐하는 기술이 탁월하여 가장 가까운 사람들조차도 마음속에서 있는 생각을 헤아리지 못하게 만드는 목회자들이 얼마나 많을까?

사람을 두려워하는 마음 때문에 적당히 타협하고 물러서는 목회자들은 얼마나 되고, 자신이 인정하는 특정한 몇몇 사람들의 말에만 관심을 기울이는 목회자들은 또 얼마나 될까? 얼마나 많은 목회자들이 두려움 때문에 지나치게 편협하고, 지배적이고, 남을 통제하려고 애쓰고 있을까? 두려움 때문에 마땅히 말해야 할 때는 침묵하고, 침묵해야 할 때는 말하는 목회자들이 얼마나 많을까? 실제로는 두려움 때문에 한 일이면서도 겉으로는 믿음으로 한 것처럼 연기하는 목회자들은 얼마나 될까? 하나님을 두려워하기보다 상황이나 사람을 더 두려워할 때가 있었다고 고백해야 할 목회자들은 과연 얼마나 많을까?

자신의 리더십이 성경적인지 살피기보다 사람들이 얼마만큼 인정하느냐에 더 많은 관심을 기울이는 목회자들은 또 얼마나 될까? 인정받지 못할까 하는 두려움 때문에 약해지는 목회자나 두려움이 너무 커 중요한 교회 일을 다른 사람들에게 선뜻 위임하지 못하는 목회자들은 얼마나 많을까? 자신이 두려움에 얼마만큼 지배당하고 있는지 살피기를 겁내고 있는 목회자들이 얼마나 될까?

두려움을 직시하자

1) 타락한 세상에서는 두려워해야 할 이유가 있다

우리는 죄로 타락한 세상에 살고 있다. 도심 지역을 위험한 곳으로 만드는 폭력, 정치인들의 부패 등 세상이 타락했다는 증거가 도처에 얼마나 많은지 모른다. 우리는 예측 불가능한 위험한 장소, 곧 예기치 않은 어려움이 언제든지 일어날 수 있는 세상에서 사역을 하고 있다. 우리가 구원받고 사역의 소명을 받았다고 해서 이 타락한 환경 속에서 안전하게 살아갈 수 있으리라는 보장은 없다. 우리의 삶과 사역은 어떤 식으로든 타락한 세상에 의해 영향을 받기 마련이다. 경제 상황이 열악해지거나, 장로가 불륜을 저지르거나, 뜻하지 않은 질병이 찾아오는 등 여러 가지 시련으로 인해 어려움을 겪을 수 있다.

따라서 타락한 세상에 살면서 두려워할 필요가 없다고 생각하는 것은 어리석다. 성경적인 믿음은 현실을 부정하지 않는다. 우리를 걱정하게 하고, 정신을 바짝 차리게 만들고, 우리를 슬프게 하는 일이 얼마든지 있을 수 있다. 또한 위험이 잠재되어 있는 탓에 신속하고 단호하게 대처해야 할 일들도 있다. 두려움을 느끼는 것은 영적으로 건강하다는 징후일 수 있다. 그러나 두려움에 지배당하지 않도록 주의해야 한다. "불평하지 말라 오히려 악을 만들 뿐이라"(시 37:8)는 말씀을 기억하라. 두려움에 지배당하면 어려운 일이 더욱 어려워지고, 잘못된 일이 최악의 상태로 발전한다. 두려움 때문에 내린 결정은 땅을 치며 후회할 결과를 가져다준다.

2) 불완전한 사람들과 관계를 맺다 보면 두려워해야 일이 생긴다

우리가 사역을 행하는 사람들은 모두 구원을 필요로 하는 불완전한 인간들이다. 우리 주위에 마음이 온전히 순수한 사람은 아무도 없다. 부패한 생각, 욕망, 탐욕, 그릇된 동기에서 자유롭거나 항상 올바른 말만 하고 올바른 선택만 하는 사람은 단 한 사람도 없다. 그 누구도 이기적인 행위나 자기를 과장하는 욕구에서 자유로울 수 없다. 우리에게 온전히 충실하거나 항상 우리의 편을 들어주는 사람도 아무도 없다. 이런 이유로 그리스도의 몸 안에서 이루어지는 관계는 때로 예측 불가능할 뿐이니라 성가시기까지 하다. 그런 관계 속에서 가상 만족스러운 기쁨을 느끼기도 하고, 가슴을 저미는 고통을 느끼기도 한다. 죄가 세력 다툼을 일으키고, 사람들을 이간질시키고, 판단을 일삼는 태도를 부추기고, 이기적인 불만을 토로하게 하고, 불충실함과 분열을 일으키는 걸 두려워하는 것은 매우 경건하면서도 책임 있는 태도다.

3) 두려움은 매우 선하고 경건한 것일 수 있다

두려움은 악의 위험으로부터 우리가 보살피는 사람들을 지키고 보호하는 기능을 수행할 수 있다. 두려움이 주는 경각심을 통해 예수님의 은혜를 의지하며 복음으로 죄에 맞서 싸우는 것은, 구원의 날을 기다리며 세상에서 살아가는 매우 좋은 방법 가운데 하나다.

4) 두려움은 위험하고 불경건한 것일 수 있다

두려움은 우리의 감각을 마비시킬 수 있다. 두려움은 생각을 왜곡시킬 수 있고, 열정을 빼앗을 수 있다. 또한 우리의 생각을 마비시켜 하나님이 부르신 사역보다는 다른 사람들이 생각하는 것에 더 많은 관심을 기울이게 만들 수 있고, 성급한 결정을 부추겨 큰 피해를 초래시킬 수 있다. 게다가 우리가 알고 있는 것을 잊게 하고, 우리의 정체성을 망각시킬 수 있다.

두려움은 우리가 절대 가질 수 없는 지배권을 갈망하게 만들고, 마땅히 신뢰해야 할 사람을 신뢰하지 못하게 만들며, 섬기기보다는 남을 부리려는 태도를 부추길 수 있다. 멈춰야 할 때 달려가게 하고, 달려가야 할 때 멈추게 만들며, 하나님은 작게 보이게 하고 상황은 크게 보이게 만들 수 있다. 두려움은 오직 주님에게만 구해야 할 것을 사람들에게서 구하게 만든다. 두려움은 가장 깊은 의문과 가장 큰 의심이 싹트는 온상이 될 수 있다.

우리의 마음은 두려움을 느낄 수밖에 없다. 왜냐하면 하나님을 두려워하는 마음으로 살아가도록 창조되었기 때문이다. 그러나 수평적 두려움이 우리의 마음을 지배하도록 방치해서는 안 된다. 그럴 경우에는 두려움이 우리와 우리의 사역을 파괴시킬 것이다.

5) 두려움은 하나님을 경외하는 마음으로만 극복할 수 있다

두려움에 대한 해결책은 바로 '하나님을 경외하는 것'이다. 우리의 마음을 사로잡는 모든 수평적 두려움을 극복할 수 있는 영적 능력은 오직 하나님을 두려워하는 마음에 있다. 관계와 상황과 장소와 관련된 두려움은 그보다 더 큰 두려움, 곧 하나님에 대한 두려움에 의해서만 적절히 통제되어 제자리로 돌아갈 수 있다. 아마도 이것이 "여호와를 경외하는 것이 지혜의 근본이요"(잠 9:10)라고 말씀하는 이유일 것이다.

지금 당장 느끼는 두려움이 우리를 사로잡도록 놔두는 것은 부정적이고, 불안정하고, 지혜롭지 못한 처사다. 단지 두려움을 달래려는 목적으로 살아간다면 절대로 두려움에서 자유로울 수 없다. 그럴 경우에는 두려움이 더욱 커져 결국에는 더 큰 두려움에 사로잡힐 뿐이다.

우리 앞에 있는 그 무엇보다 하나님이 더 크게 보일 때만 우리를 마비시키거나 어리석은 결정을 내리게 만드는 두려움을 극복할 수 있다. 현명하고 안정된 삶을 살아가려면 현실을 부정하기보다 만사를 다스리시는 하나님을 두려워하는 마음, 곧 우리에게 동기를 부여하고 자유롭게 하는 거룩한 경외심으로 현실을 직시해야 한다. 우리의 마음이 두려움에 지배되지 않을 수 있는 유일한 길은 하나님을 경외하는 마음에 있음을 명심하라.

목회자를 무력하게 만드는 4가지 두려움

1) 나 자신에 대한 두려움

　목회 사역만큼 우리의 죄와 미성숙함, 약점, 실패를 더 잘 드러내 주는 것은 없다. 목회 사역만큼 우리를 대중의 기대와 관찰의 대상으로 만드는 것도 없고, 우리를 초라하게 보이게 만드는 것도 없다. 또한 목회 s사역만큼 우리의 부족함을 더 깊이 느끼게 만들거나, 자아에 대한 의심을 더 크게 부추기는 것도 없다. 이러한 이유로 사역을 하는 동안 우리 자신에 대한 두려움 때문에 해를 당하고, 그릇된 길로 치우칠 위험성이 매우 높다.

　하나님은 기드온이 포도주 틀에서 밀을 타작하고 있는 것을 보셨다. 기드온이 그렇게 살아가고 있었던 이유는 미디안 족속이 두려웠기 때문이다. 그러나 하나님은 두려움에 사로잡힌 기드온에게 "큰 용사여 여호와께서 너와 함께 계시도다"(삿 6:12)라고 말씀하셨다(이는 성경에서 가장 역설적인 인사말이 아닐 수 없다). 기드온은 "오 나의 주여 여호와께서 우리와 함께 계시면 어찌하여 이 모든 일이 우리에게 일어났나이까"(삿 6:13)라고 여쭈었다. 하나님은 "너는 가서 이 너의 힘으로 이스라엘을 미디안의 손에서 구원하라 내가 너를 보낸 것이 아니냐"(삿 6:14)라고 대답하셨다. 그러자 기드온은 이런 식으로 아뢰었다.

　"지금 번지수를 잘못 찾아오신 것 같습니다. 저는 이스라엘에서 가장 연약한 가문의 출신이고, 아버지의 집에서 가장 작은 자입니다. 저는 그럴 만한 사람이 아닙니다."

하나님은 그런 그에게 함께하겠다고 약속하셨다.

기드온은 자신을 두려워했다. 우리는 그런 기드온을 대하신 하나님의 태도에서 유익한 교훈을 발견할 수 있다. 하나님은 기드온의 자신감을 부추기지 않으셨다. 하나님은 그가 할 수 있다고 생각하는 것보다 더 많은 것을 할 수 있다고 설득하지 않으셨다. 왜냐하면 기드온의 문제가 스스로의 부족함을 두려워하는 것과는 큰 상관이 없었기 때문이다. 그의 문제는 '경외심'에 있었다. 기드온은 전능하신 하나님이 나와 함께 계신다 생각하고, 그분에 대한 경외심을 느꼈어야 마땅했지만 그렇지 못했다. 그는 단지 자기 자신이 이스라엘 백성의 지도자가 되어야 한다는 생각에 두려웠을 뿐이다.

펜실베이니아 주의 스크랜턴에서 목회할 때, 내 약점과 미성숙함이 여실히 드러날 때가 많았다. 그럴 때마다 너무 고통스러웠다. 나는 내가 준비를 잘 갖추었다고 생각했다. 신학교에서 공부를 잘했기 때문에 세상과 대결할 준비가 되었다고 믿었다. 그러나 하나님은 나를 매우 힘들고 어려운 곳으로 인도하셨고, 그곳에서의 사역을 통해 나의 교만과 자기 의를 철저히 무너뜨리셨다. 나의 희망을 오직 그분께만 두게 하시기 위해서였다. 상처와 실망, 부담감과 피로, 분노와 원망하는 마음이 느껴졌다. 하나님이 하필 나를 불친절한 사람들의 틈에 처하게 하셨나는 생각이 들었다. 도망치고 싶은 마음이 굴뚝같았다.

나는 교육학 학위를 소지하고 있었기 때문에 어딘가 먼 곳으로 이주해 기독교 학교를 운영하고 싶었다. 나는 교회위원회 앞에서 내 계획을 말하고 사의를 표명했다. 그들은 떠나지 말라고 만류했지만 내 결심은 확고했다. 다음 주일에 나는 교회 앞에 그 사실을 광고했고, 일시적으로 안도감을 느꼈다. 물론 교인들은 그렇지 못했다. 나는 예배 후 교인들과 많은 대화를 나누었다. 보통 때보다 훨씬 늦게 교회 문을 나서는데 우리 교회에서 가장 연로한 교인이 인사말을 건네 왔다. 그는 내게 다가와서 잠시 대화를 요청하더니 이렇게 말했다.

"목사님, 우리는 목사님이 더 성숙해지고 성장해야 할 필요가 있다는 걸 잘 알고 있습니다. 우리는 목사님이 약점을 지닌 인간이라는 사실을 잘 알고 있습니다. 하지만 미성숙한 목회자가 떠난다면 교회는 어디에서 성숙한 목회자를 구할 수 있겠습니까?"

마치 하나님이 내 신발을 교회 현관에 단단히 못 박으시는 듯한 느낌이 들었다. 나는 그의 말이 옳고, 또 내가 떠나서는 안 된다는 것을 알았다. 그로부터 몇 달 동안 나는 약점을 고스란히 드러낸 채 사역을 한다는 것이 무슨 의미인지 깨달았다. 또 하나님을 경외하는 마음만이 내게 안정감과 용기를 줄 수 있다는 것도 알게 되었다. 나는 지금도 나 자신을 더 이상 두려워하지 않고, 하나님을 경외하며 살아간다는 것이 무슨 의미인지 배우는 중이다.

2) 다른 사람들에 대한 두려움

우리가 섬기는 대다수 사람들은 우리를 사랑하고, 격려하고, 고맙게 생각한다. 그러나 모든 사람이 다 그런 것은 아니다. 우리의 설교나 리더십을 비판하기를 좋아하는 사람들도 있다. 여러모로 도움이 되는 사람들이 있는가 하면, 도움은커녕 방해만 되는 사람들도 있다. 또 희생적인 봉사 활동으로 사역에 도움을 주는 사람들도 있고, 제대로 섬김을 받지 못한다며 불평하는 사람들도 있다. 솔직한 태도로 우리에게 다가오는 사람들도 있고, 등 뒤에서 험담을 일삼는 사람들도 있다. 어떤 사람들은 선뜻 교회 일에 뛰어들어 동참하지만, 어떤 사람들은 교회를 항상 소비자와 같은 태도로 대한다. 어떤 사람들은 관계를 맺기가 쉬운 반면 그렇지 않은 사람들도 있다.

사역은 항상 사람을 상대로 하고, 또 사람을 위하는 것이기 때문에 사람들을 올바른 관점에서 생각하는 태도가 매우 중요하다. 사람들이 두려워서 자신을 솔직하게 드러내는 것을 기피하거나 사역의 일부를 다른 사람들에게 일임하기를 주저해서도 안 된다. 또한 하나님이 우리에게 맡기신 일을 다른 사람들이 제멋대로 잘못 이끌어 나가도록 방치해서도 안 된다. 꼭꼭 문을 걸어 잠근 채 숨어서 사역을 해서도 안 되고, 다른 사람들의 의견을 전혀 고려하지 않아 리더십을 효과적으로 발휘하지 못하는 상황이 발생해서도 안 된다.

우리의 관계와 사역이 잘못될 가능성이 항상 존재한다. 왜냐하면 우리와 함께 사역을 하는 사람들이나 우리가 섬기는 사람들 모두가 여전히 마음속에 남아 있는 죄와 싸우고 있는 중이기 때문이다. 사람들은 우리에게 상처를 입히고, 사역에 피해를 줄 수 있다. 요구해서는 안 될 일을 우리에게 요구할 수 있고, 절대로 그래서는 안 될 태도로 우리를 대할 수 있다. 그런 상황에서 목소리가 크고 영향력 있는 사람들이 우리가 마땅히 인정할 수 있는 것보다 더 큰 영향을 미칠 수 있다. 따라서 자칫 잘못하면 우리와 우리가 사역을 하는 방식에 그들로 하여금 도를 넘어선 영향력을 행사할 수 있는 여지를 만들어 줄 수 있다. 그렇게 되면 그들에게 인정받기 위해 일하려는 유혹을 느낄 수도 있고, 그와는 반대로 그들의 영향력을 약화시키거나 그들의 약점을 들춰내는 잘못을 저지를 수 있다. 어느 쪽이 되었든 그런 일이 발생하면 인간을 두려워하는 마음 때문에 사역이 피해를 입을 수 있다.

인간을 두려워하는 마음 때문에 사역이 피해를 입은 사례가 갈라디아서 2장 11-14절에 확실하게 기록되어 있다. 베드로는 할례당을 두려워했던 탓에 하나님이 위탁하신 이방인을 위한 사역을 포기하고, 타협을 시도하는 잘못을 저질렀다. 바울은 베드로가 복음의 진리를 따라 바르게 행동하지 않았다고 비판했다.

하나님을 두려워하지 않고 인간을 두려워하는 마음에서 비롯하는 행위나 반응에 의해 얼마나 많은 사역이 왜곡되는지 아는가? 복음 사역을 그런 식으로 타협하는 일이 얼마나 자주 일어나는지 아는가? 그런 일이 사람들을 얼마나 많이 실족시키는지 아는가? 우리가 믿는다고 고백하는 것과 일치하지 않는 태도를 취하려는 유혹을 느낄 때가 얼마나 많은지 아는가? 인간에 대한 두려움이 교회 사역에 얼마나 많은 영향을 미치는지 아는가? 우리는 솔직하고 겸손한 태도로 이런 물음들을 진지하게 생각해 봐야 한다.

내가 사람을 두려워하는 마음에서 자유롭다고 말할 수 있었으면 좋겠다. 그러나 나는 그렇지 못하다. 당신은 어떤가? 그동안 나는 나를 비판하는 사람의 콧대를 납작하게 해주겠다는 생각으로 설교를 준비한 적이 적지 않았다. 그런 때에는 누군가에게 내 영광을 드러내고 싶은 마음이 설교 사역에 큰 영향을 미쳤다. 이런 갈등이 앞으로도 내 마음속에서 계속되리라는 것을 나는 누구보다 잘 알고 있다. 하나님이 그동안 내게 항상 큰 은혜를 허락하신 것도 바로 이런 이유 때문이다.

3) 상황에 대한 두려움

우리의 삶과 사역에는 늘 예측 불가능한 상황이 존재하기 마련이다. 우리가 우리 삶의 대본을 써나가는 저자가 아니기 때문이다. 이 세상에는 예기치 못한 일들이 많기 때문에 우리는 항상 하나님의 약속과 우리가 겪는 예기치 못한 일들 사이에서 늘 긴장을 느끼며 살아간다. 약속과 현실이 교차할 때마다 우리는 우리의 생각을 옳게 지키려고 노력해야 한다. 다시 말해, 자제심을 잃고 잘못된 생각에 치우치지 않도록 조심해야 한다.

아브라함은 하나님으로부터 그의 후손이 바다의 모래처럼 많아질 것이라는 약속의 말씀을 들었다. 아브라함은 그 약속에 자신의 목숨을 걸었다. 아마도 그는 자신의 아내 사라가 일찍부터 아이를 많이 낳을 것이라고 기대했을 것이다. 그러나 그런 일은 일어나지 않았다. 그렇게 세월은 흘러 그녀와 아브라함은 노인이 되었다. 약속된 아들을 낳는 축복을 누리기에는 그들은 늙어도 너무 늙고 말았다. 늙은 아브라함은 하나님의 약속과 자신이 처한 현실 사이에서 긴장을 느끼며 살았다.

하나님의 약속과 현실이 교차하는 상황에서는 무엇을 생각하느냐가 참으로 중요하다. 하나님은 그런 상황에서 현실을 부정하라고 요구하지 않으신다. 아브라함은 현실을 부정하지 않았다.

"그가 백 세나 되어 자기 몸이 죽은 것 같고 사라의 태가 죽은 것 같음을 알고도 믿음이 약하여지지 아니하고"(롬 4:19).

아브라함은 사라의 태가 죽은 것 같음을 알았다고 진술한다. 믿음은 현실을 부정하지 않고, 하나님의 관점으로 현실을 바라보게 한다. 위의 구절은 아브라함이 무엇을 생각했는지 잘 보여 준다. 그는 자신의 상황을 이리저리 뒤집으며 곱씹지 않고, 하나님을 생각했다. 그의 상황은 변한 게 없었지만, 그가 하나님을 생각하는 순간 그의 믿음은 더욱더 강해졌다.

사역에 종사하는 사람들은 대개 오래 기다릴수록 믿음이 약해지는 경향이 있다. 상황만 생각하다가 그 안에 매몰되어 버리기 때문이다. 상황에 초점을 맞추면 상황은 갈수록 더 크게 보이고, 우리 자신은 갈수록 더 왜소해지며, 하나님을 바라보는 눈은 자꾸 가물거릴 수밖에 없다. 그러나 하나님을 생각하면, 그분의 임재와 능력과 신실하심과 은혜가 더욱 놀랍게 느껴지기 시작한다. 상황은 더욱 작아지고 아무것도 변한 것이 없는데도 자신감과 확신이 더욱 커진다.

상황이 생각을 지배한 적이 있었는가? 믿음이 갈수록 약해지고 있는가? 아니면 우리가 겪게 될 그 어떤 것보다 무한히 더 위대하신 하나님께 마음의 눈을 집중하고 있는가?

4) 미래에 대한 두려움

우리는 항상 아무것도 알 수 없는 상황에서 살아가며 사역을 한다. 하하나님은 우리가 그분이 모든 것을 공급하시고 인도해 주시리라 믿고, 온전히 복종하기를 바라신다. 우리는 다음 달이나 1년 뒤는 고사하고, 당장 다음 순간에 무슨 일이 일어날지조차 알 수 없다. 모든 것을 알려고 시도하거나 하나님의 은밀하신 뜻을 점치려고 노력한다고 해서 안전한 삶이 보장되는 것은 아니다. 하나님의 뜻이 '은밀한 뜻'이라고 불리는 이유는, 말 그대로 은밀하기 때문이다. 그러나 우리는 이성적인 피조물이기 때문에 확실한 것을 미리 알고 싶어 하는 욕구를 느낀다. 미래에 관심을 집중하면 할수록 미래에 대한 두려움에 더욱 속박되어 현실 속에서 의욕을 잃고 혼란스러워할 수밖에 없다.

아무것도 알지 못한다는 것은 참으로 힘든 상황이 아닐 수 없다. 장로가 교회를 분열시킬 생각을 하고 있는지 아닌지 알 수 있다면 참 좋을 것이다. 교회의 재정이 회복될 것을 알 수 있다면 좋을 것이다. 또한 새로 구상한 연속 설교가 교인들에게 은혜를 끼칠 것인지, 젊은 선교사들이 상황에 잘 적응할 것인지, 예배당 건축 허가를 받을 수 있을 것인지 알 수 있다면 정말 좋을 것이다.

사실 우리가 미래의 일에 어려움을 느끼는 이유는 하나님을 온전히 신뢰하지 못하기 때문이다. 우리가 믿고 의지한다고 고백하는 하나님은 만사를 주관하시는 분이기 때문에 미래의 일을 속속들이 다 알고 계신다. 우리는 다음 순간에 어떤 일이 일어날지 알지 못해도 하나님을 신뢰하고, 그분의 인도하심과 보살피심 안에서 안심해야 한다. 미래에 대한 두려움에서 벗어날 수 있는 유일한 길은 '하나님을 경외하는 것'이다. 하나님을 신뢰하는 믿음이 미지의 것을 두려워하는 마음보다 더 커야만, 평정심을 유지할 수 있다.

목회자들이여, 미래의 문제와 염려를 모두 자신의 어깨로 짊어지려고 하고 있는가? '그런 일이 일어난다면 어떻게 될까?'라는 생각에만 골몰하는가? 미래를 두려움으로 바라보고 있는가, 기대감으로 바라보고 있는가? 미래에 대한 온갖 불안한 마음을 하나님의 임재와 약속을 믿는 믿음으로 극복하고 있는가?

두려움을 극복하는 방법

사역자라면 누구나 날마다 두려움과 맞서 싸우지 않으면 안 된다. 두려움이 우리를 지배할 위험이 늘 도사리고 있다. 그 이유는 우리가 타락한 세상에 살고 있고, 종종 하나님을 망각하는 경향이 있으며, 우리 자신이 우리의 이야기를 써내려가는 저자가 아니기 때문이다. 누구나 두려움에 사로잡혀 곁길로 치우칠 때가 있다. 믿음보다 걱정이 우리의 사역에 더 큰 영향을 미치는 때가 있다. 두려움이 신뢰보다 더 큰 힘을 발휘할 때가 있다. 우리의 약점이나 상황에 짓눌려 꼼짝도 할 수 없을 때가 있다. 두려움 때문에 다른 사람들을 통제하려고 하는 욕구가 강해지는 때가 있다. 두려움 때문에 말해야 할 때 침묵하고, 침묵해야 할 때 말하는 경우도 발생하고, 두려움 때문에 해서는 안 될 일을 하거나 마땅히 해야 할 일을 하지 않는 경우도 생긴다. 따라서 "대체 어떻게 해야 두려움을 극복할 수 있을까?"라고 스스로 묻는 것이 매우 중요하다. 나는 이 질문에 네 가지로 대답하고 싶다.

1) 자신의 두려움을 겸손히 인정하라

두려움의 존재를 부인하는 것으로는 두려움을 극복할 수 없다. 물론 믿음의 사람이 되어 다른 사람들을 믿음으로 이끌라는 사명을 받은 사람이 불신앙의 결과로서 발생하는 두려움을 인정하기란 그리 쉬운 일이 아니다. 그러나 두려움을 인정하고, 두려움을 극복하게 해주실 수 있는 유일하신 분께로 도망쳐야 한다. 하나님의 임재와 영광을 항상 의식하며 살지 못한 잘못을 솔직히 고백하고, 자신의 안위를 위해 살 때가 많았다는 사실을 겸허히 인정하라. 하나님을 두려워하기보다 사람을 더 두려워했던 때가 있었다는 것을 인정하라. 그렇게 고백할 때 하나님이 나를 기꺼이 받아 주시고, 용서와 능력과 구원을 베푸실 것이라고 믿고 안심하라.

2) 두려움 때문에 잘못된 결정을 한 적이 있었다면 기꺼이 인정하고 고백하라

수평적 차원의 두려움에 사로잡혀 수직적 차원의 경외심을 도외시한 결과로 타협적이거나 위선적인 태도를 취했거나 사람을 편애한 적이 있었다면 솔직히 인정하라. 스스로 믿는다고 말하는 복음의 진리를 용기 있게 실천하지 못했다면 그 잘못도 기꺼이 고백하라. 또한 두려움 때문에 침묵이나 힘듦, 불충실함, 우상 숭배와 같은 죄를 저질러 다른 사람들에게 피해를 주었다면 그 사실도 솔직하게 고백하라. 더 나아가 자신이 어떤 두려움에 약한지, 믿음 안에서 성장해야 할 필요가 있는 것이 무엇인지 깨닫게 해달라고 하나님께 기도하라.

3) 자신의 생각에 관심을 기울이라

교회에서 사역을 하다 보면 우리의 생각을 사로잡는 어려운 일이 많이 발생한다. 걱정해야 할 일이 너무나도 많다. 잘못된 관계, 끝나지 않은 대화, 회개하지 않은 죄, 완수하지 못한 사역, 예상치 못한 결론 등 생각해야 할 문제가 하나둘이 아니다. 우리는 일상의 삶과 사역의 현장에서 항상 '이미'와 '아직'의 긴장을 느끼며 살아간다. 따라서 항상 무엇이 우리의 생각을 사로잡고 있는지 주의해야 할 필요가 있다.

운전을 할 때나 잠시 조용한 시간을 가질 때 무슨 생각을 하는가? 어려운 현실을 부인하지 않으면서도 그 현실이 생각을 지배하도록 허용하지 않았던 아브라함처럼 살아가고 있는가? 예측할 수 없는 어려움이 도사리고 있는 가운데서도 하나님을 생각함으로 믿음이 더욱더 강해지고 있는가?

4) 자기 자신에게 복음을 전하라

우리는 우리 자신에게 복음을 열심히 전하려고 노력해야 한다. 왜냐하면 우리가 무엇을 생각하는지 아는 사람이 아무도 없을 때가 많고, 또 그 때문에 누군가가 우리의 일을 사사로이 간섭하는 경우도 거의 없기 때문이다. 우리는 모든 일에 지극히 영광스러우시고, 우리의 삶과 사역에 은혜로 개입하시는 하나님 안에서 희망을 찾으라는 복음을 스스로에게 전해야 한다. 스스로 무엇을 올바르게 하려고 애쓰기보다 '예수 그리스도의 의로우심 안에서 안식을 찾으라'는 복음에 귀를 기울이라. 또한 인간의 성공과 찬사가 아닌, 우리의 공로로는 도무지 얻을 수 없는

'주님의 충만한 은혜에서 삶과 사역의 동기를 발견하라'는 복음에 귀를 기울이라. 예수님의 손길이 미치지 못하는 삶이나 사역의 구덩이는 존재하지 않는다는 사실을 스스로에게 거듭 주지시키라. 우리가 개인적으로 복음 설교를 필요로 한다는 사실을 아는 사람이 아무도 없더라도 항상 믿음을 잃지 말고, 주님 안에서 안식을 찾으려고 노력하라.

   세상에서 느끼는 온갖 두려움이 아니라, 믿음으로 사는 삶이 우리의 사역을 이끌어 나가는 원동력이 될 수 있게 하는 은혜가 모두에게 임하기를 간절히 기도한다.

Chapter 10

"이번엔 또 무슨 설교를 하지? 그냥 대충하지 뭐."

평범한 것에 **안주**하려는 위험

우리의 설교가 너무나도 평범해 부르심을 받은 기준에 미치지 못한다면, 그 원인은 전적으로 우리 자신에게 있다. 그런 일이 발생하는 이유는 우리가 경외심을 잃었기 때문이다. 경외심을 잃으면 하나님의 탁월하심을 전혀 탁월하지 않은 방식으로 전하는 것에 익숙해질 수밖에 없다. 사역이 평범한 원인은 항상 우리의 마음에 있다. 따라서 사역이 평범할 때는 겸손히 주님께 고백하고, 우리를 우리 자신으로부터 구원하는 능력을 지닌 은혜를 의지해야 한다.

한 목회자가 토요집회 후 오찬 모임에 참석하고 나서 교회 직원들과 함께 황급히 밖으로 나갔다. 그때가 오후 2시 30분경이었다. 그가 그렇게 서둘렀던 이유는 바로 다음날 전해야 할 주일설교가 걱정되었기 때문이었다. 그는 몇 가지 일을 처리한 뒤 가족들과 저녁식사를 해야 하고, 그러고 나서는 사무실에 틀어박혀 다음날 전할 설교를 준비해야 한다고 내게 말했다. 그날 오후에 무슨 일이 일어나든, 설교 준비에 몇 시간을 투자했든, 준비가 잘되든 못 되든, 선택한 성경 본문을 얼마나 잘 이해하든 상관없이 그는 다음날 어김없이 말씀을 전해야 했다.

나는 얼마나 많은 목회자가 그런 생활을 하고 있고, 그런 사역 습관을 지니고 있는지 잘 안다. 한 주간의 마지막 순간을 설교 준비로 정신없이 보내는 목회자가 얼마나 많은가? 이 같은 토요일의 시나리오가 수없이 반복되고 있다는 것을 직접 확인했기 때문이다. 슬프기도 하고, 화가 나기도 한다.

사람들이 복음에 대한 열정을 느끼지 못하거나, 기대감을 가지고 주일 아침을 기다리지 않거나, 성경이 일상생활과 아무 상관이 없다고 생각하는 것이 조금도 이상하지 않다. 목회자가 자신의 삶이나 스스로를 괴롭히는 문제를 솔직하게 말해 줄 것이라고 더 이상 기대하지 않고, 예배 시간에 딴 생각에 빠져 무심한 마음으로 예배당에 앉아 있는 사람들이 그토록 많은 것이 너무나도 당연하다.

주일 아침을 그런 식으로 밋밋하게 보내는 관행이 참으로 걱정스럽다. 내가 보기에 이것은 목회자의 일정이나 게으름 때문이 아니다. 이것은 신학적인 문제다. 목회 사역의 질과 수준 및 목회자 자신은 하나님을 바라보는 관점과 밀접하게 관련된다. 우리의 영혼이 매일 하나님의 영광과 은혜를 추구한다면, 하나님의 지혜와 능력을 높이 경외한다면, 하나님의 신실하심과 사랑에 깊이 매료된다면, 하나님의 임재와 약속을 의식한다면 하나님이 우리에게 맡기신 사람들에게 그분의 영광을 보여 주려고 최선의 노력을 기울일 것이다. 목회자의 임무는 하나님의 영광을 다음 세대에게 전하는 것이다. 따라서 목회자가 먼저 하나님의 영광을 깊이 경외하지 못한다면 그런 임무를 수행하는 것은 불가능하다.

이것은 생사가 걸린 문제다. 사실 모든 예배는 영광을 다투기 위한 싸움이라고 할 수 있다. 예배를 드리기 위해 모일 때 우리가 생각해야 할 가장 큰 문제는 바로 이것이다.

"여기 모인 사람들의 마음이 진정으로 영광스러운 하나님의 영광에 사로잡힐 것이냐, 아니면 피조물의 그림자와 같은 영광에 사로잡힐 것이냐?"

나는 목회자로서 우리를 구원하는 하나님의 영광스러운 은혜, 우리를 깨우치는 그분의 지혜, 우리에게 희망을 주는 그분의 사랑, 우리에게 능력을 주는 그분의 임재, 우리에게 안식을 주는 그분의 주권, 그분의 아들이신 성자의 구원이 사람들의 마음을 사로잡을 수 있도록 최선을 다하고 싶다. 그러나 나는 이것이 싸움이라는 것을 잘 알고 있다. 사람들의 마음은 변덕스럽고, 쉽게 산만해지는 속성을 지니고 있다. 그들의 마음은 다른 영광에 쉽게 유혹을 느낀다. 그들은 날마다 하나님의 영광의 빛에 둘러싸여 살아가면서도 그 찬란한 광채를 의식하지 못한다. 이것이 내가 말씀을 전하는 사람들의 실체다.

내가 말씀을 전하는 청중 가운데는 여러 종류의 사람들이 있다. 간이라도 빼줄 듯 온갖 정성을 기울여 한 남성을 사랑하고 있는 독신 여성도 있고, 페이스북, 트위터, 비디오게임의 재미에 푹 빠져 있는 10대 청소년도 있으며, 과거의 젊음을 되찾았으면 좋겠다고 생각하는 중년 남성도 있고, 자신도 행복한 결혼생활을 꾸려 나갈 수 있을지 궁금해하는 주부도 있으며, 포르노그래피에 심취해 있는 남성도 있고, 예수 그리스도의 복음을 듣는 것보다 새 옷, 새 집, 새 자동차, 승진과 같은 것에 더 많은 관심을 기울이는 사람들도 있다.

또한 예배를 드리러 모인 사람들 가운데에는 삶의 의미와 목적, 내면의 행복을 얻기 위해 추구해 왔던 것들이 실패로 끝나 슬픔과 좌절에 빠져 혼란스러워하는 이들도 포함되어 있다. 그런 영광들은 그들이 생각했던 것보다 훨씬 더 손안에 넣기 어렵고, 훨씬 일시적인 것이었다. 그것들은 그들의 눈앞에서 사라지는 신기루요, 손가락 사이로 빠져나가는 모래알과 같았다. 잠시 영광스러운 경험을 하기도 했지만 쾌감은 일순간에 끝났고, 진정한 만족을 느꼈던 적은 한 번도 없었다. 따라서 그들은 공허한 마음으로 상처와 분노와 혼란을 느끼며 청중 가운데 앉아 있다.

그들은 전쟁을 치르는 와중에 예배를 드리러 모였다(그들은 자신들이 전쟁을 치르는 중이라는 사실을 의식하지 못할 가능성이 높다). 그것은 마음의 충성심과 숭앙심을 차지하기 위한 싸움이다. 그들은 자신들도 의식하지 못하는 사이에 수직적 차원에서 창조주만이 허락하실 수 있는 것을 피조물에게서 계속 구하려고 노력해 왔을 게 분명하다. 그들은 사람들, 상황, 장소, 경험을 통해 자신들이 결코 찾을 수 없는 것(즉, 구원자)을 찾으려고 애써 왔다. 그들은 그런 것들이 자신의 상한 심령을 치유해 주기를 원했고, 자신들을 더 나은 사람으로 만들어 주기를 희망했다. 이처럼 싸움은 격렬하게 진행되고 있고, 우리 앞에는 부상당한 군인들이 앉아 있다. 그들의 마음을 지배하고, 그들의 말과 행동을 결정할 중요한 싸움이 늘 치열하게 전개되고 있다.

설상가상으로 하나님의 영광을 위해 사는 삶에 관심을 기울이지 못하게 하려고 온갖 혼란과 거짓말과 속임수로 우리를 유혹하는 원수가 저 밖에 도사리고 있다. 영광을 다투는 싸움의 한복판에서 하나님이 기뻐 사용하시는 도구가 되어 상처를 입고 기진맥진해 있는 사람들의 방황하는 마음을 본래 상태로 회복시키는 일은 참으로 거룩하고 고귀한 사명이 아닐 수 없다.

한편, 하나님의 영광을 추구하는 일이 절대로 영광스럽지 않다고 생각하는 사람들도 있다. 그들은 기쁨과 축복을 기대했지만, 얻은 것이라고는 고통과 슬픔과 시련뿐이었다. 그들은 하나님이 가까이 계시고, 기도를 들으시고, 보호하신다는 진리를 더 이상 믿을 수 없다고 생각한다. 또한 하나님이 자기 백성을 위해 능력을 행하신다는 진리는 물론, 그분이 신실하시고, 지혜로우시며, 사랑과 은혜가 충만하시고, 친절하고 인내심이 많으시다는 사실을 믿으려고 하지 않는다. 그들은 자신들이 버림 받았다고 느끼고, 징벌을 당했다고 생각한다. 그리고 지금까지 진리인 줄 알고 배웠던 것들이 사실상 진리가 아니라고 결론짓고 싶은 유혹을 느낀다.

또한 그들은 다른 사람들은 겪지 않는 고통을 왜 혼자서만 짊어져야 하는지, 기도를 하는데도 왜 아무 변화도 없는지 궁금해한다. 그리고 더 이상 성경을 읽지 않는다. 왜냐하면 별로 소용이 없어 보이기 때문이다. 주일 아침에 불렀던 찬송가의 내용이 자신이 살고 있는 현실과는 전혀 다른 현실을 묘사하고 있는 것처럼 보인다. 소그룹 모임에서도 같은 문제로 거듭 사람들에게 기도를 부탁하기를 꺼려한다. 왜냐하면 인생의 실패자와 같은 심정을 느끼게 하기 때문이다.

그들은 자기 앞에 있는 영광이 자신을 온전히 속였다고 생각하고, 어떻게 해야 할지 몰라 당황스러워한다. 결국 그들은 스스로 의식하지 못하는 사이에 언젠가는 만족을 얻을 것이라는 희망을 품고, 다른 영광에 관심을 기울이기 시작한다.

목회자는 그렇게 낙심한 영혼들을 상대해야 하는 영광의 사자로 부르심을 받았다. 혼란과 절망에 빠진 영혼들을 구하는 것이 목회자의 소명이다. 목회자는 고난과 절망 때문에 하나님의 영광에 대해 냉소적인 태도를 취하는 이들에게 영광의 하나님을 전해야 한다. 또한 하나님의 대변자가 되어 그들에게 돌이키라고 권고해야 한다. 목회자는 그들의 삶에 구원과 치유와 회복을 가져다주기 위한 하나님의 도구로서 혼란에 빠진 사람들에게 복음을 명확하고 권위 있게 전해야 한다. 희망이 없는 사람들에게 영광의 소망을, 스스로 현혹된 사람들에게 자유의 복음을 전해야 한다.

그리고 불충실한 사람들에게 다시 하나님과 화해하라고 호소해야 하며, 그릇된 곳에서 생명을 얻고자 애쓰는 사람들에게 하나님의 영광의 빛을 비춰야 한다. 공허감을 느끼며 우울해하는 사람들에게는 충만한 은혜의 영광을 전해야 하고, 영광의 왕이신 하나님의 대변자가 되어야 한다.

철저한 준비가 필요하다

하나님의 영광을 높이 우러르는 마음이 있으면, 말씀을 어설프게 준비해 대충 전하거나 평범하기 짝이 없는 사역에 안주하는 일이 없을 것이다.

우리가 교회의 삶과 사역에서 얼마나 평범한 수준에 머물러 있는지를 생각하면 깜짝 놀라지 않을 수 없을 것이다. 물론 우리는 사람들이 성장하고 성숙할 수 있는 여지를 허용해야 하고, 그 과정에서 쓸데없이 비난을 일삼지 않도록 주의해야 한다. 그러나 현재 상태에서 훨씬 더 나은 수준으로 많은 일을 할 수 있는데도 기준을 너무 낮게 잡아 거기에 안주하는 것은 바람직하지 못하다. 하나님에 대한 경외심이 우리의 마음을 지배하지 않으면, 하나님의 사역을 허술하게 준비해 대충대충 해나갈 수밖에 없다.

평범하다는 것은 시간, 인력, 자원, 장소와 관련된 문제가 아니다. 그것은 마음의 문제다. 우리가 탁월해지려고 노력하지 않는 이유는 경외심을 잃었기 때문이다. 하나님을 경외하면 확신과 영감이 생기고, 무슨 일이든 그분을 두려워하는 마음으로 최선을 다할 수 있다. 예수 그리스도의 교회를 이끄는 지도자는 반드시 그런 태도를 지녀야 한다. 하나님을 경외하면 우리 자신을 더욱 깊이 성찰할 수 있기 때문에 자아에 매몰되는 위험을 피할 수 있다. 또한 우리를 방어하는 것이 편하게 느껴질 때도 보호 장벽을 허물고 솔직해질 수 있다.

하나님을 경외하면 그분이 지극히 영광스러우시다는 것을 알게 되고, 그런 하나님의 사자로서 탁월한 사역을 펼치는 것이 당연하다는 생각으로 최선을 다할 수 있다. 값비싸고 사치스럽게 꾸며진 예배당을 마련해야 한다는 뜻이 아니다. 사람들이 모일 때나 하나님의 임재와 영광을 강력하고 분명하게 드러내기 위해 최선의 노력을 기울여야 한다는 뜻이다.

우리 자신이 하나님의 은혜를 우러러보고 그 은혜에 만족해야만 사람들에게 은혜를 전하려는 열정을 지닐 수 있다. 하나님의 은혜를 경이로워하는 마음이 없으면 그런 열정이 생겨나지 않는다. 그런 열정이 있으면 질 낮은 사역에 안주하거나, 모든 것을 의무로 알고 행하거나, 기계적으로 일하거나, 겉치레에 만족하는 일이 없게 될 것이다. 그리고 무슨 일을 하든 그분을 경배하는 마음으로 최선을 다할 수 있을 것이다. 하나님의 영광을 지극히 공경하는 마음이 있으면 그 영광을 훼손하고, 축소하고, 욕되게 하는 일은 감히 생각조차 하지 못할 것이다.

사역에 결정적인 영향을 미치는 것은 지식과 경험과 기술이 아니라, '마음의 상태'라는 사실을 여기에서도 또다시 확인할 수 있다. 사역의 '탁월함'은 영광의 주님을 먼저 생각하는 마음으로 삶의 우선 순위를 결정짓는 거룩한 마음에서 비롯한다. 사실 탁월함은 이보다 훨씬 더 깊은 의미를 지닌다. 탁월함은 일종의 관계다. 온전히 탁월한 분은 하나님 한 분뿐이다. 그분은 존재와 행위를 모두 아우르는 탁월함의 정수요, 실재시다. 우리가 탁월함과는 아무 상관없을 때 지극히 탁월하신 하나님이 은혜로 우리에게 찾아오셨다. 그리고 신성한 성품에 참여하게 하시겠다는 은혜로운 약속을 허락하셨다.

하나님은 우리에게 우리가 구했던 것보다 더 웅장하고 영광스러운 목적과 의미를 허락하셨고, 우리가 전에 한 번도 구하지 않았던 것을 바라고 생각할 수 있게 해주셨다. 하나님은 우리의 눈을 열어 그분의 영광을 보게 하신다. 하나님은 왕국의 문을 열어 놓고 계신다. 하나님의 눈에 탁월한 존재가 되고 그분이 보시기에 탁월한 행동을 하려면, 그분과 관계를 맺고 용서와 변화를 가져다주는 그 은혜를 의지해야 한다. 하나님은 우리를 부르시고, 능력을 주시어 자신의 탁월하심과 은혜의 탁월함을 드러내게 하신다. '인간의 교만'이라는 그릇된 탁월함, 우리 자신과 주변 세상만 인정하면 그만이라는 생각과 수준에서 벗어나려면 하나님의 탁월하심을 의식해야 한다.

목회자는 그런 탁월함을 전하는 사자다. 따라서 은혜를 의지하는 마음으로 매사에 탁월한 것을 추구하려면, 하나님의 탁월하심을 높이 우러러 봐야 한다. 탁월한 은혜가 나를 나로부터 구원하는 것이 다른 사람들의 눈에 드러나면, 그들도 똑같이 자신으로부터 자유로워질 수 있다. 따라서 우리는 사역을 통해 할 수 있는 일이라면 무엇이든 그 일을 통해 탁월한 은혜를 밝히 드러내려고 노력해야 한다.

하나님의 은혜를 널리 드러내기 위해 부르심을 받았다는 사실을 명예롭게 생각하고, 우리가 이끄는 사역에 높은 기준을 적용해야 한다. 어린이 사역, 청소년 사역, 남성을 위한 사역, 여성을 위한 사역, 소그룹 사역, 전도 사역, 리더십 훈련, 단기 선교 사역 등 교회의 모든 사역을 탁월한 수준으로 끌어올려야 한다. 그리고 우리를 어둠에서 불러 기이한 빛 가운데로 들어가게 하신 하나님의 탁월하심을 충실하게 보여 주어야 한다.

'이미'와 '아직'이라는 긴장 속에서 살아가는 동안, 우리는 사역이 혼란과 평범함에 머물러 있지 않도록 최선의 노력을 기울여야 한다. 먼저 우리는 우리 자신에게 복음을 전해야 한다. 우리는 우리로부터 벗어나는 과정이 여전히 진행 중이라는 사실을 의식하고, 낮은 수준에 머물러 있으라는 쇠의 유혹을 극복해야 한다. 또한 편리하고 안락한 것을 귀하게 여기는 태도를 경계해야 한다. 아울러 이 싸움을 싸우게 하기 위해 우리에게 지금 풍성한 은혜가 주어졌다는 사실을 늘 기억해야 한다.

우리는 최선을 다해 연합과 상호이해와 사랑에 근거한 관계를 유지해야 한다. 모두 알다시피, 우리는 죄인이다. 우리는 서로에게 죄를 지을 수 있고, 상처를 입거나 실망에 빠질 수도 있다. 잘못된 편견과 오해의 희생자가 될 수도 있고, 이기적인 마음으로 다른 사람들을 통제하려고 들거나 자기 의를 내세우고 고압적인 태도를 취할 수도 있다.

우리는 그리스도 안에서 이미 우리에게 주어진 것을 서로에게 베풀려고 노력해야 한다. 항상 겸손한 태도로 다른 사람들이 우리에게 쉽게 다가올 수 있게 하고, 우리를 용기 있고 솔직하게 드러낼 수 있어야 한다. 더불어 우리는 연합과 사랑에 근거한 공동체 안에서 우리 같은 죄인들이 다른 죄인들을 섬기며 살아갈 수 있게 해주는 은혜를 높이 찬양해야 한다.

우리는 사역을 잘할 수 있도록 늘 적절한 준비를 갖추어야 한다. 그렇지 않으면 하나님의 사자인 우리에게 주어진 사역을 탁월하게 이끌 수 없다. 우리의 정체성을 망각한다면 교만함에 사로잡혀 하나님의 위대하심보다 우리 자신이 얼마나 뛰어난 사람인지를 보여 주는 것에 골몰할 수밖에 없다.

복음 공동체를 사랑하는 마음이 없으면 좌절과 실의에 빠져 사역을 할 수밖에 없고, 말로만 하나님의 영광을 외치는 현상이 발생하게 된다. 준비하는 훈련을 게을리하면 질 낮은 리더십을 발휘할 수밖에 없고, 그렇지 않아도 영혼의 눈이 어두운 사람들을 더욱 혼란에 빠뜨리는 결과를 낳게 된다.

효과적인 설교를 하려면

예수 그리스도의 교회 내에서 의외로 너무나 대충대충 이루어지는 사역이 하나 있다. 바로 '설교 사역'이다. 나는 여기에서 특별히 이 문제를 다루고 싶다.

나는 1년에 40회 정도 세계 이곳저곳에 있는 교회를 방문한다. 토요일에 집에 돌아올 수 없을 때가 많은데, 그런 때는 내가 설교를 하기로 되어 있지 않으면 그 교회에서 예배를 드린다. 지금부터 내가 하는 말이 나를 곤란에 빠뜨릴지도 모르겠다. 그러나 나는 이 말을 꼭 해야겠다. 말하기 슬프고 당혹스럽기 그지없지만, 준비가 충분하지 못한 설교를 너무 많이 듣는다. 아무 열정도 없이 원고에 적힌 대로 읽어 주는 설교는 그 누구도 감동시킬 수 없다. 그런 설교가 '성경적인 설교'라는 이름으로 전달된다. 그런 설교를 찬찬히 살펴보면 전혀 성경적이지도 않을뿐더러, 설교라고 말할 수 없음을 알게 된다. 그런 설교를 듣느라 애써서 정신을 집중하려고 노력하는 사람들도 더러 있지만, 대다수 사람들은 설교에 아무 관심도 기울이지 않는다. 설교자는 그들을 위해, 또 그들과 함께 영적 전쟁을 싸우기 위해 영적 무기를 들고 강단에 올라서야 하지만 그렇지 못한 경우가 허다하다.

설교는 목회자 자신이 좋아하는 주석을 그대로 옮겨 전달하거나, 나른 설교자의 설교를 그대로 베껴 전달하거나, 신학교에서 배운 것을 재구성해 전달하는 것에 그쳐서는 안 된다. 설교란, 성경 본문을 토대로 삶을 변화시키는 복음의 진리를 선하는 것을 의미한다. 다시 말하자면, 성경 본문을 옳게 이해한 뒤 설득력 있게 말씀을 전하여 각자의 삶에 진리를 적용할 수 있게 해야 하는 것이다. 그러려면 설교자 자신이 먼저 전달하려는 진리를 통해 은혜를 받아야 하고, 거기에서 비롯하는 열정과 온유한 마음으로 설교를 해야 한다. 충분한 준비와 묵상, 고백, 예배가 없으면 그런 설교를 하기가 어렵다.

토요일 오후, 처음 대하는 성경 본문을 대충 훑어보는 것만으로는 훌륭한 설교를 준비하기 어렵다. 먼저 훌륭한 설교를 하려면 목회자가 성경 본문을 잘 이해하고, 그 말씀에 개인적으로 은혜를 받아야 한다. 그리고 청중이 이해하고 소화하기 쉬운 형태로 말씀을 전해 그들의 삶이 계속해서 잘 변화되어 나가도록 이끌어야 한다. 목회자는 설교의 신성함을 지키기 위해 싸워야 한다. 그렇지 않으면 그 일을 대신해 줄 사람은 아무도 없다. 목회자는 자신의 일정 가운데 설교를 충분히 준비할 수 있는 시간을 반드시 확보해야 한다. 그런 후 자신의 은사와 성숙함에 따라 하나님의 대변자가 될 수 있는 준비를 갖춰야 한다.

목회자가 설교를 훼손하고, 영광스러운 은혜의 하나님을 잘 전할 수 있는 능력을 약화시키는 그릇된 습관에 물들어서는 곤란하다. 바쁜 일정에 쫓겨 스스로의 정신을 산만하게 만들어서도 안 된다. 또한 목회자 스스로나 자신이 섬기는 사람들에게 너무 낮은 기준을 적용해서도 안 된다. 자기변명을 일삼거나 스스로의 편의만을 생각해서도 안 되며, 설교 준비에 최선을 다해야 한다. 다시 한번 말하지만, 목회자는 자신이 탁월하신 하나님과 탁월한 은혜를 전하기 위해 부르심을 받았다는 사실은 한시도 잊어서는 안 된다. 준비를 잘하지 않은 탓에 하나님의 영광의 광채가 흐릿하게 보이게 만들거나, 그분의 놀라운 은혜를 지극히 평범한 것으로 만들어서는 곤란하다.

우리의 설교 사역은 항상 우리의 마음을 있는 그대로 보여 주는 것이 되어야 한다. 이것이 고백과 회개가 필요한 이유다. 해야 할 일이 너무 많다거나 일정이 너무 바쁘다는 것을 핑계로 삼아서는 안 된다. 목회 사역을 하다 보면 항상 예기치 않은 일이 일어나기 마련이다. 그런 것을 탓해서도 안 되고, 가족들의 요구가 많다는 변명을 일삼아서도 안 된다. 우리의 설교가 너무나도 평범해 수준에 미치지 못한다면, 그 원인은 전적으로 우리 자신에게 있다. 그런 일이 발생하는 이유는 우리가 경외심을 잃었기 때문이다. 경외심을 잃으면 하나님의 탁월하심을 탁월하게 전할 수 없다. 사역이 평범한 원인은 항상 우리의 마음에 있다.

효과적인 설교가 이루어지려면 두 가지에 충실해야 한다. 그 두 가지 모두 철저한 준비가 필요하다.

첫째는 '설교의 내용'이다. 설교는 복음의 진리를 성경 말씀에 계시된 대로 정확하게 이해해 주석한 내용으로 구성되어야 한다. 성경 본문에 담겨 있는 복음의 내용과 그 요지를 정확하게 이해해야만 설교의 내용이 충실해질 수 있다. 본문의 진리를 우리의 삶이나 사람들의 삶에 실천적으로 적용하지 않으면, 본문을 온전히 이해했다고 할 수 없다. 성경 주석의 과정은 말씀을 이해하는 것에 그치지 말고 말씀을 적용하는 데까지 나아가야 한다. "이 말씀은 이런 의미입니다."가 아니라 "이 말씀의 빛 가운데 살아간다는 것은 바로 이런 의미입니다."라고 가르치는 설교가 필요한 것이나.

나는 성경 본문에서 배운 것을 삶에 적용하는 목회자의 능력은 일회적 사건이 아니라, 지속적인 과정이라는 사실을 경험을 통해 깨달았다. 내가 성경 말씀대로 살면서 그 말씀을 주위에 퍼뜨리고, 영적 갈증을 해소하고 자양분을 주는 생명의 물로 내 영혼을 흠뻑 적셔야 한다. 그런 일은 두어 시간 만에 절대로 이루어질 수 없다. 성령께서 내 안에서 역사하시고, 또 나를 통해 사람들에게 역사하실 수 있도록 말씀을 늘 묵상하며 살아가야 한다.

이런 말을 하면 화낼 사람들도 있겠지만, 나는 말하지 않을 수 없다. 만일 토요일 저녁에 설교 내용을 준비한다면 주일에 말씀을 전할 자격이 없다. 왜냐하면 성경 본문에 담겨 있는 복음의 영광을 온전히 이해했을 가능성도 없고, 그 말씀을 스스로의 마음에 적용할 시간도 충분하지 못했을 것이기 때문이다. 결국 그런 설교는 청중을 감동시켜 진리를 실천에 옮길 수 있게 만들지 못할 것이 분명하다.

토요일 늦은 시각에 성경 본문을 대충 훑어보고 정리한 것을 설교라고 부르는 것은 옳지 않다. 그런 식으로 설교를 준비하면 자신도 모르는 사이에 다른 사람들의 설교를 베낄 가능성이 높고, 예수 그리스도의 복음에 스스로를 비추어 보거나, 말씀이 주는 위로와 격려를 느끼기가 어렵다.

설교 준비에 필요한 시간을 충분히 확보하지 않으면 신학 강좌와 같은 설교, 즉 은혜의 복음과는 거리가 멀고 인격이 결여된 교리를 몇 가지 단편적으로 전하는 데 그치기 쉽다. 그런 설교는 단지 개념을 전달할 뿐, 모든 성경 본문에 계시되어 나타나는 그리스도를 강력하게 전할 수 없다. 또한 그런 설교는 사람들에게 구원의 체계를 설명할 수는 있어도,

구원자이신 주님 안에서 희망과 도우심을 발견하도록 이끌 수 없다. 그런 설교는 교인들에게 신학적인 진리를 이해하는 것으로 자신이 성숙했다는 착각을 불러일으킬 뿐, 그들이 지향해야 할 궁극적인 목적인 예수 그리스도의 십자가 앞으로 그들을 인도할 수 없다.

둘째는 '설교의 전달 방법'이다. 단지 내용만 준비해서는 안 된다. 설교를 전달하는 방법도 아울러 준비해야 한다. 목회자는 자신이 이해한 진리를 사람들에게 전달하는 방법을 찾기 위해 기도하고, 묵상하고, 애써야 한다. 삶을 변화시키는 강력하고 효과적인 복음 설교가 이루어지려면 전달 방법이 중요한데도, 우리는 지금까지 그 점을 매우 소홀하게 생각해 왔다. 존 파이퍼나 팀 켈러를 흉내 내라는 뜻에서 하는 말이 아니다. 내 말은 설교 내용을 준비하면서 우리가 주석한 진리를 설득력 있는 어조로 설명하고 적용함으로써 청중의 관심을 사로잡는 데 최선을 다해야 한다는 뜻이다.

만일 토요일이 될 때까지 설교 준비가 끝나지 않는다면 표현에 적절한 변화를 주거나, 개인적인 일화를 넣거나, 복음을 삶에 적용하게 하는 방법을 생각할 시간이 없다. 설교 내용만 달랑 준비해 놓고, 강단에서 무엇인가 말할 거리가 마련되었다고 안심해서는 안 된다. 그렇게 해서는 준비한 내용을 잘 전할 수 없다. 깨달음을 줄 문구는커녕 청중의 공감을 이끌어낼 준비도 갖추지 않았으며, 교인들의 삶에 말씀을 구체적으로 적용하는 방법이나 본문에 계시된 모든 진리가 그리스도를 가리키고 있다는 것을 보여 줄 방도도 구상하지 않았고, 사람들이 영적 진리를 더욱 갈망하게 할 방도도 구상하지 않았기 때문이다. 내용만 가지고 강단에 올라선다면 그것은 진정한 설교가 아니다.

이 두 가지 설교의 요소가 서로 관계를 맺고 있는 방식은 요리할 때의 방식과 매우 흡사하다. 나는 요리하기를 좋아한다. 우리 집에서 추수감사절이나 성탄절 만찬을 준비하는 일은 모두 내 몫이다. 가족들에게 기억에 남을 만한 훌륭한 만찬을 제공하려면 좋은 재료를 구입하는 데서부터 시작해야 한다. 좋은 재료를 구하는 데 시간을 바치지 않는다면 자신이 꿈꾸는 훌륭한 만찬을 준비할 수 없다.

좋은 재료를 구하는 일은 설교의 내용을 준비하는 일과 비슷하다. 훌륭한 설교를 전하려면 성경 본문에서 귀한 복음의 진리를 찾아내야 한다. 그러나 추수감사절 식탁에 재료만 덩그러니 올려놓았다고 가정해 보자. 재료는 재료일 뿐 음식이 아니다. 재료를 보기에도 좋고, 맛도 있고, 영양가도 높고, 잘 소화될 수 있는 음식으로 만드는 과정이 필요하다. 버터 한 덩어리, 밀가루 한 줌, 옥수수 가루 한 스푼은 그 자체만으로 식욕을 느끼게 하지도 못하고, 또 잘 소화시키기도 어렵다. 그러나 그 재료로 옥수수 빵을 만들면 먹음직한 음식이 완성된다. 이처럼 좋은 재료를 가지고 먹음직스러운 음식을 만드는 일은 설교의 전달 방법과 비슷하다.

안타깝게도, 식탁에 재료만 잔뜩 올려놓는 것과 같은 설교에 만족하는 목회자들이 많다. 내가 음식을 제공하는 사람들이 모두 주방장이라면, 그들은 내가 식탁에 올려놓은 재료를 가지고 음식으로 만들 테지만 그들은 주방장이 아니다. 우리가 말씀을 전하는 대상이 모두 설교자요 목회자라면, 복음의 재료를 식탁에 올려놓기만 하면 그들이 알아서 음식으로 만들 테지만, 그들은 설교자나 목회자가 아니다. 물론 말씀을 통해 사람들을 변화시키고, 사로잡고, 죄를 깨우치시는 성령의 사역을 폄하하려는 의도는 추호도 없으니 오해하지 말기를 바란다.

우리는 설교를 하는 동안 매순간 성령을 의지해야 한다. 우리가 성령의 사역을 대신할 수는 없다. 그러나 성령께서는 우리를 자신의 도구로 삼으셨다. 우리의 임무는 그분의 예리한 도구가 되어 사람들을 구원하는 일에 기여하는 것이다.

그렇다면 이런 말을 하는 나 자신은 어떨까? 내 경우에는 성경 본문에서 발견한 진리를 일주일의 시간만으로는 충분히 소화해 전달하기가 어렵다. 설교 내용을 준비하고 그 전달 방법을 생각하려면 일주일의 시간은 턱없이 부족하다. 나의 설교 준비는 설교 요청을 받은 곳에 가서 말씀을 전하기 전부터 시작된다. 나는 대략 3-4주 전에 설교 내용을 준비한다. 진리를 내 마음속에서 숙성시켜 좀 더 깊고, 구체적으로 이해하는 시간이 필요하기 때문이다. 설교를 전해야 할 주간이 다가오면 약 15-20회 정도 나 자신을 상대로 소리를 내어 설교를 전한다. 그렇게 하면 본문에 대한 이해가 더욱 깊어지고, 설교를 창의적으로 전달할 수 있는 방법이 구체화된다.

물론 이런 설교 준비 방법이 모두에게 적합하냐고 주장하려는 의도는 없다. 나는 단지 하나님의 영광과 은혜를 경이롭게 생각하지 못하는 마음을 가진 목회자가 주석을 참조하여 어설프게 준비한 설교에 만족해서는 안 된다고 말하고 싶을 따름이다. 우리의 설교를 통해 하나님의 임재가 이루어지고, 그분의 은혜가 한없이 부족한 우리를 감싸준다면 우리는 지금보다 훨씬 더 잘할 수 있다.

목회자들이여, 하나님에 대한 경외심을 잃고 우리에게 요구되는 수준보다 턱없이 낮은 수준에 머물러 있지는 않는가? 지극히 평범한 사역 수준에 안주하여 우리가 마땅히 높여 찬양해야 할 하나님의 영광을 욕되게 하고 있지는 않는가?

만일 그렇다면 부끄러워하거나 죄책감에 숨을 곳을 찾지 말고, 곧장 구원자이신 주님께로 달려가라. 그분의 영광스러운 은혜에 자신을 의탁하고, 오직 그분만이 주실 수 있는 능력과 용서를 구하라. 그리고 그분의 은혜에 의지해 탁월해지기 위한 훈련에 돌입하라. 그런 일은 주님이 우리를 우리로부터 구원하시고, 경외하는 마음을 새롭게 회복시켜 주실 때에만 가능하다는 것을 잊지 말라.

Chapter 11

"거울아, 거울아! 누가 제일 영적으로 성숙하니?"

'이미'와 '아직'의 과정

우리는 의로움을 인정받거나 확인받고 싶어 하고, 자신이 올바르고 성숙한 사람으로 비쳐지기를 바란다. 또한 사람들이 자신을 우러러보고 존중해 주기를 원한다. 그러한 이유로 우리는 우리 자신이 마치 그리스도처럼 온전히 성숙한 상태에 도달한 것처럼 보이게 하는 일을 하고 싶어 한다. 한마디로, 모든 사역자는 뒤틀린 거울을 통해 형성된 자아상을 받아들이려는 성향을 지니고 있는 것이다. 말씀의 거울보다 우리 자신을 더 정확하고 명확하게 비춰 주는 거울은 어디에도 없음을 잊어서는 안 된다.

교만한 사람들은 대부분 자신이 실제로 얼마나 교만한지 모를 것이다. 나 역시 그랬다. 지금 생각해도 참으로 어이없고 황당하다. 나는 내가 은혜를 졸업한 단계에 올라섰다고 생각했고, 사역을 하면서 나 자신이 부족하다고 느낀 적이 없었다. 나는 신학교에서 공부를 아주 잘했고, 몹시 힘든 지역에 교회를 개척했으며, 급속한 성장 가도를 달리는 기독교 학교를 설립했다(교회와 학교 모두 다른 사람들과 함께 설립했지만 나는 그렇게 생각하지 않았다). 또한 늘 여러 곳에서 강연 요청을 받았다. 지금은 상상조차 하기 어렵지만, 당시만 해도 나는 내가 영적으로 완성 단계에 올라섰다고 생각했다. 너무나도 왜곡된 자긍심에 빠져 있었던 것이다. 사역을 할 때도 다른 사람들은 나와 본질적으로 다르다 생각하고, 자화자찬에 겨운 값싼 동정심을 남발했다. 물론 사람들을 우습게 여기거나 내가 이룬 업적을 공공연히 자랑한 적은 없었다. 그러나 내 사역의 배후에는 항상 '다 이루었다'는 생각이 도사리고 있었다.

　인내심이 턱없이 부족했던 나는 매우 초조함을 느낄 때가 많았다. 사역을 다른 사람들에게 일임하는 걸 어려워했고, 필요 이상의 통제력을 발휘하려고 애썼으며, 내 의견을 앞세운 적이 참으로 많았다. 나는 하나님이 내게 맡겨 주신 사역을 마치 내 사역처럼 여겼다. 나는 사람들이 내 모든 제안을 선뜻 받아들여 주기를 원했고, 내가 다루는 주제나 성경 본문에 관해 최종적인 권위를 지닌 것처럼 거만하게 강의하듯이 설교했다. 나는 내 설교보다 더 완벽한 설교는 없을 것이라는 마음으로 말씀을 전했다. 교만의 극치를 보여 준 셈이었다. 내 설교와 가르침은 복음보다는 율법에 더 가까웠다.

　나는 목회자로서 자신을 잘못 평가하는 위험을 자초했다. 내 영적 성숙함을 왜곡된 시각으로 잘못 파악했다. 사역자들의 경우에는 그렇게 생각하는 것이 매우 편안하게 느껴지기 때문에 그런 유혹에 넘어가기가 쉽다. 일단 스스로를 잘못 평가하기 시작하면 온갖 유혹이 뒤따르기 마련이다. 나는 나 자신을 '하나님의 말씀'이라는 올바른 거울에 비추지 않고 다른 곳을 바라보았다.

　우리의 영적 상태를 지성과 지식에 근거해 판단하는 것은 매우 위험하다. 하나님이 그 뜻대로 사람들에게 은사를 허락하신다는 사실을 까맣게 잊고, 나는 목회 기술로 내가 영적으로 얼마나 성숙했는지 가늠하리고 했다. 또한 내 사역 경험과 세월을 기준으로 내가 영적으로 산전수전을 다 겪은 성숙한 존재라고 판단했다.

나는 성경의 거울에 겸손히 나를 비춰 나의 참 모습을 정직하게 평가하기보다 뒤틀린 거울로 나를 바라보았다. 이 거울의 문제점은 우리를 왜곡된 형상으로 보이게 한다는 데 있다. 예를 들면, 오목 거울에 우리를 비춰 보면 목의 길이는 40센티미터가 넘고, 가슴은 15센티미터 정도로 보인다. 그것은 엄연히 우리의 실제 모습이 아니다.

모든 사역자는 '다 이루었다'는 생각으로 자신을 평가할 위험에 직면해 있다. 더 이상 우리 자신이 연약하고 부족하다고 생각하지 않을 위험성이 늘 존재한다. 사역을 하는 사람들과 우리 자신이 다른 범주에 속한다고 생각하기가 아주 쉽다. 이런 위험성은 날마다 우리를 위협한다. 뒤틀린 거울이 사방 천지에서 우리의 모습을 왜곡되게 비추고 있기 때문이다. 이미 완성 단계에 도달했다고 생각하고, 스스로의 약점과 실패와 죄를 애통하게 여기는 것을 중단하는 순간 우리는 사생활이나 공생활의 영역에서 그릇된 선택을 일삼기 시작한다. 사실 개인의 영적 약점을 고백하는 것은 그렇게 심각한 위험을 초래하지 않는다. 하나님은 굽고 부러진 도구들을 사용해 자신의 교회를 세우기로 결정하셨다. 우리를 어려움 속으로 몰아넣고 복음 중심의 사역을 제대로 하지 못하게 만드는 것은 바로 우리 자신이 강하다는 왜곡된 생각이다.

오직 예수 그리스도의 은혜만이 이룰 수 있는 것을 율법이 행할 수 있다고 말하는 설교를 들을 때면, 나는 그 설교자가 걱정스럽게 느껴진다. 또한 자기 자신을 어떻게 생각하고 있는지 궁금해진다. 그가 자신의 약점과 죄를 조금이라도 의식하고 있다면, 청중은 물론 자기 자신조차도 그 설교에서 위로나 희망을 발견하기 어려울 것이기 때문이다. 바리새인들이 그랬다. 그들은 스스로를 의롭고 완벽한 율법가로 생각했기 때문에 다른 사람들에게 감당하기 어려운 율법의 짐을 지우는 것을 조금도 어렵게 생각하지 않았다. 그들이 율법을 오용한 이유는 그릇된 신학과 추악한 인간의 교만 때문이었다. 그들이 율법을 지키는 것이 가능하다고 생각했던 이유는 자신이 율법을 잘 지키고 있다고 생각했기 때문이다. 그들은 당시의 종교 지도자들이었지만 거만하고, 무감각하고, 몰인정하고, 비판적이었다. 그들은 당시에 하나님이 행하시는 사역에 동참하지 않았다. 오히려 그들은 그분의 사역을 방해했다.

나는 그런 교만의 위험성이 오늘날의 강단에도 여전히 존재한다고 생각한다. 신학교 강의실이나 교회 직원들 가운데서도 그런 교만이 발견된다. 이것은 교회 안에서 관계의 갈등이 불거지는 원인 가운데 하나이기도 하다. 우리가 겸손하고 온유한 복음의 대변자라기보다 신학의 수호자라고 불리는 편이 종종 더 잘 어울리는 이유도 여기에 있다. 목회자가 다가가기 어렵게 보이는 이유는 그가 교만해서다. 또한 누군가가 내 의견에 동의하지 않거나 잘못된 점을 지적했을 때 화내거나 방어적인 태도를 취하는 이유도 다 교만한 자아의식 때문이다.

자신감과 자기 확신이 지나치게 강한 우리는, 우리 자신에게 아무 문제가 없다고 너무 성급하게 속단하는 경향이 있다. 그리고 우리 자신을 너무 쉽게 영웅으로 만들고, 하나님의 주권적인 은혜를 통해 이루어진 것을 우리 자신의 공로인 것처럼 자랑할 때가 많다. 또한 일반 신자들이 필요로 하는 도움이 우리에게는 필요하지 않다고 생각한다. 우리는 말하기는 속히 하고, 듣기는 더디 한다. 전혀 개인적이지 않은 말은 개인적인 모욕으로 받아들이고, 스스로를 부족하다고 생각하지 않으며, 그리스도와 조용히 교제를 나누는 시간을 우리의 일정에 포함시키지 않는다. 우리는 우리가 실제로 할 수 있는 것보다 더 많은 일을 자신 있게 우리에게 할당하기도 하고, 영적으로 건강한 삶을 살기보다 고립되어 사는 편을 더 좋아한다. 목회자들이여, 우리가 우리의 정체성을 잊어버리고 규정해서는 안 되는 것들로 우리를 규정짓고 있음을 보여 주는 증거들이 도처에 너무나도 많다.

다시 말하지만, 목회자나 사역 지도자 모두 성화를 이루어 가는 과정에 있다. 죄와 거기에 수반되는 위험에서 온전히 자유로운 사람은 아무도 없다. 우리는 도덕적인 약점을 지니고 있고, 불행한 일을 저지르거나 길을 잃고 헤맬 가능성도 갖고 있다. 경건하지 못한 태도와 어두운 욕망에 이끌릴 수도 있다. 또한 교만, 탐욕, 정욕, 분노, 원망으로부터 자유롭지 못하다. 항상 하나님의 사자로서 겸손히 사역을 하는 사람은 아무도 없다.

우리는 왕이신 하나님을 대변하는 사자로서가 아니라, 스스로 왕이 된 것처럼 생각하고 사역을 할 때가 적지 않다. 다른 것보다 하나님을 더 사랑하거나, 이웃을 내 몸처럼 사랑하거나, 항상 친절하고 동정심 넘치는 태도를 취하는 것은 아니다. 또한 늘 인내와 용서를 베푸는 것도 아니고, 때로는 하나님 나라를 사랑하기보다 우리의 작은 왕국을 더 사랑하기도 한다. 구원보다 안락함과 쾌락을 더 좋아하거나 교만에 치우쳐 불친절하고 냉정하게 행동할 때도 많다. 사역이 나를 중심으로 돌아가기를 바라는 때도 있고, 목회자로서 돌봐야 할 사람들이 귀찮게 생각될 때도 있다. 물론 우리는 우리가 생각하는 것을 모두 다 자랑스럽게 여기는 것도 아니고, 교인들이 우리가 하는 말을 모두 귀담아 듣기를 원하지도 않는다. 다시 말해, 우리는 공적으로 드러내지 못할 일들을 사적으로 은밀히 행할 때가 적지 않다.

이 모든 말은 내게도 똑같이 적용된다. 이런 사실은 은혜의 메시지를 전하는 사람도 은혜를 절실히 필요로 한다는 것을 보여 준다. 우리는 아직 완성되지 않았다. 우리에게도 매순간 은혜가 필요하다. 우리는 위험에서 안전하지도, 아직 유혹에서 자유롭지도 않다. 우리의 마음을 빼앗기 위한 싸움이 아직도 격렬하게 진행 중이다. 여전히 넘어지고 실패하는 우리는 완성 단계에 오르지 않았다. 그러나 우리의 영적 상태를 잘못 평가하는 탓에 우리는 모든 것을 다 이룬 사람처럼 생각하는 유혹을 느끼기 쉽다.

뒤틀린 4가지 거울

우리 모두는 자기만족을 추구하고, 자신을 의롭게 여기는 경향이 있기 때문에 자아의 참 모습을 부풀려 생각하기 쉽다. 바울의 표현을 빌려 말하면, 우리는 우리 자신에 대해 "마땅히 생각할 그 이상의 생각을" 품는 경향이 있다(롬 12:3). 우리는 의로움을 인정받거나 확인받고 싶어 하고, 자신이 올바르고 성숙한 사람으로 비쳐지기를 바란다. 또한 사람들이 자신을 우러러보고 존중해 주기를 원한다. 그러한 이유로 우리는 우리 자신이 마치 그리스도처럼 온전히 성숙한 상태에 도달한 것처럼 보이게 하는 일을 하고 싶어 한다. 한마디로, 모든 사역자는 뒤틀린 거울을 통해 형성된 자아상을 받아들이려는 성향을 지니고 있는 것이다. 말씀의 거울보다 우리 자신을 더 정확하고 명확하게 비춰 주는 거울은 어디에도 없음을 잊어서는 안 된다.

1) '사역적 지식'의 거울

신학과 성경에 능통한 것은 매우 중요하다. 하나님은 자신과 자신의 계획을 가장 잘 계시하는 방편으로 책을 선택하셨다. 성경은 모든 방법을 동원해 반드시 이해해야 할 책으로, 우리는 성경의 진리를 가능한 한 철저하게 이해해야 한다. 진리가 서로 어떻게 얽혀 있는지, 어떤 관계를 맺고 있는지 파악해야 하며, 구원 계획의 흐름을 이해해야 한다. 성경 지식은 그 무엇으로도 대체할 수 없는 중요성을 지닌다. 그러나 성경 지식을 참 신앙이나 영적 성숙으로 착각해서는 안 된다. 지식은 믿음의 한 측면일 뿐, 믿음 자체를 규정짓지 못한다. 믿음은 머리로 생각하는 것보다 훨씬 더 깊은 것으로, 삶의 방식을 철저하게 변화시키는 마음의 활동이다. 영적 성숙은 지식의 성숙을 넘어선다. 설령 하나님의 주권에 대해서 속속들이 잘 안다 해도 두려워하는 삶을 살 가능성이 얼마든지 있다. 왜냐하면 성숙하지 못한 믿음 때문에 우리 스스로가 지닌 통제력에서 삶의 안전을 찾으려고 하기 때문이다. 신학 지식은 많지만 영적으로 성숙하지 못한 목회자가 많다는 말은 절대 모순이 아니다. 성경과 신학에 능통한 것은 우리의 영적 성숙을 판단할 수 있는 안전한 거울이 될 수 없음을 명심하라.

2) '사역 경험'의 거울

사역을 오래할수록 온갖 우여곡절을 거치면서 사역의 경험이 더 많이 누적되기 마련이다. 그와 동시에 완성 단계에 이르렀다는 느낌이 강해진다. 사역의 초년병에서 벗어나 교회 사역의 역학 관계도 잘 파악하고 있고, 다음에 무슨 일이 일어나도 그렇게 크게 놀라지 않게 된다. 사역이 전쟁과도 같다거나 기대하는 만큼 실망도 크다는 것도 익히 알고 있다. 우리를 비난하는 사람들이 있으면 칭찬하는 사람들도 있을 테니 걱정 없고, 사역 활동과 가정생활의 균형을 유지하느라 다소 어려움을 겪더라도 상관없다. 교회 사역에 사계절이 있다는 것도 잘 알고 있다. 경험 있는 목회자라면 사역의 좋은 시절과 나쁜 시절을 모두 겪었을 것이라는 의미다. 이런 모든 경험은 우리가 성숙했다는 느낌을 갖게 만든다. 그러나 이 또한 위험하고 왜곡된 거울이기는 마찬가지다.

경험을 통해 얻는 지혜와 영적 성숙은 서로 큰 차이가 있다. 우리가 다음에 일어날 일을 알 수 있는 이유는 똑같은 일을 여러 번 경험했기 때문이다. 그러나 다음에 일어날 일을 잘 해결하지 못한다면, 그것은 영적으로 성숙하지 못했기 때문이다. 경험만 쌓이는 것으로 성숙해진다면 세상에는 이미 성숙한 사람들 천지일 것이고, 예수님이 굳이 세상에 오실 필요도 없었을 것이다. 경험은 우리에게 많은 것을 가르치지만, 우리를 거룩하게 만들지는 못한다. 아직 성숙하지 못했는데 경험이 많다고 스스로를 성숙하게 생각한다면, 변화를 추구하지 않을 것이 분명하다. 왜냐하면 더 이상 변화가 필요하지 않다는 생각에 사로잡혀 있을 가능성이 높기 때문이다.

3) '사역 성공'의 거울

우리는 사역의 성공에서 자기 정체성을 찾고 싶은 유혹을 종종 느낀다. 그러나 사역의 성공은 지도자의 통찰력, 전략적인 계획, 상황 판단 능력, 사역 팀을 구성하는 기술, 교인들에게 사역의 비전을 제시하는 전달력을 훨씬 뛰어넘는 무엇인가를 필요로 한다. 하나님의 강력한 은혜를 원동력으로 삼지 않고 성령의 축복에 의지하지 않은 채로 사역에 임한다면, 아무리 많은 노력을 기울인다고 해도 소용없을 것이다. 교회를 세우시는 분은 오직 그리스도뿐이시다. 이 사실은 우리를 겸손하게 만든다. 우리 스스로는 단 한 사람도 변화시킬 능력이 없다는 사실을 인정하게 만들기 때문이다. 우리에게는 하나님 나라를 발전시킬 능력이 없다. 따라서 사역의 성공은 항상 우리 자신보다는 주님에 관해 더 많은 것을 말해 준다. 사역의 성공은 우리의 성숙함을 측정하는 올바른 기준이 될 수 없다. 사실 하나님은 자신의 교회를 사랑하시는 열정이 크시고, 자신의 영광을 드러내려는 의지가 강하시기 때문에 우리가 부족하더라도 우리의 사역을 축복해 주실 것이다.

4) '대중적 인기'의 거울

'유명한 사역자'라는 호칭 뒤에는 항상 큰 위험이 도사리고 있다. 집회나 DVD 같은 것은 사역자가 스스로를 정확하게 볼 수 있는 안목을 틔워 줄 수 없다. 사람들이 보는 것은 공인으로서의 모습, 사역자의 책, 인터넷 블로그와 음성뿐이다. 선의에서 건네는 축하의 말은 사역자의 참 모습을 정확하게 묘사하고 있지는 않기 때문에 영적으로 아무 유익도 줄 수 없다. 사람들은 사적인 환경에서 사역자를 보지도 못했고, 그와 가장 가까운 사람들과 대화를 나눠 본 적도 없기에 그의 마음 상태를 알 수 없다. 따라서 사역자는 스스로의 판단에만 지나치게 의존할 가능성이 높다. 사람들이 자신을 특별한 사람인 것처럼 대하기 때문에 자신의 참 모습을 망각하고 이미 완성 단계에 올라섰다고 생각하기 쉽다. 대중의 찬사는 영적 교만이 싹트는 온상이 될 소지가 높다. 우리를 고맙게 생각하지만 우리에 관해 잘 알지 못하는 사람들의 태도만으로는 목회자의 영적 성숙을 판단해서는 안 된다.

목회자들이여, 우리가 신뢰할 수 있는 유일한 거울인 '말씀의 거울'에 날마다 겸손히 자신을 비춰 보고 있는가? 아니면 우리 자신을 왜곡시켜 보여 주는 뒤틀린 거울을 들여다보는 습관에 빠져 있는가?

착각이 가져오는 위험한 결과

당시에는 미처 깨닫지 못했다. 나는 석탄 산업이 발달한 시골 마을에서 사역을 하면서 초창기부터 '유명한 사역자'로 이름을 알리게 된 것이 자랑스러웠다. 내가 세운 작은 교회와 기독교 학교는 급속도로 성장했고, 나는 매우 만족스러웠다. 우리는 그때까지 사역이 변변치 않게 이루어졌던 지역에서 많은 결실을 거두었다. 사람들은 모두 흥분과 설렘을 느꼈다. 어디를 둘러봐도 고마워하는 사람들만 있는 것 같았다. 사실 그들은 종종 감사의 말을 건네 왔다. 나는 그것이 거의 모두 내 공로인 것처럼 생각했다.

어떤 사람이 나와 잠시 대화를 나눌 수 있느냐고 묻기 전까지는 내가 얼마나 교만했는지 전혀 의식하지 못했다. 나는 그가 나의 훌륭한 설교에 양심의 가책을 느끼고, 조언을 구하려는 줄로 생각했다. 우리는 함께 만나 저녁을 먹었지만, 결국에는 우리 모두 음식을 다 먹지 못하고 말았다. 그가 자신의 문제를 말하려는 것이 아니라, 나에 관한 말을 하고 싶어 한다는 사실이 곧 드러났기 때문이다. 그는 두 시간 동안 내가 교만한 증거를 하나씩 지적하며 이렇게 말했다.

"목사님, 목사님은 '내 말이 가장 확실하고 정확하다'라고 생각하는 경향이 있는 것 같아요."

나는 너무 당황했다. 그가 부정확하고 불친절하다고 생각했다. 그러나 그의 말을 무시하기가 어려웠기 때문에 테드에게 전화를 걸어 어떻게 해야 할지 물어보았다. 테드는 내게 가장 적절하면서도 가장 실천하기 힘든 조언을 했다.

"그의 말에 한번 진지하게 귀를 기울여 보는 게 어때?"

그 후 몇 주 동안, 나는 가만히 멈추어 주위를 돌아보며 들으려고 노력했다. 마침내 나는 오직 은혜만이 이룰 수 있었던 것을 처음에는 은근히 자신의 공로로 치부하더니, 나중에는 아예 노골적으로 그렇게 생각하는 한 교만한 인간을 발견할 수 있었다. 이미 모든 것을 다 이룬 것처럼 행동하기 시작했던 젊은 목회자의 모습이 내 눈앞에 선연히 드러났다. 나는 내 사역을 잘못된 관점에서 평가하는 태도에서 자유롭다고 생각했지만, 사실은 그렇지 않았다. 감사하는 사람이 건네는 칭찬의 말이 나를 치켜세우는 의미로 느껴졌던 때가 많았고, 다른 사람이 나를 의문시하거나 내 잘못을 지적할 때면 방어적인 태도를 취할 때가 많았다. 그리스도를 의식해야 마땅했지만, 나 자신을 의식할 때가 거의 대부분이었다.

그런 일은 지금도 여전히 계속되고 있다. 내 안에 스스로를 의롭게 생각하는 마음이 아직 남아 있기 때문이다. 다른 사람들의 칭찬을 나에 대한 찬사로 알아듣는 마음이 아직도 다 사라지지 않았다. 따라서 나는 여전히 도움을 필요로 하고, 나 자신으로부터 구원받기를 갈망한다. 내 유일한 희망은 변화의 능력을 지닌 예수 그리스도의 은혜뿐이다.

스스로 완성 단계에 올라섰다는 생각으로 사역을 하며 살아가는 목회자는 어떤 성향과 태도를 드러낼까? 그런 목회자의 성향과 태도가 어떤지 한번 살펴보도록 하자.

1) 자신의 설교가 자기 자신에게는 필요하지 않다고 생각한다

싱클레어 퍼거슨은 집회 후 가진 질의와 응답 시간에 자신의 설교에 귀를 기울이는 사람이 되겠다고 말했다. 설교를 준비할 때 항상 자신이 부족하다는 것을 인정하고, 하나님의 도우심을 구하고, 결코 다함이 없는 무한한 은혜를 찬양해야 한다. 다시 말해, "나는 입술이 부정한 사람이요 나는 입술이 부정한 백성 중에 거주"(사 6:5)하고 있다고 고백해야 한다.

스스로가 나 완성되었다고 생각하면 자신은 더 이상 필요로 하지 않는 것을 필요로 하는 사람들을 위해 준비한다는 교만한 생각에 사로잡할 수밖에 없다. 다른 사람들에게 전하기 위해 준비하는 진리의 말씀을 스스로도 간절히 사모하는가?

2) 그리스도의 몸의 사역을 받아들이지 않는다

'다 완성했다'는 생각은 자기만족에 치우치게 만든다. 스스로가 지혜롭다고 생각하면 다른 사람들의 지혜를 구하지 않을 것이 분명하다. 스스로가 성숙했다고 생각하면 다른 사람들의 보호를 필요로 하지 않을 것이 틀림없다. 스스로가 성숙한 믿음을 지녔다고 생각하면 다른 사람들의 격려의 말이 필요하지 않고, 스스로의 죄를 보지 못하면 조언과 경고의 말을 들려줄 사람들에게 그 죄를 고백하는 것을 가치 있게 생각하지 못할 것이다. 어떤 유혹이 닥쳐도 혼자서 능히 극복할 수 있다고 생각하면 다른 사람들이 자신을 지켜봐 주기를 기대하거나 자신을 위해 기도해 주기를 바라지 않을 것이다.

'다 완성했다'는 생각은 우리가 의식하든 의식하지 못하든, 그리스도의 몸을 통해 이루어지는 보호와 성화의 사역으로부터 우리 자신을 고립시킨다.

3) 자신이 도달했다고 생각하는 완벽함을 다른 사람들에게 기대한다

'다 완성했다'는 생각은 목회적 은혜가 자라는 토양과는 거리가 멀다. 스스로를 의롭다고 생각하는 사람들은 자신이 이룬 의를 다른 사람들에게 요구하고 기대한다. '다 완성했다'는 생각은 비현실적인 기대, 비판, 조급함, 가혹한 판단 등이 자라는 토양이다. 그동안 내게 담임 목사와의 관계가 은혜보다는 율법에 더 가깝다고 말해 준 부교역자들이 수두룩했다. 스스로가 율법을 지키고 있다고 생각하면, 다른 사람들에게도 율법을 요구하는 일에 익숙해질 수밖에 없다. 그러나 하나님이 원하시는 기준에 미치지 못하는 것을 애통해하며 그리스도의 의를 의지한다면, 자연히 스스로가 절실히 필요로 하는 은혜를 하나님으로부터 받아 다른 사람들에게도 똑같이 은혜를 전할 수 있다.

4) 필요 이상으로 모든 것을 통제할 자격이 있다고 생각한다

자신의 지혜와 힘에 매료되거나 자신의 의로움을 입증해 줄 증거가 더 많아지면, 무엇이든 자신의 실제 역량보다 더 잘 처리할 수 있는 능력을 갖추었다고 생각하기 쉽다. 스스로가 지혜롭고 강하다는 확신이 생기면, 모든 것을 자신이 통제해야 한다는 생각이 싹트기 마련이다. 그런 생각에 사로잡히면 개인적인 약점으로부터 자신을 보호해 줄 도움이나 자신에게 없는 지혜를 다른 곳에서 구하려고 애쓰지 않는다. 그뿐 아니라, 자신의 통제력이 죄로 오염될 수 있는 가능성을 전혀 고려하지 않는다.

사실 교회 안에서의 권력 다툼이 너무나도 잦다. 복음 사역이 쉽게 정치로 변질된다. 교만에 사로잡혀 스스로가 의식하지 못하는 사이에 권력을 탐하는 잘못에 치우친다. 권력욕은 자기편을 불러 모으기에 여념이 없고, 주도권을 쥐려는 욕구는 자기를 반대하는 세력을 찾아내 배척하는 결과를 낳는다. 그런 과정에서 복음 사역은 인간의 권력 다툼을 위한 정치적 싸움터로 전락한다. 알맹이는 없고 껍데기만 남은 사역이 이루어지는 것이다. 예수님은 그런 교회에 머물지 않으신다. 왕을 세우지만 그 왕은 하나님이 아니시다. 왕국을 건설하지만 그 왕국은 하나님의 왕국이 아니다. 목회자가 목회 사역을 한다면 그것은 곧 다른 사람들을 위한 것일 테지만, 목회자가 정치를 한다면 그것은 곧 자신을 위한 것에 지나지 않는다.

5) 매일 그리스도와 친밀한 교제 시간이 필요하다고 생각하지 않는다

개인 예배는 성경을 얼마나 많이 통독했느냐 하는 문제와는 별로 관계가 없다. 자신이 좋아하는 경건 서적이나 주석을 얼마나 열심히 읽었느냐 하는 문제와도 상관없고, 설교 노트를 얼마나 자주 다시 읽고 생각했느냐 하는 문제와도 아무 관계없다. 그런 활동은 좀 더 근본적인 것을 위한 보조 수단에 지나지 않는다. 그렇다면 무엇이 근본적인 것일까? 그것은 바로 매일 겸손한 태도로 하나님을 묵상하고 즐거이 예배하는 것이다. 그리스도와 친밀한 교제를 나누는 것으로 하루가 시작되고 끝나야 한다. 한마디로, 여호와의 아름다움을 바라보는 습관을 길러야 한다(시 27:4 참고).

그리스도와의 교제는 겸손을 통해 애통해하는 마음과 찬양으로 이루어져야 한다. 또한 자신의 실상과 필요를 정확히 파악하고, 모든 은혜를 허락하시는 주님을 찬양하는 것으로 이루어져야 한다. 날마다 그리스도 앞에 나아가 죄를 뉘우치고, 구원의 약속을 붙잡아야 한다. 성경 한 대목을 서둘러 읽고, 짧은 기도 몇 마디를 드리는 것으로 그쳐서는 안 된다. 그리스도의 발 앞에 앉아 죄를 애통해하고, 우리를 충만하게 하는 은혜를 찬양해야 한다. '다 완성했다'는 생각은 그런 개인 예배를 불가능하게 만든다.

6) 오직 은혜만이 이룰 수 있는 성공을 자신의 공로로 생각한다

우리는 인간의 공로를 너무 많이 내세운다. 오직 하나님의 은혜만이 이룰 수 있는 것을 목회자의 공로로 추켜세울 때가 너무 많다. 우리는 단지 도구에 불과한 사람들에게 너무 많은 공로를 돌리며, 성공적인 사역자들을 흉내 내기 위해 열심히 집회에 쫓아다니고 책을 사본다.

그렇다면 다른 사람들에게서 배울 것이 있을까? 물론이다. 건전한 사역의 요소들을 발견할 수 있을까? 당연하다. 주님의 헌신적인 종들을 감사하게 생각하고, 감사의 말을 건네야 할까? 그래도 상관없다. 그러나 찬양은 나나 다른 사람이 아니라, 오직 주님께만 돌려야 한다. 주님의 임재와 능력과 은혜가 없으면 우리의 사역은 그야말로 아무것도 아니라는 사실을 잊어서는 안 된다. 이것은 절대로 넘어서는 안 될 한계선이다.

7) 스스로 자격이 있다고 생각하고 권리를 요구한다

마음이 교만해지면 사연히 권리를 주장하는 생각이 뒤따르기 마련이다. 즉, 이런 생각이 생겨난다.

"내가 이만큼 노력했으니 이런 대접을 받을 권리가 있어."

교만에는 권리 수장이 뒤따르기 때문에 죽복이 요구로 바뀌고, 값없는 은혜의 선물이 당연한 답례로 바뀌기 마련이다. 주님과 하나 될 수 있는 영적 신분이나 사역자로서의 지위는 우리가 노력해서 얻은 것이 아니라는 사실을 잊어서는 안 된다. 주님이 우리를 받아 주시고 도구로 사용하시는 것은 오직 한 가지, 은혜로써 주어진 것이다. 우리는 하나님이나 다른 사람들에게 손을 벌리고 무엇을 내놓으라고 요구할 권리가 없다. 하나님이 우리를 받아 주신 사랑을 누리게 된 것은 오직 은혜 덕분이다. 교만한 마음으로 축복을 기대하는 것은 사람들의 고마워하는 마음은 물론, 하나님의 선하심을 욕되게 하는 것이다.

8) 유혹이나 죄로부터 스스로를 보호하려는 경각심이 느슨해진다

'다 완성했다'는 생각은 지나친 자신감을 부추긴다. 자신감이 지나치면 지혜롭지 못한 선택을 하게 되고, 지혜롭지 못한 선택을 하면 유혹이나 죄에 이끌리기 십상이다. 결국 죄와 유혹에 노출된 상황을 스스로 잘 극복해 나갈 수 있다고 자신하다가 타락의 길로 접어들게 된다. 또한 마음속에서 날마다 싸움이 벌어지고 있다는 사실을 망각하게 만들어 '아무 일도 없으니 안심해도 좋다'는 심리 상태를 조성한다. 마땅히 생각할 그 이상으로 스스로를 높이 생각한다면 깨어 있는 마음으로 영적 생활에 임하기 어렵다. 다시 말해, 스스로가 알고 있거나 사역을 하는 대상자들과 자기 자신이 똑같은 상태에 처해 있다는 사실을 잊기 시작한다.

우리는 '이미'와 '아직'의 한복판에 서서 살아간다. 그 한복판에는 도처에 유혹이 도사리고 때문에 유혹에 이끌릴 수 있는 가능성이 항상 존재한다. 그 한복판에는 원수가 은밀히 몸을 감추고 다음 희생자를 노리고 있다. 그 한복판에서 살아가는 동안 자기기만과 자기현혹에 치우칠 가능성이 있기 때문에 늘 우리 자신으로부터 구원받아야 할 필요가 있다. 우리는 항상 구원하는 은혜를 갈구하며, 한시라도 경계심을 늦추지 말고 겸손한 마음으로 우리의 삶을 보호해야 한다.

9) 자신이 감당할 수 있는 것보다 더 많은 사역의 짐을 짊어진다

교만한 마음은 자신이 감당할 수 있는 것보다 더 많은 책임을 짊어지도록 유도한다. 현실적으로 이룰 수 있는 것보다 더 많은 사역을 자신에게 할당하게 하는 것이다. 자기 영광을 구하는 마음은 자신이 실제보다 더 중요하고, 더 필요한 존재라고 의식하게 만든다. 무슨 부탁이든 거절하지 못하는 것은 교만하기 때문이다. 교만하면 자신이 지닌 참된 성품과 능력의 한계를 지키며 살아가기가 어렵다. 가정생활과 사역 활동의 갈등이 불거지는 이유도 '다 완성했다'는 교만한 생각 때문이다.

하나님은 한 가지 명령을 지키게 하시려고 다른 한 가지 명령을 어기라고 요구하지 않으신다. 우리의 사역 활동 때문에 가족들이 소홀히 방치된다면, 그것은 우리의 능력에 벗어나는 일을 잘못된 판단에 치우쳐 하고 있기 때문이다.

목회자들이여, 본인은 어떤가? 자신의 사역 안에 '다 완성했다'고 생각힐 만한 증거가 있는가? 이번 장이 우리 사신을 겸손히 생가하는 계기가 되었으면 좋겠다. 사실 우리는 아직도 조금씩은 다 엉망진창인 상태다. 때로는 은혜 덕분에 잘할 때도 있지만, 잘못을 저지를 때도 있다. 주님을 열성석으로 잔양할 때도 있고, 자아도쥐에 빠질 때도 있다. 깊은 감사의 마음을 느낄 때도 있고, 스스로 자격이 있다고 생각하고 권리를 요구할 때도 있다. 목회자의 마음으로 일할 때도 있고, 두려워하며 자기 이익을 구하거나 정치적인 태도를 취할 때도 있다. 마음이 상한 사람들을 그와 똑같은 인간의 입장에서 복음으로 위로할 때도 있고, 교만한 마음으로 '나를 좀 본받으라'는 식의 말을 건넬 때도 있다. 하나님의 나라를 바라보며 살고 사역을 할 때도 있고, 우리 자신을 사랑하며 우리의 삶을 위해 스스로 그럴 듯한 계획을 세울 때도 있다.

  이 모든 것은 영적 싸움이 우리 밖에서만 일어나고 있지 않다는 사실을 여실히 보여 준다. 우리의 마음속에서 치열한 싸움이 날마다 전개되고 있다는 사실을 보여 주는 증거는 무궁무진하다. 따라서 하나님의 은혜를 전하는 우리의 사역은 겸손한 마음에서부터 시작한다. 그리고 그런 사역은 하나님께서 우리에게 맡기신 사람들과 우리가 조금도 다르지 않다는 사실을 인정하는 데서부터 출발한다.

DANGEROUS CALLING

"그러므로 하나님의 능하신 손아래에서 겸손하라 때가 되면 너희를 높이시리라 너희 염려를 다 주께 맡기라 이는 그가 너희를 돌보심이라 근신하라 깨어라 너희 대적 마귀가 우는 사자같이 두루 다니며 삼킬 자를 찾나니 너희는 믿음을 굳건하게 하여 그를 대적하라 이는 세상에 있는 너희 형제들도 동일한 고난을 당하는 줄을 앎이라 모든 은혜의 하나님 곧 그리스도 안에서 너희를 부르사 자기의 영원한 영광에 들어가게 하신 이가 잠깐 고난을 당한 너희를 친히 온전하게 하시며 굳건하게 하시며 강하게 하시며 터를 견고하게 하시리라"(벧전 5:6-10).

Part 3

이미 주어진 정체성을 확고히 붙잡으라

Chapter 12

"내 말만 들어, 나한테만 귀 기울이라고!"

자기 영광을 구하려는 유혹을 조심하라

우리는 우리 자신을 종이 아닌, 거물이자 실력자로 생각하는 경향이 있다. 이렇게 된 모든 이유는 우리의 정체성이 그리스도의 사자라는 사실을 의식하지 않기 때문이다. 하나님 나라의 일이 우리의 품위에 걸맞지 않는다고 생각한다면, 그것은 곧 우리가 우리의 참된 정체성을 망각했기 때문이다. 우리에게 부여된 지위를 망각하는 순간 우리는 우리 자신을 하나님의 위치에 올려놓게 된다.

목회 사역은 항상 예배에 의해 이루어지고, 실현되고, 형성되고, 표현된다. 우리의 사역은 하나님을 예배하거나, 우리 자신을 예배하거나, 그 두 가지가 혼란스럽게 혼합된 상태에 의해 이루어진다. 아마도 자기 영광을 구하는 것보다 더 강력하고, 매혹적이고, 기만적인 유혹은 없을 것이다. 또한 사람들의 칭찬보다 더 강력한 중독성을 지닌 것도 없고, 자기 영광에 취하는 것보다 더 위험한 자아도취도 없을 것이다.

자기 영광을 구하는 사역사는 사기 의에 시나치게 사로삽혀 있는 상태인지라 가까이 다가가기가 몹시 어렵다. 그런 사역자는 함께 일하기 매우 어려울 뿐 아니라, 그 사실을 일깨워 주는 것 자체가 거의 불가능하다. 또한 사람들을 부시하기 일쑤고, 부조건 자기 말을 잘 듣는 사람들만 주위에 거느리는 경향이 있다. 따라서 그런 사역자는 영적 어리석음과 도덕적인 무방비 상태에 노출될 수밖에 없다.

이 모든 현상은 사역자가 의식하지 못하는 사이에 나타난다. 왜냐하면 스스로에게 아무런 문제가 없다는 그릇된 확신에 사로잡혀 있는 상태이기 때문이다. 다른 사람들이 잘못을 지적해도 자기 영광을 떠올리며, 자기 영광만을 옹호한다. 또한 스스로에게 문제가 있다거나 실패한 사실을 애써 부인하고, 섬기기보다 요구하기를 더 좋아한다. 게다가 하찮은 일이라고 생각하는 일은 절대로 하지 않고, 자신에게 이래라저래라 하는 사람들에게는 공격적인 태도를 취한다. 이렇듯 그런 사역자는 항상 심부름꾼에 불과한 자신을 왕으로 착각한다.

한 사역자는 자신에게 큰 문제가 있었지만 그 사실을 알지 못했다. 그의 사역은 감당할 수 있는 한계를 넘어섰고, 결혼생활은 끊임없이 삐걱거렸으나 그는 아무 생각도 없었다. 그는 마치 자신이 이미 완성 단계에 올라선 것처럼 살아가며 사역을 했다. 오로지 자신의 능력과 은사, 식견, 경험, 리더십이 탁월하다는 것만을 염두에 두었다.

어쩌다가 한 번씩 아내가 그의 설교에 대해 조금이라도 충고의 말을 꺼낼라치면 그는 발끈하며 이런 식으로 받아쳤다.

"지금 무슨 말을 하는지 알고나 하는 거야?"

동료 지도자가 그가 제안한 생각에 이견을 제시하면, 다른 사람들이 자신의 생각을 어떻게 받아들이는지 들으려 하지 않고 서둘러 자신의 입장을 옹호하기에 바빴다. 그러다 보니 그의 행정 비서는 그가 성가시게 생각하는 문제에 대해서는 가급적 말을 꺼내지 않았다. 그는 소그룹에 참여하려고도 하지 않았다. 그의 아내는 함께 소그룹에 참여하기를 몹시 원했지만, 그는 그럴 때마다 이렇게 딱 잘라 말했다.

"지금 나는 너무 바빠서 어설프게 성경 공부를 인도하는 사람의 말을 귀담아 들을 시간이 없어."

그는 전에 만났던 사람들을 더 이상 만나지 않았다. 그는 교인들에게는 하나님과 동행하는 삶이 공동체적인 활동이라고 거듭 가르쳤지만, 정작 스스로는 공동체를 필요로 하지 않았다. 그의 설교에는 온유한 목자의 심정이나, 사람들을 간절히 설득하고자 하는 복음에 대한 열정이 담겨 있지 않았다. 그는 웅장한 복음의 역사에 감사하고 감격하는 마음으로 말씀을 삶에 적용하기보다 자기 확신에서 우러나오는 강의와 같은 설교를 전했다.

그는 믿음의 용기보다는 자기 확신이 더 가득한 사람처럼 보였다. 그리고 교회의 희망은 그리스도라고 믿는 사람이 아니라, 교회 성장을 위한 아이디어 공장을 운영하는 사람 같았다. 그는 모임을 중단하지 않고 계속 유지했지만, 다른 사람들의 은사를 존중하는 태도가 엿보이지 않았다. 그런 모임은 서로의 협력을 이끌어내기 위한 시간이 아닌, 단지 결정된 사실을 통보하고 지시하는 시간에 지나지 않았다. 그는 자기 생각만 잔뜩 늘어놓고 나서 곧바로 다른 지도자들의 동의를 촉구했다. 그는 모든 질문을 차단하고, 이견을 허용하지 않는 데 능숙했다. 그런데도 그는 그런 자신의 태도를 조금도 의식하지 못했다.

그는 스스로에게 과중한 업무를 할당한 탓에 많은 부담감과 지루함을 느끼면서도 억지로라도 감당하려고 애썼다. 왜냐하면 사역을 다른 사람들에게 위임하는 게 갈수록 더 힘들게 느껴졌기 때문이다. 그는 전략적인 분야에 속하는 일은 대부분 자신이 직접 처리해야 한다고 확신했다. 그 결과 사역을 위임받는 사람은 갈수록 더 줄어들었다. 그가 중요한 사역의 의무를 독차지했기 때문에 동료 지도자들은 단지 보조적인 업무만을 처리하는 데 만족해야 했다.

그는 자신이 그 누구보다도 교회의 건강에 크게 기여하고 있다고 자부했다. 그가 자신에 대한 다른 사람들의 생각에 많은 관심을 기울였던 이유가 바로 이것이다. 그는 자기 자신을 없어서는 안 될 존재로 생각했기 때문에 다른 사람들도 자신을 그렇게 생각해 주기를 바랐고, 사람들이 그렇게 생각하지 않는 듯 보이면 도무지 마음을 진정할 수가 없었다. 따라서 그는 그런 사람들을 어떻게든 자기편으로 만들려고 애쓰곤 했다. 그와는 반대로, 사람들의 생각이 어떻든 전혀 무관심할 때도 있었다. 하나님이 다른 사람들을 통해 적절한 조언을 주실 때는 오히려 귀를 틀어막고 아무것도 들으려고 하지 않았다. 이처럼 자기 영광에 도취된 상태에서는 사람들과의 관계에 그런 이중적인 잣대를 적용하기가 매우 쉽다.

이런 여러 가지 이유 때문에 그의 곁에서 함께 일하는 사람들은 점차 그의 사역에 대한 신뢰를 잃기 시작했다. 자기 확신과 자기의식이 너무 강해 늘 자화자찬을 일삼으며 고압적인 태도를 드러내는 사람, 곧 자기 자신만을 중요하게 생각하는 사람을 신뢰하기는 매우 어렵다. 혼자서만 많은 말을 하고, 다른 사람들의 말에는 귀를 틀어막고, 남은 쉽게 비판하는데 정작 자신은 비판을 받아들이기 싫어하고, 늘 남의 잘못을 지적하기를 좋아하고, 사역을 혼자 독차지하려고 하는 사람도 신뢰하기 어렵기는 마찬가지다.

 자신을 뺀 나머지 사람들에게만 필요한 것으로 생각하고 말씀을 전하는 사람이나 일방적인 명령으로 사역을 이끄는 사람, 또는 스스로에게 너무 많은 영광을 돌리는 사람도 다른 사람들의 신뢰를 이끌어내기 어렵다.

 불행한 사실은 그런 사람이 그 혼자만이 아니라는 것이다. 아무것에도 부족함이 없으신 그리스도의 영광이 아니라, 자기 영광을 구하며 사역을 이끌어 나가는 목회자가 너무나도 많다.

 다행히도 하나님의 은혜 덕분에 그의 아내는 더 이상 참을 수 없는 한계에 도달했다. 그 모든 것을 옆에서 유심히 지켜본 그녀는, 결혼할 당시에는 겸손한 젊은 목회자였던 남편이 교만할 대로 교만한 사람이 되어 가는 과정을 목격했다. 그녀는 고압적이고, 자기 확신에 찬 그의 태도 때문에 부부관계가 심각하게 왜곡되는 것을 경험했고, 교인들이 그의 사역 방식 때문에 어려움을 겪고 있다는 것을 알았다. 그녀는 사랑하는 친구들이 교회를 떠나는 고통을 감수해야 했다.

 어느 날 저녁, 그녀는 더 이상 참지 못하고 그에게 이렇게 말했다.

 "여보, 이제 더 이상은 견딜 수가 없네요. 날마다 당신과 교회에 일어나고 있는 일들을 지켜보느라 너무 고통스러워요. 내가 이런 말을 하는 게 옳은 일인지 모르겠지만, 이제는 지금과 같은 상태가 지속되는 걸 더는 가만히 지켜볼 수가 없어요. 당신이 도움이 필요하다는 걸 인정하지 않는다면 내가 당신을 위해 그 필요성을 인정하겠어요. 그리고 우리 두 사람에게 필요한 그 도움을 받고 싶어요."

그녀는 지역의 저명한 목회자에게 모든 사정을 털어놓기 위해 약속 시간을 정했다고 덧붙였다.

그는 처음에는 배신감을 느끼며 크게 화를 냈지만, 마침내 아내와 함께 가서 도움과 조언을 구하겠다고 말했다. 놀라운 변화와 구원의 과정이 시작되는 순간이었다.

목회자들이여, 당신은 어떤가? 자신의 사역에서 자기 영광을 구하는 증거가 나타나고 있는가? 도에 지나치게 지배적인 태도를 취하고 있지는 않는가? 마땅히 귀를 기울여야 할 때 귀를 틀어막고 있지는 않는가? 통제할 필요가 없는 일까지 통제하려고 들지는 않는가?

사역을 다른 사람들에게 위임하기가 어려운가? 혼자서만 말을 마구 쏟아내는가? 다른 사람들의 은사를 존중하고 인정할 생각이 없지는 않는가? 자신의 약점을 살피고, 실패를 인정하기가 어렵지는 않은가? 자신이 실제보다 더 중요한 존재라고 생각하는가? 사람들의 존경과 인정과 감사에 지나치게 관심을 기울이고 있지는 않는가? 다른 사람들의 조언을 받아들이기보다 그들의 잘못을 지적하는 것이 더 쉬운가? 하나님이 허락하신 동료 사역자들의 노고에 충분히 감사하지 않고 있지는 않는가?

자신의 능력과 지혜를 지나치게 과신하고 있지는 않는가? 그리스도를 신뢰하지 않고 자기를 신뢰하는 마음으로 사역을 이끌어 나가지는 않는가? 자기 영광을 구하는 탓에 사역의 건강이 심각하게 위협받고 있지는 않는가?

예수님처럼 기꺼이 감당하라

예수님과 제자들의 생애를 돌아보면 자기 영광을 산산이 깨뜨리고, 모든 목회자가 사역의 원동력으로 삼아야 할 '겸손의 미덕'을 확연히 드러내 준 사건이 하나 발견된다.

"유월절 전에 예수께서 자기가 세상을 떠나 아버지께로 돌아가실 때가 이른 줄 아시고 세상에 있는 자기 사람들을 사랑하시되 끝까지 사랑하시니라 마귀가 벌써 시몬의 아들 가룟 유다의 마음에 예수를 팔려는 생각을 넣었더라 저녁 먹는 중 예수는 아버지께서 모든 것을 자기 손에 맡기신 것과 또 자기가 하나님께로부터 오셨다가 하나님께로 돌아가실 것을 아시고 저녁 잡수시던 자리에서 일어나 겉옷을 벗고 수건을 가져다가 허리에 두르시고 이에 대야에 물을 떠서 제자들의 발을 씻으시고 그 두르신 수건으로 닦기를 시작하여 시몬 베드로에게 이르시니 베드로가 이르되 주여 주께서 내 발을 씻으시나이까 예수께서 대답하여 이르시되 내가 하는 것을 네가 지금은 알지 못하나 이 후에는 알리라 베드로가 이르되 내 발을 절대로 씻지 못하시리이다 예수께서 대답하시되 내가 너를 씻어 주지 아니하면 네가 나와 상관이 없느니라 시몬 베드로가 이르되 주여 내 발뿐 아니라 손과 머리도 씻어 주옵소서 예수께서 이르시되 이미 목욕한 자는 발밖에 씻을 필요가 없느니라 온 몸이 깨끗하니라 너희가 깨끗하나 다는 아니니라 하시니 이는 자기를 팔 자가 누구인지 아심이라 그러므로 다는 깨끗하지 아니하다 하시니라 그들의 발을 씻으신 후에 옷을 입으시고 다시 앉아 그들에게 이르시되 내가 너희에게 행한 것을 너희가 아느냐 너희가 나를 선생이라 또는 주라 하니 너희 말이 옳도다 내가 그러하다 내가 주와 또는 선생이 되어 너희 발을 씻었으니 너희도 서로 발을 씻어 주는 것이 옳으니라 내가 너희에게 행한 것같이 너희도 행하게 하려 하여 본을 보였노라 내가 진실로 진실로 너희에게 이르노니 종이 주인보다 크지 못하고 보냄을 받은 자가 보낸 자보다 크지 못하나니 너희가 이것을 알고 행하면 복이 있으리라"(요 13:1-17).

위의 사건은 우리의 예상을 뛰어넘는, 정말 놀라운 사건 가운데 하나다. 이는 머리로 상상하는 것조차 어려운 사건이 아닐 수 없다. 예수님은 잠시 빌린 다락방에서 제자들과 마지막 순간을 함께하셨다. 예수님이 자신을 유월절 어린 양으로 선언하신 거룩한 순간이었다. 빌린 다락방이었기 때문에 물그릇과 대야와 수건을 가지고 예수님과 제자들의 발을 씻어 줄 하인이 없었다. 물론 제자들도 자기 생각으로만 가득 차 그리스도의 왕국에서 서로가 차지하게 될 권력과 지위에만 골몰했기 때문에 그런 천한 일을 하기에는 마음이 너무 교만한 상태였다.

발을 씻어 주는 일은 당시 문화의 상황에서 반드시 필요한 일이었고 종들이 하는 천한 일이었지만, 아무 종이나 다 그런 일을 했던 것은 아니었다. 신약성경을 살펴보면, 종들에게 주어진 권위와 책임이 제각기 달랐다는 것을 알 수 있다. 집안일을 하는 종도 있었고, 노예처럼 노동에만 종사했던 종들도 있었다. 사람들이 반쯤 누운 자세로 식사를 하기 전에 그들의 더러운 발을 씻어 주는 일은 다른 일에 쓸모가 없는 가장 천한 종에게 맡겨졌다(그 일은 대개 나이 어린 종에게 주어졌다). 따라서 제자들이 그리스도의 왕국에서 높은 자리를 차지하려고 다투지 않았더라도 서로가 보는 앞에서 그런 천한 일을 자청할 리는 만무했다.

음식을 먹고 나서 예수님은 자리에서 일어나 겉옷을 벗으시고 수건을 허리에 두르시더니 대야에 물을 가득 채우셨다. 예수님은 절대 그런 일을 해서는 안 되는 분이었다. 그분은 전능하신 하나님이었다! 그분은 하나님의 아들이자 약속된 왕, 만물의 창조주요, 구원자셨다. 따라서 그런 천박하고 품위 없는 일은 그분께 어울리지 않았다. 그러나 예수님은 바로 그 일을 하실 생각이셨다. 그분은 자신의 참된 정체성과 사명이 자신의 신분과 밀접한 관련을 맺고 있다는 사실을 알고 계셨다. 예수님은 자신이 누구이고, 어디에서 왔으며, 무엇을 위해 보내심을 받았는지 정확히 알고 계셨다. 그런데도 요한은 예수님이 그 천하고 더러운 일을 자청하셨다고 증언한다.

"저녁 먹는 중 예수는 아버지께서 모든 것을 자기 손에 맡기신 것과 또 자기가 하나님께로부터 오셨다가 하나님께로 돌아가실 것을 아시고"(3절).

예수님이 자신의 신분을 잊고, 자신이 누구신지를 기억하지 못해서 그런 겸손한 사랑을 베푸신 것은 절대로 아니었다. 그것은 그분의 거룩한 사명이었다. 그분은 가장 천한 인간의 위치에 서셨고, 가장 천박한 일을 행하셨으며, 우리를 구원하시기 위해 자신의 권리와 지위를 기꺼이 포기하셨다. 그것은 거룩하고 고귀한 소명이었고, 구원의 유일한 길이 있다. 예수님은 하나님의 아들이셨지만 거만하게 자신의 권리를 주장하며, 구원을 이루는 데 필요한 일을 거부하지 않으셨다. 그분은 자신이 그런 일을 하기에는 너무 고귀하고 선하다고 생각하지 않으셨다. 오히려 예수님은 제자들조차 천박하다고 생각해 멀리했던 일을 스스로 자청하셨다.

예수님은 그 천한 일을 다 마치시고, 제자들을 바라보시며 "내가 주와 또는 선생이 되어 너희 발을 씻었으니 너희도 서로 발을 씻어 주는 것이 옳으니라"(14절)고 말씀하셨다. 그분의 말씀은 이런 뜻이었다.

"내가 너희에게 보여 준 태도를 본받아 서로를 그렇게 대하라. 내가 내 사명을 의식한 대로, 너희도 너희의 사명을 의식하라. 내가 내게 주어진 일을 기꺼이 감당한 것처럼 너희도 그렇게 하라."

예수님이 보여 주신 태도는 무엇인가? 목회자는 어떤 생각으로 자신의 사역을 감당해야 하는가?

우리는 '목회자'라는 지위를 지나치게 의식하지 않도록 조심해야 한다. 목회자의 권위와 특권을 보호하고, 강화하려는 의도를 버려야 한다. 우리가 특별한 존재, 다른 사람들과는 다른 범주에 속하는 존재라는 의식을 버려야 한다. 사람들이 우리를 다르게 대우하기를 바라서도 안 된다. 마치 권좌에 올라앉은 것처럼 사역을 해서도, 다른 사람들과 동떨어진 상태로나 그들의 위에서 사역을 해서도 안 된다.

이 놀라운 사건이 가르치는 위대한 교훈이자 위대한 소명은 무엇인가? 그 대답은 예수님의 말씀에 있다. 그분의 말씀은 이런 의미를 지닌다.

"너희가 너희의 주인보다 위대하지 못하고, 그가 이런 천한 일을 기꺼이 감당했다면 너희도 기꺼이 그래야 한다. 너희가 나의 사자들이라면 곧 나의 뜻과 길을 보여 주고, 나의 구원 은혜의 도구가 되기 위해 부르심을 받았다면 너희는 가장 낮고 천한 일도 기꺼이 감당해 나의 일과 뜻을 이루어야 한다. 너희는 거절하면 안 된다. 너희는 너희 자신을 너무 선하다고 생각해서는 안 된다. 너희는 나의 왕국이 임하고, 나의 뜻이 이루어지게 하기 위해 기꺼이 가장 천한 노예가 되어야 한다. 너희는 구원 은혜의 도구가 되는 데 필요한 일은 무엇이든 기꺼이 감당해야 한다. 너희는 교만해서는 안 되며, 항상 자원하는 마음을 지녀야 한다."

목회자들이여, 우리는 우리가 마땅히 생각해야 할 그 이상으로 우리를 더 높여 생각하려는 경향이 있다. 우리의 품위에 걸맞지 않다고 생각하는 일, 천한 일은 가급적 피하려고 한다. 자원하는 마음으로 항상 무엇이든 할 준비가 되어 있어야 하지만 그렇지 못하다. 평판이나 지위, 권력에 지나치게 관심을 기울이며, 우리의 우월성을 인정받고 싶어 하는 마음이 강하다. 물론 나도 마찬가지다. 우리는 종의 자세로 구원 사역에 이바지하기를 싫어한다. 깨끗하고 안락한 상태에서만 사역을 하고 싶어 한다. 나도 예외가 아니다.

우리는 우리 자신을 종이 아닌, 거물이자 실력자로 생각하는 경향이 있다. 이렇게 된 모든 이유는 우리의 정체성이 그리스도의 사자라는 사실을 의식하지 않기 때문이다. 하나님 나라의 일이 우리의 품위에 걸맞지 않다고 생각한다면, 그것은 곧 우리가 우리의 참된 정체성을 망각했기 때문이다. 우리에게 부여된 지위를 망각하는 순간 우리는 우리 자신을 하나님의 위치에 올려놓게 된다.

우리는 그리스도께서 보여 주신 이 놀라운 태도와 소명 의식을 기억하고, 우리의 잘못을 슬퍼하며 뉘우쳐야 한다. 우리는 길에서 벗어났다.

종이 아니라 주인이 되고 말았다. 그러나 속으로는 '우리가 전하는 은혜가 우리 자신을 구원하지 못하면 하나님의 부르심에 부응하는 사람이 될 수 없다.'는 생각이 깊이 자리 잡고 있다. 따라서 하나님이 우리의 어리석음과 교만을 보시고 우리에게 등을 돌리실지도 모른다고 두려워할 필요는 없다.

그분은 우리가 누구인지 잘 아신다. 우리의 부족함과 우리가 자신의 의로우신 기준에 미치지 못한다는 것을 아신다. 이것이 하나님이 우리에게 자신의 아들을 허락하신 이유다. 우리는 하나님 앞에 달려 나가 자기 영광을 구했던 잘못을 인정해야 한다. 하나님은 우리를 모욕하거나 때려 쫓아내지 않으실 것이다. 왜냐하면 하나님 앞에서의 우리의 신분은 우리의 행위가 아니라, 성자 하나님의 흠 없으신 행위에 근거하기 때문이다. 지금 이 자리에서 당장 잘못을 고백하는 것은 어떨까? 필요한 도우심을 간절히 부르짖으라. 구원자가 가까이 계신다. 그분은 우리를 돕기를 원하시고, 또 능히 도움을 베푸실 수 있다.

자기 영광을 구하는 것이 사역에 미치는 피해

자기 영광을 구하는 것이 목회자와 사역에 미치는 피해를 정확히 이해하는 게 중요하다. 하나님이 아래에 열거한 내용을 통해 우리를 돌아볼 수 있는 지혜를 허락해 주시기를 기도한다. 또한 우리의 마음을 여실히 드러내시고, 사역의 방향을 옳게 이끌어 주시기를 간절히 바란다. 자기 영광을 구하는 것이 사역에 미치는 피해를 간추려 말해 보겠다.

1) 혼자서 간직해야 할 것을 널리 광고하게 만든다

바리새인들이 그 대표적인 경우다. 그들은 스스로의 삶이 영광스럽다고 생각했기 때문에 그 영광을 주위 사람들에게 드러내려고 애썼다. 완성 단계에 이르러서 날마다 구원 은혜를 구할 필요가 없다고 생각하면, 스스로를 자랑하고 칭찬하고픈 욕망이 더욱 강해지기 마련이다. 자기 영광을 구하기 시작하면 자신도 모르는 사이에 더 큰 영광을 구하려고 애쓰기 쉽다. 다시 말해, 스스로를 실제보다 더 훌륭하게 보이게 하려고 애쓰고, 모든 기회를 살려 믿음의 행위를 공공연히 자랑하려고 애쓰게 된다. 스스로가 칭찬받을 자격이 있다고 생각하면 기회가 있을 때마다 자신의 경건을 드러내 다른 사람들의 칭찬을 이끌어내려는 욕망을 느낄 수밖에 없다.

아마도 이 글을 읽는 대다수 목회자들은 자신은 절대 그런 일을 하지 않는다고 생각할 것이 분명하다. 그러나 나는 목회 사역을 하는 동안 우리의 의로움을 과시하려고 할 때가 우리가 생각하는 것보다 훨씬 더 많음을 보아 왔다. 이것이 내가 목회자 모임, 장로회의, 총회, 노회, 교회 개척을 위한 모임을 때로 불편하게 생각하는 이유 가운데 하나다. 목회자들은 모임을 마친 뒤에 탁자에 둘러앉아 서로 침을 튀겨 가며 제각기 자신의 목회 사역에 대해 말하기 시작한다. 그럴 때면 우리의 마음속이나 사역에서 실제로 이루어지고 있는 것을 솔직하게 말하고 싶지 않은 유혹을 느낄 때가 적지 않다. 사람들이 복음의 영광스러운 은혜를 찬양하고 난 뒤, 더 많은 칭찬을 받으려고 앞나투어 자신의 영광을 자랑하는 것은 그다지 보기에 좋지 않다.

2) 자신에 관해서만 지나치게 많은 말을 하게 만든다

우리 모두는 이 점을 잘 알고 있고, 또 직접 목격해 왔다. 그런 태도를 불편하게 여기면서도 실제로 그렇게 행동한 적이 많았다. 교만한 사람은 자기 자신에 관해 너무 많은 말을 하는 경향이 있다. 그리고 다른 사람들의 견해보다 자신의 견해를 더 좋아하고, 다른 사람들의 이야기보다 자신의 이야기가 더 재미있다고 생각하며, 사람들이 자신의 말을 들어주어야 할 자격이 충분하다고 생각한다. 또한 다른 사람들에게 자신의 영광을 드러낼 것이 많다고 생각한다. 그런 사람은 자신이 알고 있는 지식과 행한 일에 관해 자부심이 강하기 때문에 그 두 가지를 과시하려고 애쓴다. 교만한 사람은 자신의 약점이나 실패에 관해서는 일체 말이 없고, 죄를 고백하는 일도 없다. 교만한 사람은 자신의 이야기와 생각을 통해 값없이 주어지는 하나님의 영광스러운 복음의 빛을 드러내기보다 자신을 드러내 각광을 받고 싶어 한다.

3) 침묵해야 할 때 말하게 만든다

스스로가 완성 단계에 올라섰다고 생각하는 사람은 자신의 생각이 자랑스럽고, 절대적으로 옳다는 생각에 치우치기 마련이다. 그런 사람은 모임을 갖거나 대화를 나눌 때 오로지 자신의 생각과 관점과 견해만을 내세운다. 모임에서 혼자서만 잔뜩 말을 늘어놓으면서도 조금도 미안해하는 기색을 내비치지 않는다. 그리고 다른 사람들의 말에도 지혜가 담겨 있다는 것을 이해하지 못할 뿐 아니라, 자신의 삶에 그리스도의 몸의 사역이 절대적으로 필요하다는 사실도 의식하지 못한다. 또한 스스로의 편견이나 영적 우둔함을 인정하지 않기 때문에 다른 사람들의 말에 귀 기울여야 할 필요성을 전혀 인정하지 않고, 항상 지나치게 말을 많이 하여 대화를 주도하려고 나선다.

4) 말해야 할 때 침묵하게 만든다

자기 영광은 위와는 정반대되는 태도를 취하게 만들기도 한다. 자신감이 지나친 지도자들, 오직 은혜만이 이룰 수 있는 일을 무의식중에 자신의 공로로 치부하는 지도자들은 모임을 갖는 것을 시간 낭비라고 생각할 때가 많다. 그런 사람은 너무 교만하고, 독선적이기 때문에 모임을 바쁜 사역 일정을 더욱 번거롭게 만드는 무익한 활동으로 치부한다. 따라서 모임에 아예 참석하지 않거나, 모임이 가능한 한 빨리 끝나기를 바라며 묵묵히 침묵을 지키는 경향이 있다. 그런 사람은 자신의 의견을 말해 다른 사람들이 생각하거나 평가할 수 있는 기회를 허락하지 않는다. 그럴 필요가 없다고 생각하기 때문이다. 또한 자신의 아이디어가 상정되어 논의될 때도 논쟁에 가담하지 않는다. 자신의 견해나 제안을 옹호해야 할 필요성을 느끼지 못하기 때문이다. 이처럼 자기 영광은 들어야 할 때 너무 많이 말하게 만들고, 말해야 할 때 말할 필요가 없다고 느끼게 만든다.

5) 사람들이 우리를 어떻게 생각하는지 지나치게 의식하게 만든다

스스로가 중요한 존재라고 생각하면, 다른 사람들도 그렇게 생각하고 인정해 주기를 바라는 마음이 생기기 마련이다. 바리새인의 경우가 그랬다. 그들은 스스로의 영광을 중시했기 때문에 영광을 구하는 행위를 공공연히 일삼았다. 완성 단계에 올라섰다고 생각하는 사람은 다른 사람들이 자신에게 반응하는 것을 너무 많이 의식하는 경향이 있다. 그런 사람은 자신의 사역에 대한 다른 사람들의 반응에 지나치게 촉각을 곤두세우며, 자신도 모르는 사이에 다른 사람들의 칭찬을 받으려는 의도로 말하고, 행동하기 시작한다. 안타깝게도 그런 사람은 자신의 영광을 위해 사역을 한다.

나도 마찬가지다. 나도 나를 비난하는 사람의 생각을 되돌려보려는 의도로 설교를 준비했던 적이 적지 않았다. 설교하는 도중에 내가 염두에 둔 사람들의 반응을 지켜보기도 했다. 나는 설교를 준비하고 전하는 과정에서 영원한 영광의 사자로서의 소명을 저버리고, 사람들의 일시적인 칭찬을 이끌어내는 데만 관심을 기울일 때가 많았다.

6) 사람들이 우리를 어떻게 생각하든 아무 관심도 기울이지 않게 만든다

자기 영광은 이 점에 있어서도 위와 정반대되는 태도를 취하게 만들기도 한다. '다 완성했다'고 생각하는 사람은 다른 사람들이 자신에 대해 어떻게 생각하든 크게 개의치 않는다. 그런 사람은 자기 확신이 너무 강하기 때문에 자신의 생각, 아이디어, 말, 계획, 목표, 태도 등을 다른 사람들에게 굳이 평가받을 필요가 없다고 생각한다. 그런 사람은 아무의 도움도 필요하지 않다고 생각하며, 자신이 제안하는 일이 다른 사람들의 도움을 통해 보강될 필요가 없다고 생각한다. 따라서 다른 사람들과의 협력을 통해 이루어져야 할 일을 혼자서 할 때가 많다. 설령 다른 사람들과 함께 일한다 하더라도 일을 맡겨 준 것을 감지덕지하게 여기는 사람들, 자신의 말에 무조건 복종하는 사람들만을 사역에 참여시킨다. 또한 자신의 신분을 망각하고, 구세주께서 매일 필요하다고 말씀하시는 것을 무시하며, 자신의 사생활과 공생활을 큰 위험에 빠뜨린다.

7) 우리의 죄, 실패, 약점을 직시하지 못하게 만든다

다른 사람들이 잘못을 지적할 때 긴장하거나 화내는 이유는 무엇일까? 그런 때 마음속의 방어 체계를 가동해 우리 자신을 옹호하기 위해 애쓰는 이유는 무엇일까? 왜 우리는 역공세를 취하면서 "이곳에 있는 사람들 가운데 나만 죄인인 것은 아니죠."라고 쏘아붙이는 것일까? 왜 명백한 사실에 대해 이의를 제기하거나 다른 사람이 이해한 것을 못마땅해하는 것일까? 그 이유는 우리 자신을 옳고 의롭게 여기는 마음이 안에 도사리고 있기 때문이다. 교만한 사람은 사랑의 충고, 비판, 질문, 책임 추궁 따위를 환영하지 않는다. 왜냐하면 그럴 필요성을 느끼지 못하기 때문이다. 그런 사람은 잘못을 저질렀을 때는 상황이 절박했기 때문이라거나 사람들과의 관계 때문에 어쩔 수 없었다는 식으로 변명하는 데 능숙하다.

목회자들이여, 자신의 약점을 선뜻 인정하는가? 하나님과 사람들 앞에서 자신의 실패를 기꺼이 고백할 준비가 되어 있는가? 자신의 약점을 겸허히 인정할 수 있겠는가? 동료 사역자들의 눈이나 귀가 우리의 죄와 약점과 실패를 보거나 듣는다고 하더라도, 우리는 그것을 사역을 방해하거나 다툼을 일으키려는 의도로 받아들여서도, 모욕으로 간주해서도 안 된다. 그것을 은혜로 받아들여야 한다. 하나님은 우리를 사랑하신다. 그분은 우리를 믿음의 공동체 안에 두셨다. 하나님이 우리의 영적 필요를 주위 사람들에게 드러내시는 이유는 그들을 도구 삼아 우리에게 죄의 깨달음과 구원과 변화를 가져다주시기 위해서다.

8) 다른 사람들의 축복을 시샘하게 만든다

자기 영광의 이면에는 항상 시기심이 도사리고 있다. 우리가 다른 사람들의 축복을 시기하는 이유는 그들이 우리보다 못하다고 생각하기 때문이다. 우리 자신이 다른 사람들보다 더 가치가 있다고 생각하면, 그들이 우리가 받아야 할 축복을 가로챈 것 같아 화날 수밖에 없고, 축복이 번지수를 잘못 찾아갔다는 생각이 들어 그 축복을 탐하고 갈망할 수밖에 없다. 자기 영광에 사로잡혀 다른 사람들의 축복을 시기하는 것은 하나님이 부당하시다고 불평하는 것이나 다름없다. 그런 경우에는 자신도 모르는 사이에 하나님의 지혜와 정의와 선하심을 의심하는 마음이 싹틀 수밖에 없다. 이렇게 되면 옳은 일을 하려는 의욕이 상실될 수밖에 없다. 옳은 일을 하거나 하지 않거나, 아무런 차이가 없다는 생각이 들어서다.

시기심과 원망은 백짓장 하나 차이다. 이것이 시기심에 사로잡힌 아삽이 "내가 내 마음을 깨끗하게 하며 내 손을 씻어 무죄하다 한 것이 실로 헛되도다"(시 73:13)라고 부르짖었던 이유다. 그의 말은 이런 의미다.

"내가 복종했지만 과연 무엇을 얻었는가?"

그는 그렇게 말하고 나서 "내 마음이 산란하며 내 양심이 찔렸나이다 내가 이같이 우매 무지함으로 주 앞에 짐승이오나"(시 73:21-22)라고 탄식했다. 그는 자신을 원망이 가득한 짐승에 비유했다. 자신이 부당한 시련을 겪고 있다고 생각하여 아무 열정도 기쁨도 없이 억지로 사역을 이끌어 가는 목회자들을 나는 많이 만나 보았다. 하나님의 선하심을 의심하는 탓에 도움이 절실히 필요할 때 그분께 달려가 도움을 구하지 못하는 목회자들이 너무나도 많았다.

9) 지위를 탐하는 마음을 부추긴다

자기 영광은 사역의 현장에서 주님께 복종하려는 마음보다 지위, 권력, 신분에 더 많은 관심을 기울이게 만든다. 이 사실은 제자들의 삶에서도 확연히 드러난다. 예수님이 제자들을 부르신 목적은 무한히 더 위대한 왕국의 건설자요, 상속자가 되게 하시기 위해서였다. 그러나 그들은 교만에 사로잡혀 핵심을 간과한 채 그리스도의 왕국에서 누가 가장 위대하냐 하는 문제에 지나칠 정도로 집착했다.

왕의 권력과 지위를 탐하면서 사자로서의 소명을 이행할 수는 없는 법이다. 지위를 탐하는 마음은 우리를 목회자가 아닌 정치꾼으로 전락시킨다. 자기 영광은 기꺼이 섬겨야 할 때 섬김을 요구하게 만들고, 자신은 절대 하지 않을 일을 다른 사람들에게 짊어지우게 만들며, 권리를 포기해야 할 때 오히려 특권을 구하게 만든다. 자기 영광은 사역이 우리 자신에게 얼마나 많은 영향을 미치느냐에 큰 관심을 기울이게 만들고, 주님의 계획에 복종함으로써 기쁨을 얻기보다 우리의 계획을 앞세우게 만든다. 자기 영광은 하나님이 선택해 세우신 사자를 스스로 보좌에 오른 왕으로 만든다. 우리가 의식하지 못하는 사이에 이런 일이 일어나면 인간을 높이려는 사역을 할 수밖에 없다. 그러나 우리는 아무리 노력해도 왕이신 예수 그리스도가 될 수 없다.

10) 통제하려는 성향을 부추긴다

자신감이 가득하고 자기 확신이 지나치게 강한 사람은 스스로가 가장 유능하다고 생각하는 경향이 있다. 그런 사람은 하나님이 다른 사람들에게 허락하신 은사를 인정하거나 존중하기 어렵기 때문에 사역을 공동체의 협력 과정으로 받아들이지 않는다. 우리가 우리 자신을 높여 생각하면, 어떤 식으로든 다른 사람들을 깔보기 마련이다. 스스로의 부족함을 알고 겸손한 마음을 지녀야만 다른 사람들의 은사를 존중하며, 그들의 도움을 구할 수 있다. '다 완성했다'고 생각하는 목회자는 다른 사람들과 협력하기를 싫어하고, 사역을 위임하면 시간 낭비만 될 것이라고 생각한다. 그런 목회자는 속으로 이렇게 생각한다.

'내가 더 잘할 수 있는데 굳이 다른 사람에게 일을 맡길 이유가 없지.'

교만한 목회자는 사역을 다른 사람들과 공유하려고 하지 않아서 그리스도의 몸의 사역을 크게 훼손한다.

나는 위의 글을 쓰는 동안 개인적으로 많은 슬픔과 후회를 느꼈다. 나도 자기 영광에 집착한 나머지, 위와 같은 덫에 걸려 넘어졌을 때가 적지 않았다. 다른 사람들에게 귀 기울여야 할 때 혼자서만 떠들어댔고, 다른 사람들에게 양보해야 할 때 혼자서 모든 일을 다 하려고 했으며,

다른 사람들의 견책이 절실히 필요할 때 방어적인 태도를 취했고, 도움이 필요할 때 도움을 거부했으며, 다른 사람들의 생각은 무시한 채 내 주장만을 앞세웠다. 또한 나는 다른 사람들에게 인정받기 위해 내가 한 일들을 떠벌렸다.

그동안의 사역 활동을 돌아보니 참 슬프다. 그러나 나는 낙심하지 않는다. 왜냐하면 나의 모든 약점에도 불구하고 놀라우신 은혜의 하나님이 늘 나를 구원하시고 회복시켜 주셨기 때문이다. 그분은 나를 나로부터 점차 해방시켜 주셨다(이 과정은 지금도 여전히 진행 중이다). 하나님은 갈팡질팡하는 나를 도구로 사용하시어 수많은 사람에게 유익을 끼치셨다. 진정 놀라운 기적이 아닐 수 없다.

Chapter 13

"주님, 나중에 뵈어요. 전 지금 너무 바쁘거든요."

개인 예배를 회복하라

우리의 정체성과 주어진 은혜를 망각하면 하나님께 가까이 나아가는 것을 중단할 수밖에 없다. 우리에게 아무 문제가 없다고 생각하고 사역을 준비하기에만 바쁜 탓에 주님과의 교제가 단절된 목회자들이 수두룩하다. 왜냐하면 우리의 부족함을 의식하고 감사하는 마음으로 예배를 드릴 때 생겨나는 겸손과 인내, 열정, 온유한 심령이 사역에서 결여되었기 때문이다. 우리 자신이 왕이신 주님을 필요로 한다는 것을 의식하지 못하면 주님의 은혜를 전하는 충실한 사자가 될 수 없다.

나는 약간의 강박증이 있다. 생각을 멈추는 게 너무 어렵다. 머릿속에서 끊임없이 돌아다니는 생각의 파편들이 갑자기 구체적인 모양새를 갖추기 시작하면, 운전을 하다가도 차를 멈춰 세우고, 길을 걷다가도 멈춘 뒤 휴대폰을 꺼내 메모를 저장하기 시작한다. 아내와 함께 있을 때 그러면 마치 자기 곁에 없는 사람처럼 보인다고 불평할 때가 많다. 아내는 내가 갑자기 조용해지거나 무표정해지면, 모든 관심과 생각이 저 멀리로 사라진 듯한 사람처럼 변한다고 말한다. 나는 '철두철미한 준비'라는 규칙에서 벗어나기가 몹시 어렵다. 심지어는 쉬는 날에도 관심을 끊고 생각을 멈추기가 매우 힘들다. 나는 하나님이 내게 맡겨 주신 일을 생각하느라 늘 분주하다. 사역을 잠시 중단하고 내 개인생활에 몰두한 적이 거의 없다. 아무 말도 하지 않고 있을 때든 조용한 장소에 있을 때든, 내 머릿속은 늘 사역에 대한 생각으로 정신없이 시끄럽다.

어느 날 나는 사역 준비를 할 것인지, 개인적인 경건 시간을 보낼 것인지를 두고 고민하고 있는 나 자신을 발견했다. 당시 나는 내가 여러 번 강연해야 하는 꽤 중요한 국제 집회를 앞에 두고 있는 상황이었다. 전에 준비했던 자료를 새롭게 고치기도 하고, 또 새로운 자료를 첨가하기도 하면서 시간을 보내는 중이었다. 나는 내가 집회 참석자들에게 전할 말씀이 그들 자신은 물론, 하나님과 동행하는 삶의 의미를 새로운 관점에서 생각할 수 있는 기회를 제공할 것이라고 믿었다. 나는 마음이 설렜고, 집회를 성공리에 마치고 싶었다.

매일 아침 잠자리에서 일어나는 순간부터 내 머릿속에는 강연 주제가 떠올랐다. 하루의 일과를 차분하게 시작할 수가 없었다. 눈을 뜨는 순간, 이미 마음이 강연 준비로 바빴기 때문이다. 자전거 운동을 하면서도 머리가 발보다 더 빠르게 움직였고, 여러 가지 개념과 예화와 적용을 생각하느라 여념이 없었다. 내 영혼에 양식을 공급하기 위해 성경을 읽고 기도를 드리는 시간에도 곧 있을 강연에 필요한 새로운 지식을 습득하는 데만 초점을 맞추었다.

그러던 어느 순간, 내가 성경을 읽고 있는 게 곧 있을 집회의 참석자들을 생각하며 읽는 것이라는 사실이 문득 떠올랐다. 내가 읽은 성경 본문은 내 지식을 새롭게 해주거나, 나를 변화시키거나, 잘못을 뉘우치게 하지 못했다. 성경 말씀이 내게는 아무런 영향도 미치지 못했던 것이다. 내가 아침에 일어나 열심히 성경을 읽었던 이유는 다른 사람들에게 전할 말씀을 더 많이 얻기 위해서였다. 개인 예배를 드리는 시간과는 거리가 멀었던 셈이다. 하나님을 갈망하는 마음도 없었고, 죄를 애통해하는 마음도 없었으며, 은혜를 찬양하는 마음도 없었고, 믿음으로 살겠다는 각오를 다지려는 마음도 없었다. 자제심이나 인내, 소망도 더 발전하지 않았다. 하나님의 영광을 우러러보는 마음, 하나님의 임재와 사랑을 더 의식하는 마음, 하나님의 가족이 된 것을 감사하는 마음, 영원한 삶을 사모하는 열정, 하나님의 나라가 임하고 그분의 뜻이 이루어지기를 염원하는 마음도 없었다.

개인 예배를 드리는 시간에 '나'라는 존재는 그곳에 없었다. 하나님과 홀로 교제하는 시간이었지만, 지금까지 말한 대로 개인 예배와는 거리가 멀어도 한참 멀었다. 개인 경건을 위한 시간도 아니었고, 하나님과 인격적인 관계를 맺는 시간도 아니었다. 자녀가 아버지와 교제를 나누는 시간과는 질적으로 달랐다. 만일 그 시간에 무슨 관계가 이루어졌다면, 곧 있을 집회의 청중과의 관계에 국한되었을 뿐이다.

물론 강연이나 설교를 준비하는 시간도 헌신의 시간에 해당한다. 그러나 그 당시에 나는 영적 헌신은 도외시한 채 사역의 준비에만 모든 관심을 집중시켰다. 내 손에 성경이 들려 있었지만 내 굶주린 영혼은 양식을 얻지 못했고, 조용한 방에서 개인 예배를 드리고 나왔을 때도 아무런 변화가 없었다. 나중에 아침의 일을 돌아볼 기회가 찾아왔을 때 나는 비로소 상황을 정확히 인식할 수 있었다. 그날 누군가가 내게 개인 예배 시간에 어떤 말씀을 읽었느냐고 물어보았다. 대답하려는 순간, 나는 그날 아침에 개인 예배를 드리지 않았다는 사실을 깨달았다. 그 시간은 사역을 준비하기 위한 또 다른 시간에 지나지 않았다.

나는 모든 사역자가 내가 지금 말한 상황에 처해 있을 것이라고 생각한다. 매주 하나님의 말씀을 전하고 가르치는 책임을 감당하는 게 결코 쉽지 않다. 따라서 성경을 손에 들고 있을 때마다 그런 책임감이 모두의 마음을 짓누르고 있을 것이 틀림없다. 하나님과 홀로 교제하는 시간을 가질 때면 우리의 마음속에서는 개인 예배의 시간이냐, 아니면 사역을 준비하는 시간이냐를 둘러싸고 한바탕 전쟁이 일어난다. 하나님의 계획에 따르면, 이 둘은 상호배타적이거나 서로 경쟁하는 관계가 아니다. 내가 종종 말하는 대로 하나님은 한 가지에 복종하게 하시기 위해 다른 한 가지를 무시하도록 우리를 인도하지 않으신다. 그러나 이 두 가지 소명의 측면을 균형 있게 유지하기는 매우 어렵다.

내가 목회자들에게 말씀을 전하면서 개인 예배가 부족하다고 지적하는 말을 하면, 고개를 푹 숙이고 있는 목회자들의 모습이 눈에 띄곤 한다. 그들 가운데는 개인 예배를 활력 있고 일관성 있게 드린 지가 언제인지조차 기억할 수 없다고 고백하는 사람들이 많다. 그러면서 그들은 그런 고민을 더 이상 하지 않는다고 말했다.

목회자들은 아침에 일어나자마자 '사역'이라는 안장에 올라탄다. 그리고 예수님을 섬기기 위한 준비를 갖춘다. 사역과 관련된 여러 가지 긴급한 용무 때문에 예수님과 홀로 교제를 나눌 시간이 없다. 그들에게 있어서 예수님은, 아내를 물질로써 잘 보살피기는 하지만 서로 친밀한 교감을 나눌 시간은 없는 남편과 비슷하다. 말하자면, 필요한 것은 잘 공급해 주지만 사랑은 없는 관계인 셈이다. 그런 목회자는 사역에는 열심이지만, 삶의 중요한 관계에는 많은 관심을 기울이지 않는다. 그들은 교회를 이끌고 가르치는 일은 잘하지만, 주님께 헌신하는 마음을 통해 활력을 얻거나 인도를 받지 않는다. 그들이 믿는 기독교는 인격적인 관계보다는 제도적인 체제에 더 가깝다. 그들은 예수님보다 개념에 더 많은 관심을 기울이고, 개인의 성장보다는 사역의 성공에 더욱 집착한다. 또한 하나님의 영광과 은혜의 장엄함보다 전략적인 계획의 다음 단계를 생각하느라 여념이 없다. 모든 것의 핵심을 간과한 채 그들의 마음은 엉뚱한 곳을 향하고 있다. 그런데도 그들은 대부분 그런 사실을 의식하지 못한다.

여기에서 짚고 넘어가야 할 점이 또 하나 있다. 많은 목회자의 삶에서 그리스도 중심의 경건생활과 묵상이 결여된 이유가 단지 끊임없는 사역 준비 때문만은 아니다. 또 다른 이유는 바로 '다 완성했다'는 생각에 있다. 사역이 바쁜 데다 '다 완성했다'는 생각까지 겹치면, 가장 먼저 사라지는 것 가운데 하나가 개인 예배다.

사실 경외심과 감사의 마음이 있어야만 아침마다 무릎을 꿇고 그리스도와 교제를 나눌 수 있다. 우리의 참 모습과 우리 마음의 변덕스러움을 직시해야만 아침마다 우리의 마음을 바로 잡으려는 노력을 기울일 수 있는 것이다. 죄는 종종 매우 매혹적인 형태로 나타나기도 함을 의식해야만 우리를 보호하시는 주님의 품 안으로 또다시 달려갈 수 있다. 이 타락한 세상의 유혹을 의식해야만 매일 싸움을 치르는 데 필요한 도우심을 구할 수 있고, 우리의 연약함을 의식해야만 주님께 능력을 구할 수 있으며, 우리의 어리석음을 깨달아야만 날마다 오직 성경에서만 발견될 수 있는 지혜를 구할 수 있다. 개인 예배를 날마다 일관성 있게 드리려면 겸손하고 거룩한 경외심이 반드시 필요하다.

따라서 우리의 참된 실상을 망각하고, 우리를 실제보다 더 성숙하고 유능하다고 믿는다면 주님의 지속적인 은혜가 필요함을 느끼지 못할 수밖에 없다.

'다 완성했다'는 생각은 감사의 마음을 사라지게 만든다. 오직 은혜만이 이룰 수 있는 것을 스스로 이룬 줄로 착각하고 자기를 치켜세우게 되고, 하나님만이 이루실 수 있는 일을 자신의 공로로 치부하게 된다. 사역의 성공이 자신의 노력에 의한 결과라고 생각하고, 자신이 실제보다 더 중요하게 느껴지게 된다. 결국 이 모든 것은 감사의 마음을 증발시켜 개인 예배가 더 이상 유지될 수 없게 만든다. 교만한 사람은 실제로 자신이 이룬 것보다 더 많은 공로를 스스로에게 돌리는 탓에 더 이상 감사할 수가 없다.

사역의 기술과 경험, 성공을 바탕으로 우리 자신을 바라보게 되면 개인 예배를 드리려는 열정이 사그라질 수밖에 없다. 스스로에게 아무 문제가 없다고 생각하면 주님의 보호와 위로, 지혜, 치유가 더 이상 필요하지 않기 마련이다. '다 완성했다'는 생각은 겸손히 하나님을 경외하는 마음과 은혜를 찬양하는 감사의 마음을 사라지게 만들어 개인 예배에 심각한 타격을 가한다.

아마도 현대 복음주의 교회의 말 못할 수치 가운데 하나는 그런 목회자들이 엄청나게 많다는 사실일 것이다. 그들은 복음 사역의 지도자들이지만, 그들의 삶 속에서는 복음을 필요로 하지 않는다. 그들은 자신의 마음을 치유하고, 양육하고, 성장시키는 일에는 관심이 없다. 구원과 변화를 가져다주는 은혜에 항상 감사하지도 않는다. 또한 그리스도와 사랑에 빠지기보다 사역에 더 큰 관심을 기울인다. 그들은 구원자이신 주님보다 구원의 개념에 더 큰 열의를 드러내고, 알게 모르게 하나님보다 자신을 치켜세우려고 애쓴다. 날마다 자신을 쳐 복종시키지 않으며, 자신들이 왕의 충실한 사자답게 행동하지 못할 때가 많다는 것도 안타깝게 생각하지 않는다. 게다가 자신들의 마음속에 옛 사람의 속성(조급함, 분노, 원망, 정욕, 시기, 탐욕, 자기 의 등)이 고스란히 남아 있음을 의식하지 못하기 때문에 인격을 변화시키는 주님의 손길을 갈망하지도 않는다.

그들이 개인 예배의 습관을 소홀히 하는 이유는 올바른 훈련을 받지 못했거나 게으르기 때문이 아니다. 당장 감당해야 할 사역을 준비하기에 급급하기 때문이다. 그들이 개인 예배와 묵상에 시간을 할애할 생각이 없는 이유는, '다 완성했다'는 생각 때문에 경건한 두려움과 겸손한 감사가 사라졌기 때문이다.

이원적인 삶의 태도

이 모든 것은 위험하고도 그릇된 이원적인 삶의 태도를 낳는다. 이원적인 삶의 태도란, 사생활과 공생활이 서로 밀접하게 연관되어 있지 않다는 신념을 드러내는 것을 의미한다. 스스로는 개인 예배를 드리지 않으면서 다른 사람들을 위해 예배를 인도하는 것은 모순이다. 수직적 차원의 감사가 없는 사람이 다른 사람들에게 감사를 요구하거나 교만한 사람이 교인들에게 겸손을 요구하는 것도 모순이기는 마찬가지다. 이렇듯 이원적인 삶의 태도는 우리가 가지고 있지 않은 것을 사역을 통해 다른 사람들에게 나누어 줄 수 있다고 생각하는 것을 의미한다.

신약성경은 목회자가 스스로를 분리된 두 사람(가정에서의 개인과 강단에서의 공인)으로 생각할 수 있는 여지를 조금도 남기지 않는다. 바울은 그런 태도를 목회 사역을 위협하는 위험한 이단으로 간주했다. 바울은 장로의 자격을 논하면서 장로의 집에 가서 그의 가정생활을 관찰해 보라고 권유했다. 그의 말은 이런 뜻이었다.

"장로가 자신의 가정을 잘 이끌지 못하는데 어떻게 자신에게 위탁된 공동체를 잘 이끌 수 있겠는가?"

우리는 하나의 인격체다. 삶과 사역은 서로 분리되거나 경계가 따로 정해져 있지 않다. 사역을 한다고 해서 다른 사람이 되는 것은 아니다. 우리 모두는 마음이 하나다. 따라서 우리의 마음 상태는 사역의 중요한 문제 가운데 하나다. 이 문제는 너무나도 분명하지만, 안타깝게도 교회 안에서는 그렇게 중요하게 취급되지 않는다.

바울은 젊은 목회자인 디모데에게 이렇게 권고했다.

"네가 네 자신과 가르침을 살펴 이 일을 계속하라 이것을 행함으로 네 자신과 네게 듣는 자를 구원하리라"(딤전 4:16).

바울의 권고에는 두 가지 중요한 전제가 깔려 있다. 하나는 디모데가 아직 완성 단계에 올라서지 못했다는 것이다. 바울은 디모데가 목회자로서 아직 성화의 과정에 있다는 사실을 상기시켜 주었다. 디모데는 자신의 마음이 여전히 잘못 치우칠 수 있다는 것과 그가 다른 사람들에게 가르치는 것이 자신에게 똑같이 적용된다는 것을 기억해야 했다. 그는 경고와 격려와 충고를 필요로 하는 상태였다. 복음의 사역자인 디모데도 개인적으로 복음이 필요했다. 따라서 바울은 그에게 스스로를 깊이 살피라고 조언했다. 디모데를 위한 바울의 조언에는 그의 '마음을 양육하라'는 의미가 담겨 있었다. 디모데처럼 열심히 사역을 준비하기만 하면 개인의 성장을 도외시해도 괜찮다고 생각해서는 곤란하다. 그는 자신의 가르침은 물론, 자기 자신을 주의 깊게 살펴야 했다.

이처럼 바울의 첫 번째 전제는 마음속에 남아 있는 죄 때문에 디모데가 여전히 위험한 상황에 처해 있다는 것이었다. 따라서 그는 자신의 마음을 겸손히 성찰해야 했다. 바울은 여기에 한 가지 중요한 전제를 더 보탰다. 그것은 디모데가 자신의 마음을 살피고 양육하는 일이 그에게 가르침을 받는 사람들을 구원으로 이끄는 역할을 한다는 것이다. 바울은 디모데의 마음 상태가 사역의 방향과 결과를 결정짓는 역할을 한다고 믿었다.

목회자가 개인적으로 자신의 마음을 보살피는 것은 자신의 부족함과 주님에 대한 사랑을 겸손히 고백하는 것이자, 하나님이 맡기신 사람들에 대한 사랑을 표현하는 의미를 지닌다. 사역의 준비와 개인의 헌신은 이런 식으로 하나로 합쳐진다. 우리가 개인 예배 시간에 말씀을 읽는 목적은 가르치기 위한 내용을 준비하는 것이 아니다. 그것은 바로 우리의 마음에 필요한 양식을 공급하기 위해서다. 그러나 그렇게 하는 것은 또한 사역의 책임과 기회와 유혹을 감당할 수 있도록 우리의 마음을 준비시키는 결과를 낳는다. 우리가 매일 아침 경건 시간을 갖는 이유는 중요한 사역의 순간이 닥쳤을 때 하나님이 하시는 일에 적극 협력할 수 있는 역량을 기르기 위해서다.

교회 사역이 이루어지다 보면, 지도자의 마음이 올바르기 때문에 교회가 축복과 보호를 받는 결과가 나타날 때가 많다. 다시 말해, 올바른 마음을 지닌 지도자는 비난에 지혜롭게 대처할 수 있고, 주도권을 쥐고 싶어 하는 사람들을 인내로 대할 수 있으며, 자신을 우상화하려는 사람들 앞에서 겸손히 처신할 수 있다. 매일 우리의 마음을 지키기 위해 노력한다면 우리가 보살피는 신자들을 보호하고 목양하는 일에 온전히 헌신할 수 있다. 이 두 가지는 서로 분리될 수 없다. '다 완성했다'는 생각이 우리의 마음을 지켜야 할 필요성을 의식하지 못하게 만든다면, 하나님이 우리에게 맡기신 사람들까지 위험에 몰아넣을 수밖에 없다.

내가 죽어야 다시 살 수 있다

성공적이고 건강한 사역을 하려면, 강력한 하나님의 손에 붙잡힌 도구가 되려면 우리 자신은 죽어야 한다. 내가 세운 계획과 나를 중심으로 하는 성공의 꿈을 버려야 하고, 안일한 삶을 바라는 마음을 버려야 한다. 또한 찬사와 존경을 바라는 마음, 주도권을 잡으려는 욕망, 자기 의를 추구하는 마음도 포기해야 한다. 다른 사람들을 위한 나의 계획이나 특별한 삶의 습관, 특별한 사역 장소를 탐하거나 스스로 왕이 되려는 생각, 하나님의 영광을 빼앗고 자기 영광을 드높이려는 생각, 자신의 시간을 스스로 통제하려는 태도, 평판을 잘 유지하려는 바람, 지나친 자기 확신을 버려야 한다. 한마디로 우리 자신에 대해 죽어야 하는 것이다.

이 모든 것은 개인 예배와 무슨 관계가 있을까? 우리 자신을 죽이는 데 개인 예배보다 더 강력한 효력을 지니는 것은 없다. '우리를 죽인다'는 말은 우리 안에 있는 '자기중심적 성향', 곧 하나님이 행하시는 일에 참여하기보다 그것을 방해하도록 이끄는 부패한 마음의 성향을 죽이는 것을 의미한다. 개인 예배는 하나님의 손에 들린 가장 효과적인 은혜의 수단이다. 하나님이 우리에게 주신 소명과 사역에 온전히 충실할 수 있도록 반드시 죽여야 할 것을 죽여 주는 수단 가운데 하나다. 이 점을 좀 더 자세히 설명해 보겠다.

1) 개인 예배는 하나님을 정확히 바라보게 한다

개인 예배를 일관되게 유지하면 하나님을 정확하게 바라볼 수 있는 안목이 열린다. 우리 모두의 가장 큰 위험 가운데 하나는 왜곡된 시각에 사로잡혀 하나님의 놀라운 은혜를 보지 못하는 것이다. 이사야의 말대로 '하나님의 영광이 온 땅에 충만'한데도 우리는 어처구니없게도 도처에 드러나 있는 그분의 영광을 보지 못한다(사 6:3 참고). 우리의 시야를 가로막는 것들이 마음의 눈을 흐리게 만든다. 우리는 목회적 돌봄을 절실히 필요로 하는 어려운 사람들, 부족한 교회 예산, 구닥다리가 된 시설들, 효과적인 리더십의 부재로 인해 지지부진해진 어린이 사역 같은 것에만 눈을 돌린다. 또한 신학적인 이견과 논쟁, 준비해야 할 연속 설교,

도와야할 수 많은 선교사들, 훈련이 필요한 지도자 등. 우리 마음의 눈에 중요한 것들이 가득차 있지만, 정작 가장 중요한 것은 보지 못한다.

매일의 성경 공부와 묵상과 기도는 하나님의 영광을 다시 한 번 우리의 눈앞에 크게 부각시킬 수 있는 능력과 잠재력을 지닌다. 하나님의 광대하심을 날마다 바라본다면 용기와 희망을 발견할 수 있다. 뿐만 아니라, 우리 자신이 그렇게 위대하거나 영광스럽지 않다는 사실도 깨달을 수 있다.

개인 예배는 우리를 차츰 본연의 자리로 되돌려 놓는 능력을 지닌다. 또한 하나님을 우주의 중심에 올려놓기 때문에 우리가 중심이 되고자 하는 생각을 잠재우는 능력이 있다. 더불어 놀라운 하나님의 나라에 관심을 기울이게 하여 우리 자신의 왕국을 세우려는 강박감에서 자유롭게 해준다. 또한 우리에게 하나님의 은혜를 가져다주어서 우리가 사람들을 변화시킬 수 있다는 생각을 버리게 한다. 개인 예배는 오직 하나님께서만 하실 수 있는 것을 우리가 할 수 있다고 생각하는 그릇된 자신감을 없애 주는 은혜의 수단이다.

2) 개인 예배는 세상을 정확히 바라보게 한다

개인 예배는 세상을 정확하게 바라볼 수 있는 안목을 열어 준다. 매일 성경을 통해 더럽고 추악한 현실과 실상을 바라보면 이 타락한 세상이 사역의 낙원이 될 수 있으리라는 헛된 꿈을 버릴 수 있다. 다시 말해, 비현실적인 기대와 목회적인 몽상에서 벗어날 수 있다는 것이다. 또한 다른 사람들의 사역을 질투하면서 자신의 사역만 어렵다고 불평하는 잘못에서 벗어날 수 있다.

더불어 사역 자체가 목적이 아닌 수단이라는 것, 곧 세상에서 이루어지는 삶과 사역이 모든 사람들을 준비시켜 마지막 목적지를 향하게 한다는 것을 이해할 수 있다. 사람들은 사역을 하면서 종종 순진하고 낭만적인 생각에 사로잡혀 크게 열광하기도 한다. 하지만 개인 예배는 교회의 사역을 그런 식으로 바라보는 관점에서 우리를 자유롭게 한다. 모든 것을 사실 그대로 진술하는 성경을 통해 세상을 바라보면, 고난 받지 않고서도 십자가에 못 박히신 왕을 섬길 수 있다는 이기적인 환상에서 벗어날 수 있다.

3) 개인 예배는 자기 자신을 정확히 바라보게 한다

개인 예배는 우리 자신을 정확하게 바라볼 수 있는 안목을 열어 준다. 매일 거울을 바라보면 우리의 현재 모습을 정확하게 볼 수 있다. 우리는 스스로에 대해 잘 알고 있다고 생각하기를 좋아한다. 또한 우리의 장단점을 정확하게 알고, 우리가 가야 할 길을 옳게 이해하고 있다고 생각하는 것도 좋아한다. 우리는 잘못을 저질렀을 때 곧바로 잘못을 깨닫고 책임을 인정하는 사람인 줄 착각하는 경향이 있다. 그러나 항상 그런 것은 아니다. 왜곡된 눈으로 자신을 바라볼 때가 많다. 우리는 종종 우리가 실제보다 더 낫다고 생각하기를 좋아해서 우리 자신을 정확하고 온전하게 보여 줄 수 있는 거울이 절실히 필요하다.

이는 매우 중요한 사안이다. 왜냐하면 자율적 의시와 사기 신뢰와 사기 의는 온유하고, 겸손하고, 인내와 사랑이 넘치는 목회 사역을 방해하는 가장 큰 걸림돌이기 때문이다.

하나님의 은혜를 정확하게 바라보는 안목이 있어야만 우리는 우리가 필요로 하는 희망과 용기를 얻을 수 있다. 얻을 수 있다. 오직 은혜만이 할 수 있는 일을 행하려고 애쓸 필요는 없다.

안타깝게도, 은혜를 바라보는 안목을 상실한 목회자들이 많다. 오늘날의 목회자들도 이스라엘 군대처럼 자신이 지닌 잠재력을 자기 자신과 문제의 크기에 빗대어 생각하는 잘못을 저지르고 있다. 이스라엘 군대가 골리앗과 당당하게 맞서 싸우지 못했던 것은 조금도 놀랄 일이 아니다. 그들은 자신들이 혼자가 아니라는 사실을 망각했다. 또한 자신들과 언약을 맺으신 전능하신 하나님이 능력을 나타내실 것이라는 사실도 전혀 의식하지 못했다.

그와 마찬가지로, 오늘날의 목회자들도 자신의 잠재력을 잘못 평가하는 오류에 빠지고 말았다. 이것은 복음을 불완전하게 이해하고 있기 때문이다. 그들은 예수 그리스도의 복음의 현재성을 스스로에게 성실하게 전하지 못했다. 따라서 그들은 자신의 능력을 벗어난 일이라고 생각하고 두려워하든지, 자신이 가지고 있지도 않은 능력을 가졌다고 착각하든지 둘 중에 한 가지 잘못을 저지를 수밖에 없다. 성경에 구구절절 기록되어 나타나는 은혜의 메시지는 우리를 꼼짝 못하게 마비시키는 두려움과 우리를 부풀리려는 교만을 모두 없애 준다. 목회자는 날마다 자신에게 은혜가 필요하다는 것을 인정하고 고백해야 한다. 그렇지 않으면 자기 자신과 다른 사람들을 위험에 빠뜨릴 수밖에 없다. 은혜의 메시지는 우리를 겸손하게 하고 희망을 가져다준다. 이 두 가지는 예수 그리스도의 교회에서 일하는 지도자라면 누구에게나 반드시 필요한 인격적 자질이다.

우리를 죽이는 것이 또한 우리를 살린다. 개인 예배는 우리를 죽이는 은혜로운 수단이다. 개인 예배는 자기 신뢰, 자기 의, 자기 주권, 자기중심과 같은 것을 극복하게 도와준다. 그런 것을 극복하는 순간, 우리는 진정한 삶을 살 수 있다. 진정한 삶은 죽음의 반대쪽에 있다. 우리가 우리 자신에 대해 죽는 순간, 참된 의가 살아나기 시작한다. 그리스도의 말씀을 잊지 말라. 그분은 이렇게 말씀하셨다.

"누구든지 나를 따라오려거든 자기를 부인하고 자기 십자가를 지고 나를 따를 것이니라 누구든지 제 목숨을 구원하고자 하면 잃을 것이요 누구든지 나를 위하여 제 목숨을 잃으면 찾으리라"(마 16:24-25).

개인 예배는 하나님의 은혜를 소낙비처럼 부어 준다. 그렇기 때문에 언제라도 하나님의 소명을 행할 수 있도록 나를 항상 깨어 있게 해주고, 내가 직면하게 될 어려움을 능히 극복할 수 있도록 도와준다.

개인 예배는 우리를 구원하기 위해 그분이 정하신 은혜의 수단 가운데 하나다. '다 완성했다'는 생각 때문에 거룩한 두려움과 겸손한 감사(개인 예배를 일관되게 유지해 나가는 원동력)가 없어진다면, 우리 자신과 교회는 참으로 암울하고 위험한 상황에 처하고 말 것이다.

우리의 이중적인 정체성을 망각한 증상들

사역자라면 누구나 항상 자신의 이중적인 정체성을 의식하고, 힘써 지키기 위해 노력해야 한다. 다시 말해, 사역자는 스스로가 사역의 도구이자 수용자라는 사실을 반드시 기억해야 한다. 도구로서의 사역은 수용자로서의 정체성을 무시하지 않고, 수용자로서의 정체성은 도구로서의 사역을 약화시키지 않는다. 우리는 다른 사람들의 삶을 위해 일하는 은혜의 도구다. 하지만 다른 사람들에게 전하는 은혜가 필요한 존재이기도 하다.

우리가 다른 사람들에게 주는 것을 우리도 받아야 할 필요가 있다는 것을 잊으면 은혜를 더 이상 구하지 않게 된다. 또한 우리 자신을 오로지 도구로만 생각한다면 개인적으로 말씀을 연구하고 하나님을 경배하는 시간을 유지하기가 불가능하다. 말씀을 우리 자신을 위한 것으로 생각하지 않으면, 매번 성경책을 집어들 때마다 우리 마음의 양식보다는 다른 사람들에게 전할 설교 준비만을 염두에 두기 쉽다. 다시 말해, 다른 사람들에게 전하는 영혼의 양식을 개인적으로 받아들이지 않고 늘 준비에만 관심을 기울일 것이 뻔하다.

"갓난아기들같이 순전하고 신령한 젖을 사모하라 이는 그로 말미암아 너희로 구원에 이르도록 자라게 하려 함이라"(벧전 2:2).

베드로의 이 말은 주의를 환기시킨다. 내 첫째 아들이 갓난아기였을 때 몹시 굶주려 했던 기억이 난다. 녀석은 오직 자신의 어머니만이 줄 수 있는 젖을 갈망했고, 일단 젖을 빨면 그 무엇에도 신경 쓰지 않았다. 그러나 허기진 배를 마음껏 채우고 난 아이를 자리에 내려놓으려고 하면 녀석은 바로 울음을 터뜨렸다. 녀석의 울음은 또 다른 굶주림의 표시였다. 녀석은 친밀한 관계, 교감, 어머니의 안전한 품속을 갈망했다. 그런 기억은 내게 이런 질문들을 떠오르게 한다.

내가 혹시 하나님의 말씀이 주는 영혼의 자양분을 갓난아기처럼 사모하기를 멈춘 것은 아닐까? 주님과의 친밀한 교감에서 비롯하는 위로와 안전감을 사모하는 마음이 사라진 것은 아닐까? 모든 것이 단지 종교적인 제도를 섬기려는 노력으로 전락한 것은 아닐까? 모든 것이 신학적인 개념과 사역의 전략으로 축소된 것은 아닐까? 소명을 인격적으로 받아들이기를 중단하고, 단지 직업이나 생계 수단으로 생각하는 것은 아닐까? 은혜의 복음을 다른 사람들에게 전하겠다는 열정이 영혼을 죽게 만드는 정체성의 망각으로 바뀐 것은 아닐까?

목회자들이여, 다른 사람들을 먹이는 데만 관심을 기울이고 스스로를 먹이는 일은 무시하고 있지는 않는지 생각해 보라.

자, 이제 우리의 이중적인 정체성을 망각하는 데서 비롯하는 증상들을 몇 가지 열거해 보겠다.

1) 성경이 더 이상 거울의 역할을 하지 않는다

첫 번째 징후는 말씀과의 관계가 변하는 것이다. 성경이 더 이상 우리를 비추는 거울의 역할을 하지 않고, 단지 다른 사람들에게 사역을 하는 도구로 전락한다. 매우 위험한 일이다. 그런 상태로 살면서 사역을 하는 목회자들이 너무 많다. 이런 경우는 예배생활도 함께 변질될 가능성이 매우 높다.

2) 예배가 공적인 의무로 바뀐다

예배가 감사하는 마음과 겸손한 태도를 바탕으로 한 개인적인 영적 활동에서 공적인 의무로 변질된다. 물론 하나님의 말씀을 가르치는 것이나 다른 사람들을 위해 예배를 인도하는 것은 모두 목회자가 해야 할 의무에 해당한다. 그러나 스스로가 날마다 경험하지 못하는 것을 어떻게 다른 사람들에게 효과적으로 전할 수 있겠는가?

3) 기독교 신앙이 관계가 아닌 체계로 변한다

기독교 신앙이 구원자이신 주님과의 인격적인 관계와 교제가 아니라, 구원의 체계와 관련된 것으로 변질된다. 아마도 세상에는 '그리스도 없는 기독교'가 우리가 생각하는 것보다 훨씬 더 많을 것이다. 그런 기독교가 나타나게 된 원인은 우리의 마음에 문제가 생겼기 때문이다.

4) 성경의 진리가 마음을 지배하기를 바라는 열망이 없다

성경을 이해하고자 하는 욕구만 있을 뿐, 성경의 진리가 마음을 지배하기를 바라는 열망이 없어진다. '다 완성했다'는 생각에서 비롯하는 위험 가운데 하나는 바로 '성경 숭배주의'다. 성경 숭배주의란, 하나님의 말씀을 신뢰하는 마음이 말씀을 다루는 우리의 지식과 능력을 신뢰하는 마음으로 대체되는 것을 의미한다. 그런 경우에는 마음과 삶이 하나님의 말씀에 의해 철저히 변화되기를 바라기보다 신학 지식을 습득하는 데 더 많은 관심을 기울이게 된다. 말씀에 대한 열정은 있으면서 말씀의 하나님을 사모하는 마음은 없다는 것은 말도 안 되는 일이다.

5) 자기의 죄보다 다른 사람들의 죄에 더 많은 관심을 기울인다

스스로의 죄를 뉘우치기보다 다른 사람들의 죄에 더 많은 관심을 기울이게 된다. 아마도 우리 가운데 유능한 설교자의 설교를 들으면서 다른 누군가를 떠올린 적이 없는 사람은 아무도 없을 것이다. 우리는 말씀을 들을 때 스스로는 감사하는 마음과 영적 허기를 느끼지 않는다. 그 대신 우리는 이런 식으로 생각한다.

'저 설교자가 전하는 말씀을 들어야 할 사람이 지금 이 자리에 있다는 게 참 감사해.'

이것은 사역자라면 누구나 느낄 수 있는 매우 현실적인 유혹이 아닐 수 없다. 다른 사람의 영적 상태를 애통해하는 마음이 우리 자신의 죄를 애통해하는 마음보다 더 크면 큰 위험을 초래할 가능성이 매우 높다.

6) 자기가 알고 있는 것을 더 신뢰한다

주님이 나를 잘 아신다고 생각하고 겸손한 태도를 취하기보다 자기가 알고 있는 것을 더 신뢰하게 된다. 다시 말해, 우리가 알고 있는 것을 과신하는 자만심에 의해 우리의 삶과 사역이 형성되기 시작한다. 그런 경우에는 이미 완성 단계에 올라선 사람처럼 사역을 하는 잘못을 저지를 수밖에 없다.

본인의 삶과 사역에 이런 증상들이 나타나고 있는가? 다른 사람들에게는 은혜를 전하지만, 정작 자신이 은혜를 필요로 한다는 사실을 망각했음을 보여 주는 증거들이 있는가?

예수 그리스도의 십자가를 통해 우리에게 주어지는 가장 은혜로운 축복 가운데 하나는 성전의 휘장이 둘로 갈라진 것이다. 대제사장만 1년에 한 번 들어갈 수 있는 지성소는 이제 더 이상 존재하지 않는다. 이제는 하나님의 자녀라면 누구나 언제라도 담대하게 하나님 앞에 나아갈 수 있다. 히브리서 저자는 이렇게 말했다.

"때를 따라 돕는 은혜를 얻기 위하여 은혜의 보좌 앞에 담대히 나아갈 것이니라"(히 4:16).

우리는 온갖 죄와 실패에도 불구하고 언제라도 하나님 앞에 나아가 마음을 새롭게 할 수 있다. 하나님은 가까이 다가와 친밀한 교제를 나누도록 허락하신다. 우리는 언제라도 그분과 인격적인 교제를 나눌 수 있다. 우리는 부정하지만 담대하게 하나님의 거룩하신 존전에 나아갈 수 있는 것이다. 예수님의 보혈이 불가능한 것을 가능하게 만들었다. 이제 우리는 예수 그리스도를 통해 하나님 앞에 나아갈 수 있게 되었다. 따라서 히브리서 저자의 말대로 우리가 취해야 할 올바른 태도는 오직 '담대히 나아가는 것'뿐이다.

우리의 정체성과 주어진 은혜를 망각하면 하나님께 가까이 나아가는 것을 중단할 수밖에 없다. 우리에게 아무 문제가 없다고 생각하고 사역을 준비하기에만 바쁜 탓에 주님과의 교제가 단절된 목회자들이 수두룩하다. 왜냐하면 우리의 부족함을 의식하고 감사하는 마음으로 예배를 드릴 때 생겨나는 겸손과 인내, 열정, 온유한 심령이 사역에서 결여되었기 때문이다.

우리 자신이 왕이신 주님을 필요로 한다는 것을 의식하지 못하면 주님의 은혜를 전하는 충실한 사자가 될 수 없다. 공적 사역은 사적인 헌신을 통해 추진되어야 한다. 사적인 헌신이 없는 사역은 우리와 우리가 섬기는 사람들에게 해를 끼칠 가능성이 높다.

목회자들이여, '다 완성했다'는 생각과 분주한 사역 때문에 그리스도와의 교제가 끊어졌는가? 아니면 히브리서 저자의 말대로 지금도 여전히 하나님 앞에 가까이 나아가고 있는가?

Chapter 14

"너무 다른
두 인격으로 사는 삶,
이젠 익숙해."

사역과 삶의 괴리를 좁혀라

우리는 공인으로서의 삶과 개인으로서의 삶이 서로 충돌하는 현실 속에 살고 있다. 따라서 이 상태에 익숙해질 수 있는 위험성이 항상 존재한다. 목회자의 마음속에서는 늘 온갖 우상들의 목소리가 끊이지 않아 일종의 예배 전쟁이 일어나고 있다. 치열한 영적 전쟁에 지친 수많은 목회자들이 이중적인 삶과 사역의 우상들에 스스로를 방치하고 있다. 이런 결과를 예방할 수 있는 유일한 방책은 오직 예수 그리스도의 복음뿐이다. 오직 은혜만이 줄 수 있는 삶을 살아갈 때 다른 곳에서 생명을 찾으려는 노력을 멈출 수 있다.

약간 불편하긴 했지만, 재미도 있고 나름대로 유익한 한때였다. 목회자들이 나와 부교역자인 스티브에게 점심식사를 하자고 해서 우리는 그들과 자리를 함께했다. 목회자 가운데 한 사람이 스티브에게 보험 사업을 사위에게 물려주고 '폴 트립 선교회'의 전임 사역자로 일하게 된 동기가 무엇이냐고 물었다. 스티브는 이렇게 얼른 대답했다.

"폴 트립 목사님이 존경스러워서 사역을 하는 것은 아닙니다. 트립 목사님도 알고 보면 멍청한 바보일 수도 있으니까요. 내가 사역을 하는 이유는, 삶을 변화시키는 예수 그리스도의 능력을 삶에 적용하려는 트립 목사님의 열정을 믿기 때문인 것 같아요."

그 말을 듣고 있자니 이런 생각이 뇌리를 스쳐 지나갔다.

'맞아, 스티브. 나는 멍청이처럼 행동할 때가 있어. 하지만 그런 말을

목회자들 앞에서 당신이 크게 광고해야 한다면 차라리 내가 하고 싶어.'

재미있는 순간이었다. 내가 그 순간에 어떻게 반응해야 할지 생각하는 동안 목회자들 가운데 몇몇은 크게 웃었고, 몇몇은 불편한 기색으로 서로의 얼굴을 바라보았다.

사실 스티브의 말은 틀리지 않았다. 그는 내 곁에서 내가 당황스러워하고, 쉽게 짜증내고, 실수를 저지르는 모습을 직접 지켜보기도 했고, 또 함께 일하기 어려운 상황도 모두 겪어 보았다. 누군가와 가까이에서 살면서 일하다 보면 그 사람의 부패한 마음속에 남아 있는 것들, 즉 주님의 손길을 여전히 필요로 하는 인격적인 결함을 발견하지 않을 수 없다. 스티브는 나의 가르침과 행동이 완벽하게 일치할 것이라는 환상을 버린 지 오래되었다. 만일 그가 나를 위해 사역을 해왔다면, 지금쯤 나는 수많은 이유를 들어 그에게 사역을 그만두라고 말했을 게 분명하다. 나는 불완전한 인간이기 때문에 아직도 은혜의 손길을 필요로 하는 상태다.

이제 이 책을 거의 마무리할 때가 되었기 때문에 나는 더욱 솔직해지련다. 다른 사람들도 나와 같았으면 하는 마음이다.

목회자들이여, 우리는 여전히 엉망진창인 상태다. 우리는 우리가 가르치는 진리를 실천하지 못할 때가 많다. 하나님의 은혜를 찬양하는 말씀을 전한 후 집으로 돌아올 때면 전혀 은혜롭지 못한 남편이나 아버지의 태도를 취하는 어두운 속성을 지니고 있다. 남자들에게 성적 순결에 관한 성경의 가르침을 전하고 난 후 마트에서 마주친 여성에게 욕정을 느낄 수도 있고, 자기를 희생하는 사랑을 가르치고 난 후 집에 돌아와서는 섬김 받기를 원하며 자기중심적으로 행동할 수도 있다. 우리는 성경이 가르치는 겸손을 설명하면서도 우리가 이룬 것을 자랑할 수도 있고, 우리의 은사와 재능을 하나님 나라를 위해 투자해야 한다고 강조하고 난 후 집에 가서는 바보상자 앞에서 시간을 헛되이 낭비할 수도 있다. 하나님의 통치를 신뢰한다고 가르치고 난 후 초조한 마음으로 우리의 뜻을 이루기 위해 정치적인 행위를 일삼을 수도 있으며, 하나님이 마땅히 받으셔야 할 영광을 그분께 돌려야 한다고 가르치면서도 다른 사람들 앞에서 우리의 사역이 성공한 것처럼 보이게 하기 위해 교인수를 부풀릴 수도 있다.

우리는 하나님이 모든 것을 공급해 주실 것을 믿는다고 말하면서도 더 많은 것을 소비해 빚을 질 수도 있다. 수직적 차원에서 우리의 정체성을 찾아야만 안식을 얻을 수 있다고 가르치면서도 사역을 할 때마다 사람들이 우리를 어떻게 생각할지 지나치게 의식할 수도 있으며, 만족하는 법을 가르치고 나서도 상황이 어려울 때면 금방 불평불만을 늘어놓을 수도 있다. 또한 우리는 스스로를 의롭게 생각하고, 교만한 태도로 판단을 일삼고, 다른 사람들을 통제하려고 하고, 쉽게 화내고, 원망하고, 때로는 우리가 당연히 축복을 받을 권리가 있는 것처럼 행동하기도 한다. 이처럼 우리는 아직 성화를 이루는 과정에 있기 때문에 매순간 은혜를 필요로 한다는 사실을 삶을 통해 여실히 보여 주고 있다.

우리는 공생활과 사생활이 따로 분리된 삶을 산다. 즉, 공인으로서는 고결한 삶을 살아가고 개인으로서는 엉망신창인 삶 말이다. 이런 분리된 삶의 현실은 주님이 재림하실 때까지 계속될 것이다.

그러나 분리된 삶을 산다고 해서 꼭 사역을 할 자격이 박탈되는 것은 아니다. 그러나 그런 삶에 안주하면 우리와 사역이 영적으로 무기력해진다. 분리된 삶을 교묘하게 유지해 나가는 데 익숙해지는 것은 매우 위험하다. 마음을 두 조각으로 나누는 기술이 매우 능숙해 마치 두 사람의 인격이 사는 것처럼 살아도 전혀 갈등을 느끼지 못하는 상태가 지속된다면, 목회자로서는 그보다 더 큰 불행은 없다. 분리된 삶은 평범한 삶이 이루어지는 일상생활 속에서 가장 자주 나타난다. 따라서 나는 이렇게 묻고 싶다.

"공생활과 사생활이 서로 모순되거나 단절되어 나타나는 삶을 살고 있지는 않은가?", "단절된 삶을 살면서도 아무 문제도 없는 것처럼 살고 있지는 않은가?"

자기 자신에게 복음을 전하라

목회자인 우리는 우리 자신에게 복음을 전해야 한다. 이런 분리와 모순이 존재하는 이유는 우리가 대중 앞에서 확신 있게 전하는 복음을 정작 우리 자신에게는 적용하지 않기 때문이다. 우리는 날마다 영적 싸움을 치러야 하며, 이중적인 마음을 극복해야 한다. 세상에는 우리의 마음을 유혹하는 것들이 많다. 그런 요소들은 사역 현장에서 이루어지는 우리의 말과 행동에 큰 영향을 미친다.

사역을 지원하는 교단에 대한 책임감을 느낄 수도 있고, 또 오랫동안 큰 영향력을 행사해 온 장로들이 요구하는 비전에 대한 부담감을 느낄 수 있다. 우리는 우리의 꿈과 희망은 물론, 앞으로 몇 년 뒤에 우리의 사역이 지니게 될 모습을 상상해 볼 수도 있다. 또한 우리가 목자의 마음을 지녔다면, 하나님이 우리에게 섬기라고 부탁하신 사람들의 영적 필요와 기대와 바람을 생각하며 부담감을 느낄 것이 분명하다. 우리를 지켜보는 사람들로부터 좋은 평판을 받는 사역을 이루고 싶은 책임감을 느낄 수도 있고, 종종 불협화음을 일으키는 다양한 사역을 일관되게 이끌어야 하는 의무감을 느낄 수도 있다.

이 밖에도 재정과 시설이 턱없이 부족할 수도 있고, 우리의 설교와 예배 인도를 평가하는 다양한 목소리를 들을 수도 있으며, 우리가 저지르지는 않았지만 부득불 해결하지 않으면 안 될 문제에 직면할 수도 있고, 반대나 비난에 부딪힐 수도 있다. 때로는 목회자보다는 정치꾼처럼 행동하며 주도권을 쥐려고 다투는 지도자들을 상대해야 할 때도 있다. 우리는 이 모든 일로 인한 중압감은 물론, 남편이자 아버지로서 행해야 할 엄청난 책임까지 짊어져야 한다.

이 모든 것은 당연히 관심을 기울여야 할 사안들이지만, 사역의 초점을 잃은 채 걱정 근심에 휘둘릴 수 있다. 이 모든 것을 책임져야 하는 것은 맞지만, 그 어떤 것도 우리의 마음을 지배하게 둬서는 안 된다. 이 모든 관심사는 목회자의 마음속에 우상을 불러들이는 역할을 할 수 있기 때문이다. 그런 일이 발생하면 우리의 마음은 하나님이 아닌 다른 것의 지배를 받게 된다. 다시 말해, 하나님 외에 다른 것을 통해 우리의 내적 행복과 정체성을 찾으려는 삽놋을 저지를 수 있다. 우리는 다른 사람들에게 예수 그리스도의 주권에 삶을 복종시키라고 요구하면서도 정작 우리 자신은 온갖 형태의 우상들에게 마음을 갖다 바칠 수 있다. 그렇게 되면 이미 수직적 차원에서 우리에게 주어진 것을 수평적 차원에서 찾으려는 생각으로 사역에 임할 수밖에 없다. 즉, 우리가 의식하지 못하는 사이에 스스로 메시아가 되려고 사역의 성공과 평판에 의지하게 될 수 있다.

그러나 그런 노력은 항상 잘못된 선택을 자초할 뿐, 우리가 원하는 내면의 평화를 가져다줄 수 없다. 이런 교묘한 우상들이 얼마나 광기어린 모습으로 우리의 사역을 위협하고 있는지 깊이 생각해 보라.

교인들이 사역에 적극적으로 참여하는 이유는 우리의 기분을 좋게 하거나, 우리의 사역 기술을 안심하고 의지하게 하기 위해서도 아니다. 하나님이 우리를 목회자로 세우신 이유는 우리 스스로 그럭저럭 정체성을 꿰맞춰 그것을 붙잡고 살게 하시기 위해서가 아니다. 교회 지도자들이 우리를 목회자로 초빙한 이유는 우리가 의미와 목적을 찾아야 할 필요성이 있음을 알고 있어서가 아니다. 어려움에 처한 교인들이 우리에게 찾아와 고민을 털어놓는 이유는 우리가 필요하고 중요한 존재임을 느끼게 하기 위해서가 아니다. 교인들이 물질을 충실하게 바치는 이유는 우리가 이룬 업적에 안주하게 하기 위해서가 아니다.

사역을 통해서는 모든 인간이 원하는 마음의 평화를 결코 얻을 수 없다. 그런 태도는 오히려 불안, 실망, 상처, 절망, 분노, 원망을 불러일으킬 뿐 아니라 궁극적으로는 하나님의 선하심을 의심하게 만든다. 종종 '목회 탈진'이라고 일컫는 현상, 즉 목회자들이 기진맥진한 상태로 절망에 빠지게 되는 것은 목회자들이 사역에서는 절대 발견할 수 없는 것을 발견하려고 애쓰기 때문이다.

우리는 공인으로서의 삶과 개인으로서의 삶이 서로 충돌하는 현실 속에 살고 있다. 따라서 이 상태에 익숙해질 수 있는 위험성이 항상 존재한다. 목회자의 마음속에서는 늘 온갖 우상들의 목소리가 끊이지 않아 일종의 예배 전쟁이 일어나고 있다. 치열한 영적 전쟁에 지친 수많은 목회자들이 이중적인 삶과 사역의 우상들에 스스로를 방치하고 있다. 이런 결과를 예방할 수 있는 유일한 방책은 오직 예수 그리스도의 복음뿐이다. 오직 은혜만이 줄 수 있는 삶을 살아갈 때 다른 곳에서 생명을 찾으려는 노력을 멈출 수 있다. 또한 은혜를 통해 주어지는 용서와 안식으로 우리 자신을 정직한 눈으로 바라보고 잘못을 뉘우쳐야만 죄책감과 수치에서 벗어날 수 있다.

목회자들이여, 우리보다 더 많은 설교를 필요로 하는 교인은 없다. 은혜를 설명하고 전해야 할 가장 중요한 장소는 바로 우리의 마음이다. 은혜를 구체적인 상황과 장소와 관계에 적용하는 것이 가장 절실히 필요한 곳은 바로 우리 자신의 삶이다. 이중적인 태도를 지니게 될까 두려워해야 할 장소가 있다면 바로 우리의 마음이고, 우상 숭배를 가장 경계해야 할 곳이 있다면 바로 우리의 삶이다. 사역이란, 우리의 마음속에서 이루어지는 복음을 위한 투쟁이다. 은혜는 우리를 좋은 군사로 만들어 준다.

우리 자신을 하나님이 죄로 여기시는 것들에 익숙해지도록 방치해서는 안 된다. 아무런 유익이 없는 것을 유익하게 만들려고 애쓰는 것은 어리석다. 마음속에 우상이 있는데도 그것을 우상이 아니라고 생각하는 것은 옳지 못하다. 또한 성실성과 일관성이 결여된 사역에 만족해서도 안 된다. 우리는 예수 그리스도의 복음을 위해 싸우라는 부르심을 받았다. 그 싸움은 우리의 마음에서부터 시작한다는 것을 항상 염두에 두기를 바란다.

모든 목회자가 일상생활을 하면서 스스로에게 적용해야 할 복음을 몇 가지 소개해 보겠다.

1) 기준에 미치지 못할까 봐 염려하지 말라

우리 자신이 무가치한 존재로 드러나지는 않을까 하는 두려움에서 자유롭게 하는 것은 오직 복음뿐이다. 물론 우리는 무가치한 존재다. 우리가 무슨 말이나 행동을 하더라도 하나님의 사랑과 영접을 받기에 합당한 존재가 될 수 없다. 하나님의 인정을 받을 만큼 완벽하게 복종할 수도 없다. 우리가 가치 있는 존재임을 우리 자신과 다른 사람들에게 힘써 주장하려는 마음에서 자유로워져야 한다. 개인적으로 우리의 가치를 주장할 필요도 없고, 또 대중 앞에서 그것을 입증하려고 애쓸 필요도 없다. 예수님이 그 모든 기준을 완벽하게 만족시키셨기 때문이다.

예수님은 우리를 대신해 모든 자격을 온전히 갖추셨다. 그분은 우리가 이룰 수 없는 것을 이루셨다. 그 덕분에 우리로서는 결코 얻을 수 없는 지위와 신분이 우리에게 주어졌다. 아직도 시험 기간을 거치면서 평가받아야 하는 것처럼 살아갈 필요가 없다. 우리는 온전히 받아들여졌고, 사역자로서 부르심을 받았다. 이 두 가지는 우리의 노력으로 얻은 게 아니라, 은혜의 선물이다. 우리가 사역자로 부르심을 받은 이유는 예수 그리스도의 복음이 신뢰할 수 있는 진리이고, 우리를 해방하고 변화시키는 능력이 있기 때문이다. 우리는 우리의 죄와 약점은 물론, 다른 사람들의 기대와 비판에서 비롯하는 압박감을 느끼며 살아가고 있다. 따라서 우리는 날마다 우리 자신에게 은혜의 복음을 전해야 한다.

2) 사람들에게서 나의 정체성을 찾지 말라

사람들이 우리를 어떻게 생각하든 크게 염려하지 말라. 다시 말해 용기와 희망, 평화, 안식, 삶의 이유를 다른 사람들에게서 찾으려고 해서는 안 된다. 다른 사람들이 우리에게 어떻게 반응하든 크게 염려할 필요도 없고, 우리를 비난하는 사람들을 지나치게 두려워할 필요도 없다. 목회자가 사람들의 감사와 존경에 의지해 사역을 해나간다면, 큰 위험을 자초하는 결과를 낳을 것이다.

우리는 그리스도의 몸의 사역을 필요로 하는 존재로서 그 사역을 기꺼이 받아들여야 한다. 그러나 사람들의 의견에 따라 마치 롤러코스터를 타듯 불안한 마음으로 이리저리 흔들릴 필요는 없다. 우리는 '하나님의 자녀'라는 안전한 정체성을 이미 확보했기 때문이다. 따라서 비판의 말을 들을 때 당혹스러워할 필요도 없고, 다른 사람들의 의견에 따라 우리 자신과 사역의 방향이 이리저리 흔들리게 만들 필요도 없다.

우리는 그리스도 안에서 정체성을 안전하게 확보했기 때문에 정직한 태도로 우리의 약점을 직시할 수 있다. 그렇게 할 수 있는 이유는 하나님 앞에서의 신분이 우리의 행위가 아니라, 그리스도의 온전하신 복종에 근거하기 때문이다. 이 진리를 우리 자신에게 날마다 전해야 한다.

왜냐하면 우리의 정체성을 사역에서 찾으려고 애쓰거나, 그리스도 안에서 우리에게 주어진 정체성을 확고하게 붙잡거나 둘 중 하나를 선택해야 할 상황이기 때문이다.

3) 나의 실체가 드러날까 노심초사하지 말라

우리 자신이 알려지는 것이 두렵게 느껴지면 우리의 삶을 숨길 수밖에 없다. 그렇게 되면 우리 자신이 대답해야 할 물음을 교묘히 회피하게 되고, 경건한 것처럼 보이려고 사람들 앞에서 형식적인 신앙을 드러낼 수밖에 없다. 자신의 실체와 자신이 고민하는 문제가 알려질까 두려워하는 목회자들이 많다.

그동안 내게 자신의 죄가 드러날까 두렵다고 고백한 목회자가 하나둘이 아니다. 그들은 자신이 다른 사람들과 똑같은 죄인이어서는 안 된다고 말한다. 목회자가 자신의 죄를 부인하고, 두려움 때문에 스스로를 숨겨야 하는 분위기가 형성된다면 목회 문화는 분명히 심각한 문제를 초래하게 될 것이다. 그런 문화 속에서 말씀을 전하고, 일상생활을 영위하는 것은 복음에 명백히 위배되기 때문이다.

복음은 우리를 숨어 있는 곳에서 나올 수 있게 해준다. 우리는 이 사실을 항상 스스로에게 상기시켜야 한다. 복음은 우리의 가장 어두운 곳을 희망으로 직시할 수 있게 해준다. 우리에게서 어떤 약점과 죄가 드러나더라도 이미 주 예수님의 인격과 사역을 통해 온전한 용서가 이루어졌다. 따라서 사실은 그렇지 않은데도 '나는 중요한 존재야.'라고 생각하는 거짓 토대 위에 우리의 사역을 건설하려고 해서는 안 된다. 사람들이 어떻게 반응하든, 주님은 결코 우리에게 등을 돌리시거나 우리에게 주신 은사를 거두어 가지 않으신다. 이 사실을 기억하면 다른 사람들 앞에서 정직하고 겸손하게 행할 수 있고, 우리의 현재와 미래의 사역을 모두 구원자이신 주님의 손에 온전히 맡길 수 있다.

4) 사역의 걸림돌은 나의 약점이 아니라, 나의 능력을 확신하는 착각이다

약점을 지닌 사람이 사역을 할 자격이 없다고 주장한다면, 예수님의 제자들 가운데 아무도 부르심을 받지 못했을 것이다. 사실 우리는 어떤 식으로든 약점을 늘 내보이며 살아간다. 우리의 어리석음을 드러내지 않는 날은 단 하루도 없다. 하나님은 책임과 기회, 정신적인 짐, 사역의 유혹을 통해 우리가 얼마나 연약한 존재인지 보여 주신다. 그 이유는 그분의 은혜와 도우심을 항상 구하게 하시기 위해서다. 또한 사람들을 은혜의 도구로 사용해 우리의 삶을 변화시키시기 위해서다.

바울은 자신이 '죄인의 괴수'라고 인정했으면서도 사역을 중단하지 않았다. 우리의 사역이 좋은 평판을 얻고, 우리의 왕국을 건설하는 데로 치우치지 않으려면 자신의 연약함을 솔직히 인정해야 한다. 그래야 자기 의를 드러내는 위험, 자아를 신뢰하는 위험에서 벗어날 수 있다.

우리에게 능력이 있고, 우리 자신이 성숙하다고 착각하면 그릇된 길로 치우쳐 결국에는 사역을 망칠 수 있다. 그리고 우리 자신이 강하다고 생각하면 우리도 모르는 사이에 예수님의 은혜와 다른 사람들의 사역이 필요하지 않은 것처럼 행동할 수밖에 없다.

5) 영적 고갈 상태는 오히려 복음을 더욱 능력 있게 전할 수 있게 한다

물론 교회에서 사역을 하려면 어느 정도는 영적으로 성숙한 상태여야 한다. 내가 말하고자 하는 요점은 이것이다.

"목회자가 약점을 내보이면 그가 전하는 메시지의 능력이 약화되거나 비웃음을 사게 될 거라는 생각은 잘못되었다."

그런 생각은 '복음이 가르치는 모든 것을 완벽하게 보여 주는 본보기가 되지 않으면 예수님의 이름을 욕되게 할 수밖에 없다'는 강박증에서 벗어나기 어렵게 만든다. 그런 상태에서는 목회자인 우리도 여전히 성화의 과정에 있기 때문에 도움이 필요하다는 것을 솔직히 인정하기가 불가능해진다.

그러나 목회자인 우리는 완벽한 본보기가 될 수 없다. 온전한 단계에 올라선 분은 오직 그리스도뿐이시다. 우리가 목회자로 부르심을 받은 이유는 사람들이 부활하신 주 예수 그리스도를 들여다볼 수 있는 창문이 되기 위해서다. 따라서 우리의 약점은 오히려 주 예수 그리스도의 은혜의 능력과 본질을 드러내는 역할을 한다.

우리는 여전히 변화를 필요로 하는 존재다. 그리스도의 강력한 은혜는 이런 우리를 도구로 사용해 다른 사람들에게 삶을 변화시키는 복음을 전하게 한다. 이 점을 기억해야만 우리의 실제 모습과 다르게 보이려고 애쓰거나, 우리 스스로 이룰 수 없는 것을 이루었다고 자랑하거나, 사람들이 우리를 치켜세워 오직 예수님만이 하실 수 있는 메시아의 지위를 우리에게 맡기려고 하는 잘못에서 자유로울 수 있다. 따라서 우리는 늘 우리 자신에게 스스로의 약점을 솔직히 인정하고, 주님의 충족한 은혜를 의지해야 한다는 것을 일깨워 주어야 할 필요가 있다.

6) 주님은 오직 한 분뿐이시다

우리는 우리의 지혜가 온전하지 않은 데다 때로는 너무나 어리석기까지 하다는 사실, 올바르지 못한 성품을 드러낼 때가 많다는 사실, 우리의 능력이 한없이 부족하다는 사실을 솔직히 인정해야 한다. 우리는 약점을 정직하게 인정해야 한다. 우리 자신을 신뢰하는 어리석은 마음을 버리고, 우리가 희망을 둘 수 있는 반석은 오직 예수 그리스도뿐이시라는 사실을 기꺼이 인정하자.

목회자라면 누구나 '이중성'과 '우상 숭배'라는 덫에 걸려들 수 있다. 그 덫에서 우리를 구원할 수 있는 것은 오직 '복음의 소망'과 '보증'뿐이다. 은혜를 통해 용기를 얻어야만 우리의 메시지와 삶이 일치하지 않는 부분을 직시하여 극복해낼 수 있다. 오직 복음만이 이중적인 삶을 유지하려는 헛된 노력으로부터 우리를 구할 수 있다. 우리가 복음을 통해 구원받은 것은 취소할 수 없는 현실이다. 이 사실을 기억해야만 사역에서 정체성과 안식을 찾으려는 태도, 곧 우리가 구하는 것을 가져다줄 수 없는 것들을 숭배하는 태도를 버릴 수 있다. 또한 하나님의 무한하신 사랑을 기억해야만 거짓 메시아에서 위로와 소망을 찾으려는 헛된 노력에 치우치지 않게 된다.

목회 사역은 우리를 애통하게 만들거나 착각에 빠지게 만든다. 사역을 하면서 우리의 약점이 드러나면 자기 의를 버리고 애통해하며, 십자가 앞에 나아가 용서와 치유와 위로를 구할 수 있다. 하지만 복음을 망각하면 드러난 것을 숨기고 부인할 수밖에 없다. 그런 경우는 공적 사역을 성공으로 이끌었다는 자부심을 앞세워 사생활을 통해 드러나고 있는 현실을 애써 부인하게 된다. 아니면 자신이 전하는 복음이 스스로에게도 똑같이 필요한데도 자신은 은혜에 관한 한 모든 것을 졸업했다는 착각에 사로잡힐 가능성이 높다.

우리의 마음속에 길이 있다면, 그 길은 단 둘뿐이다. 하나는 스스로의 부족함을 애통해하는 길이고, 다른 하나는 자기 영광을 구하는 길이다. 전자는 그리스도 안에서 더 큰 희망을 찾게 하고, 더욱 용기 있게 사역을 하게 만든다. 하지만 후자는 '다 완성했다'는 교만에 치우쳐 현명하지 못한 결정을 내리도록 유도하며, 복음의 공동체 안에서 더불어 살 때만 이룰 수 있는 삶을 독자적으로 추구하도록 이끈다.

분리된 틈을 메울 수 있는 5가지 방법

우리가 사람들에게 가르치는 것과 실제로 살아가는 모습이 서로 괴리된 상태라면 어떻게 그 틈을 메울 수 있을까? 사역자라면 누구나 깊이 명심해야 할 다섯 가지 실천 원리를 소개해 보겠다.

1) 자신의 가르침과 설교를 스스로 경청하라

가르침이나 설교를 준비할 때는 개인적인 적용을 빼놓아서는 안 된다. 우리가 준비하는 성경 본문이 우리의 마음속에 있는 무엇을 드러내는지 깊이 숙고해야 한다.

"이 성경 본문은 무엇을 고백하고 회개하라고 요구하는가?", "이 성경 본문은 하나님의 어떤 성품과 계획을 드러내어 새로운 용기와 힘을 주는가?", "이 성경 본문의 가르침을 삶에 적용하려면 어떻게 해야 할까?"

말씀을 준비할 때는 우리의 마음 상태를 솔직하게 고백하고, 복음을 높이 찬양하는 시간이 필요하다. 더불어 기도로 고백해야 할 것을 고백하고, 잘못을 구체적으로 뉘우칠 방법을 찾는 시간을 마련해야 한다. 목회자는 다른 사람들에 비해 하나님의 말씀을 깊이 묵상하는 데 할애할 시간이 많다. 하나님이 허락하신 이 귀한 축복을 마음껏 누리라.

2) 자신의 고민을 사람들 앞에서 솔직하게 털어놓으라

설교를 전할 때마다 마음속에 있는 고민을 모두 털어놓으라는 말이 아니니 오해 말기를 바란다. 그러나 목회자도 아직 완성 단계에 올라서지 못했고, 신앙생활을 하면서 많은 어려움을 겪고 있다는 사실을 청중에게 알리는 것은 중요하고도 가치 있는 일이다. 우리의 속사정을 사람들 앞에서 드러내면 공생활과 사생활의 간격을 줄일 수 있다. 그렇게 하면 서로 다른 두 인격으로 살아가는 삶을 피할 수 있고, 우리의 가르침과 삶이 모순되는 것을 예방할 수 있으며, 교인들의 이목이 집중된 상황에서 설교와 가르침을 구체적으로 적용할 수 있다. 또한 교인들에게 우리를 위한 기도와 격려를 당부할 수 있고, 우리가 가르치는 모든 것을 실천에 옮기려고 애쓰는 모습도 보여 줄 수 있다. 우리는 공적 사역의 기회를 통해 공생활과 사생활의 간격을 메우려는 노력을 아끼지 말아야 한다.

3) 지혜롭고 성경적인 조언을 받아들이라

목회자들이여, 이 점은 굉장히 단순하고 명백하다. 우리는 목회적 돌봄을 필요로 한다. 오늘날 수많은 교회에서 발견되는 안타까운 현상 가운데 하나는 목회자에게 목회적 돌봄을 제공하는 사람이 아무도 없다는 사실이다. 목회자 스스로가 보지 못하는 것을 깨우쳐 주는 사람도 없고, 그의 생각과 욕망과 언행을 성찰하도록 도와주는 사람도 없다. 또한 잘못을 지적해 주고, 용기를 북돋아 주며, 우상 숭배와 교만을 견책해 주고, 유혹과 위험을 경고하는 사람도 없다.

그런 일이 저절로 일어나기를 기다리며 가만히 앉아 있어서는 곤란하다. 우리가 존경할 수 있고, 서로 친밀하게 관계를 맺어 조언을 구할 수 있는 사람을 직접 찾는 것이 필요하다. 낙심에 빠져 있거나 어려움을 당할 때만 그런 노력을 기울여서는 안 된다. 나는 어디에서 사역을 하든지 내게 목회적 돌봄을 제공할 사람을 찾아 나섰다. 나는 그런 관계에서 비롯하는 보호와 구원과 비전과 성장이 없는 사역이나 삶을 상상할 수 없다. 나 홀로 동떨어져 살 수 있다는 생각이 잘못되었다는 것을 처음 깨달았던 그 당시나 지금이나 나는 여전히 목회적 돌봄이 필요한 상태다.

4) 쉽게 다가갈 수 있는 사람이 되라

많은 목회자의 삶에서 발견되는 분리의 간극을 극복하는 데 필요한 또 하나의 실천 원리는 가족들의 사역을 요구하는 것이다. 배우자에게 자신의 영적 게으름과 일관성 없는 태도를 지적해 달라고 요청하고, 다른 사람들의 말을 들으려고 하지 않을 때는 사랑으로 꾸짖어 달라고 하

라. 그리고 사역에서 느낀 실망감을 가족들에게 쏟아붓는 것을 지적해 달라고 가장 가까운 사람에게 부탁하라. '가정생활'과 '사역'이라는 두 가지 소명에 충실하려면 어떻게 하는 것이 좋은지 조언을 구하라. 잘못된 태도로 자녀들을 대할 시에는 그들에게 공손한 태도로 잘못을 일깨워 달라고 부탁하라. 자녀들이 부모 노릇을 하게 해서는 안 되지만, 우리가 부모의 권위를 행사할 때마다 항상 하나님의 권위를 아름답게 드러내는 것은 아니다. 이런 사실을 인정하고 자녀들이 스스럼없이 다가올 수 있도록 겸손한 태도를 취해야 한다.

배우자나 자녀들에게 자신의 고민을 털어놓고 기도를 부탁하라. 자신의 잘못을 가족들에게 고백하고 용서를 구하라. 우리는 스스로에게 이렇게 솔직히 물어봐야 한다.

"가족보다 우리 자신의 참 모습을 더 잘 들여다볼 수 있는 창은 어디에도 없음을 인정하는가? 그런 관계를 큰 유익이요 축복으로 알고, 영적으로나 개인적으로 십분 활용하고 있는가? 아니면 그들의 유익한 조언을 거부하고 있지는 않는가?"

5) 겸손하고 솔직한 지도자들의 공동체를 구축하라

동료 지도자들과 복회자들이 서로를 잘 알지 못하는 경우가 많다. 서로를 섬기며 유익한 조언을 주고받을 수 있는 지도자 공동체를 형성하는 데 시간을 투자하지 않는 교회가 너무나도 많다. 장로 모임이나 집사 모임, 또는 그 외의 어떤 지도자들의 모임이더라도 괜찮다. 그런 모임은 교회 안에서 가장 풍요롭고 유익한 소그룹 모임이 될 수 있다. 다른 소그룹 모임이 지도자들의 영적 공동체를 보고 이렇게 말할 수 있게 해야 한다.

"우리 모임도 저렇게만 될 수 있으면 정말 좋을 텐데."

모일 때마다 적절한 고백과 기도가 이루어져야 한다. 때로는 수련회를 열어 서로의 삶을 공유하고, 기도하고, 고백하는 관계를 구축하는 것이 필요하다. 사역을 위한 모임을 십분 활용해 자신이 고민하는 문제나 성장을 필요로 하는 문제를 위해 기도해 달라고 부탁하라. 교회의 사역은 지도자 모임에서 이루어지는 계획, 경험, 지식, 기술에 의해 형성되지 않는다는 사실을 잊지 말라. 사역은 지도자들의 마음 상태에 의해 가장 크게 영향을 받는다. 교회의 지도자들이 활기찬 영적 공동체로서 기능해야 한다는 희망을 교회의 사역이 깨뜨리게 해서는 안 된다.

우리의 삶에는 우리가 전하는 메시지와 일치하지 않는 것들이 아직도 많이 남아 있다. 우리는 우리가 가르치고 전하는 기준에 온전히 부합하지 못하는 삶을 살고 있다. 이런 상황은 주님이 재림하시어 우리를 본향에 데려가실 때까지 계속될 것이다. 그 이유는 하나님이 우리의 성장을 일회적 사건이 아닌 과정을 통해 이루어지도록 계획하셨기 때문이다. 그렇다면 이제 남아 있는 문제는 이것이다.

사역과 삶의 괴리에 익숙해진 상태인가? 그런 모순에도 마음이 조금도 거북하지 않은가? 일관되지 못한 삶을 매일 애통해하며, 좀 더 겸손하고 솔직한 태도로 살며 사역 하기를 바라는가? 은혜로우신 하나님이 자신의 교회를 통해 우리 모두에게 주시는 도우심을 기꺼이 받아들이는가? 간단히 말해, 우리가 다른 사람들에게 베푸는 목회적 돌봄이 우리 자신에게도 똑같이 필요하다고 생각하며 살아가는가? 과연 그런가?

Chapter **15**

"주님, 제가 어떻게 해야 합니까?"

그러면 어떻게 해야 할까?

우리가 희망을 걸고 바라보는 주님은 우리가 처한 모든 사역의 상황을 온전하게 통제하신다. 왕이신 그리스도께서 다스리지 않으시는 사역의 상황이나 장소, 관계는 존재하지 않는다. 이것이 중요한 이유는 우리에게 주어진 주님의 모든 약속이 그분의 주권에 의존하고 있기 때문이다. 주님은 모든 상황을 완벽하게 통제하실 뿐 아니라, 약속을 능히 이루실 수 있다. 주님은 만사를 완벽하게 통제하시기 때문에 우리는 사역을 하는 동안 무슨 일을 당하든 그분이 약속하신 모든 것을 이루어 주실 것이라고 확신할 수 있다.

이 책을 쓰는 일은 힘들긴 했지만, 한편으로는 유익하기도 했다. 하나님은 이 책을 통해 내가 관심을 기울여야 할 언행은 물론, 내가 사람들에게 열심히 가르치는 것과 모순되는 태도를 많이 깨우쳐 주셨다. 책을 쓰는 동안 하나님이 깨닫게 해주신 것과 나를 애통하게 만든 것을 아내와 함께 공유한 적이 많았다. 글쓰기를 멈추고 기도로 나의 잘못을 고백하거나, 말로 다할 수 없는 기쁨을 느꼈던 적도 적지 않았다. 그런 과정을 거치면서 나는 나 자신을 좀 더 정확하게 볼 수 있었고, 구원자이신 주님의 한량없는 은혜에 더욱 깊이 감사하게 되었다. 게다가 하나님 앞에서의 내 지위가 그리스도의 공로에 근거한다는 사실을 다시금 깨닫고 겸손한 마음을 지니게 되었다. 내가 주님의 구원을 절실히 필요로 하는 상태라는 것도 사람들에게 좀 더 스스럼없이 고백할 수 있게 되었다.

이제 나는 지금까지 논의한 모든 내용을 놀랍도록 잘 요약하고 있는 성경 본문을 소개하고 싶다. 바로 베드로전서 5장 6-11절 말씀이다. 베드로는 교회 지도자들에게 이렇게 권고했다.

"그러므로 하나님의 능하신 손아래에서 겸손하라 때가 되면 너희를 높이시리라 너희 염려를 다 주께 맡기라 이는 그가 너희를 돌보심이라 근신하라 깨어라 너희 대적 마귀가 우는 사자같이 두루 다니며 삼킬 자를 찾나니 너희는 믿음을 굳건하게 하여 그를 대적하라 이는 세상에 있는 너희 형제들도 동일한 고난을 당하는 줄을 앎이라 모든 은혜의 하나님 곧 그리스도 안에서 너희를 부르사 자기의 영원한 영광에 들어가게 하신 이가 잠깐 고난을 당한 너희를 친히 온전하게 하시며 굳건하게 하시며 강하게 하시며 터를 견고하게 하시리라 권능이 세세무궁하도록 그에게 있을지어다 아멘"(벧전 5:6-11).

위의 본문을 토대로 이 책의 내용을 실천에 옮길 수 있는 다섯 가지 지침을 제시해 보겠다.

1) 자신의 위치를 알라

서글프게도, 사역자로서 일해 온 지난날을 돌아보면 내가 항상 내 위치를 옳게 알고 있었던 것은 아니었다. 사역을 '나의 사역'으로 생각했던 순간과 시간들이 수두룩했다. 지금 생각해 보니, 그동안 내가 겪은 어려움 가운데 일부는 사역이 나의 사역이 아니라는 사실을 깨우쳐 주시기 위한 하나님의 배려였던 것 같다. 누군가가 동료 목회자들에게 내 신앙을 의심하는 편지를 보내기도 했고, 사람들의 투표로 내가 설립한 기독교 학교에서 손을 떼야 할 때도 있었으며, 영향력 있는 한 교회 지도자가 내 설교를 비난했던 일도 있었다. 그런 일들은 복음 사역을 할 때 흔히 당하는 고난이라고 여기고 그냥 넘기기에는 너무나도 가혹하게 느껴졌다. 그러나 지금은 그 모든 것이 내 사역을 옳은 길로 인도하고, 내 마음의 중심을 바로잡아 주시기 위한 하나님의 도구였다는 사실을 깨닫게 되었다. 그런 시련은 하나님이 내게 등을 돌리신 것이 아니라, 그 은혜의 얼굴을 내게로 향하신 결과였다. 그렇지 않았으면 교회가 나의 작은 왕국으로 변하고, 학교가 나의 학교가 되었을지도 모른다. 또한 강단에서 말씀을 전할 때도 지나치게 교만한 태도를 취했을 것이 분명하다.

하나님은 자신의 교회가 내 왕국을 건설하려는 그릇된 의도에 희생되기를 원하지 않으셨고, 내가 나의 사역을 좌지우지하는 주권자의 자리에 오르는 것을 용납하지 않으셨다. 그분은 내가 강단에 서서 자신의 영광을 훔치도록 놔두지 않으셨다. 그분은 종종 사역의 시련을 허락하시어 내가 그분의 나라와 영광에 충실할 수 있도록 이끄셨다.

이것이 핵심이다. 우리의 내면에서는 큰 싸움이 벌어지고 있다. 우리에게는 '주님의 사자'라는 공식적인 직함과 권위가 주어졌다. 우리는 하나님의 영광을 널리 전하기 위해 부르심을 받은 것이기에 스스로 왕이 되려는 욕망을 버려야 한다. 그 영광을 우리가 차지하려고 해서는 안 된다. 우리는 영향력과 탁월함을 지닌 지도자로 부르심을 받았지만 하나님의 능하신 손아래에서 겸손해야 한다. 아마도 우리의 위치를 옳게 아는 것보다 사역에서 더 중요한 것은 없을 것이다. 사람들을 두려워하는 마음, 지식을 자랑하는 교만, 칭찬을 받고 싶은 유혹, 다른 사람들을 통제하려는 욕망, 시련에 부딪혔을 때의 절망, 다른 사람들의 사역을 시기하는 마음, 나를 비난하는 사람들에 대한 앙심, 실패에 대한 불안감 등은 모두 우리의 위치를 잘못 이해하는 데서 비롯한다. 이런 징후는 모두 사역을 내 사역으로 만들려는 욕망 때문에 생겨난다. 에덴 동산에서 인류가 처음 타락했을 때부터 우리가 주도권을 차지하려는 싸움이 지금까지 지속되어 오고 있는 것이다.

우리의 왕국과 주님의 왕국을 혼동하는 것은 매우 쉽다. 실제로는 우리의 위치를 확보하기 위해 싸우면서도 복음을 위해 싸우고 있다고 생각하거나, 우리가 모든 것을 쥐고 흔들기를 원하면서도 훌륭한 지도자가 되기 위해 노력하고 있다고 생각하기가 너무 쉽다. 사람들이 우리를 좋아하게 만들기를 원하면서도 건전한 사역 관계를 구축하기 위해 노력하고 있다고 생각하기도 쉽고, 사람들에게 우리의 지식을 자랑하기를 원하면서도 사람들에게 신학의 세세한 내용을 친절하게 설명하고 있다고 생각하기도 쉽다.

다른 사람의 영향력이 커지는 것에 위협을 느껴 행동하면서도 옳은 것을 위해 싸우고 있다고 생각하기도 쉽다. 편안하고 안전한 목회 사역을 원하면서도 단지 최선을 원하는 것일 뿐이라고 생각하거나, 실제로는 자신의 명성이 드높아지는 것을 은근히 자랑하고 싶으면서도 하나님이 영광 받으시기를 원한다고 생각하기는 그리 어렵지 않다. 자신의 명성과 영향력이 커지면 우리의 참된 위치를 의식하기 매우 어려워진다. 그런 경우에는 하나님의 자리를 넘보고 싶은 유혹이 슬며시 고개를 쳐들기 시작한다. 따라서 에덴 동산에서의 유혹이 강단이나 서재, 상담실, 지도자 회의실에서도 여전히 진행 중이라는 사실을 잊지 않는 것이 매우 중요하다.

한마디로, 우리의 사역은 우리가 아니라 하나님을 위한 것이다. 하나님은 우리를 위해 자신의 왕국을 결코 포기하지 않으신다. 그분은 자신의 보좌를 우리에게 넘겨주지 않으시며, 자신이 받으셔야 할 영광을 우리에게 양도하지 않으신다. 그분의 왕국과 그분의 영광이 우리의 사역과 교회의 희망이 되어야 한다. 우리의 위치를 망각하고 어떤 식으로든 하나님의 자리를 넘본다면, 우리의 사역과 교회는 큰 위험에 처할 수밖에 없다.

'나'로부터 구원받는 것이 필요하다. 사역의 직위와 장소를 바꿀 수는 있지만, 내 마음의 생각과 욕망에서 벗어날 수는 없다. 따라서 오늘 아침에 나는 또다시 구원자이신 주님의 도우심을 간절히 구한다. 주님이 나를 대신해 싸워 주시고, 나보다 그분을 더 많이 사랑할 수 있는 은혜를 허락해 달라고 기도한다. 또한 주님이 그분의 영광 안에서 내게 깊은 만족을 허락하시어 나의 영광을 구하려고 애쓰지 않게 해달라고 기도한다. 나는 기도하는 동안에도 이 기도를 내일 또다시 드려야 함을 깨닫는다. 왜냐하면 내일도 나는 내 위치를 망각하고, 사역을 내 것으로 삼으려는 유혹에 직면할 것이기 때문이다.

당신은 어떤가? 하나님이 사역자로 세우신 곳에서 본인의 위치를 망각한 증상이 드러나고 있는가? 아니면 날마다 하나님의 능하신 손아래에서 겸손하려고 노력하는 가운데 사역을 하고 있고, 또 그 덕분에 사역이 안전하게 보호받고 있음을 보여 주는 증거가 있는가? 함께 일하는 사람들이 보기에 주도권과 권력을 확보하는 것에만 지나치게 관심을 기울이고 있지는 않는가? 사람들이 겸손한 종과 같은 지도자라고 생각하는가, 아니면 지나치게 자신의 공로를 내세우고 있다고 생각하는가? 하나님이 맡기신 사역이 자신의 것이 아니라는 사실을 옳게 의식하고 있다고 사람들로부터 평가받고 있는가?

2) 하나님의 돌보심 안에서 안심하라

하나님의 돌보심 안에서 안심하려면, 그분이 실제로 우리를 돌보신다는 굳센 신념으로 사역을 이루어 나가야 한다. 사역을 하다 보면 하나님이 진정 우리와 함께하시는지 의심될 때가 있다. 기도에 응답받지 못하는 것처럼 느껴지고, 하나님이 계시지 않는 것처럼 느껴지고, 사람들에게 오해받고 있다는 생각 때문에 깊은 외로움이 느껴지는 때도 있다. 하나님이 대체 무슨 일을 하고 계신지 도통 이해할 수 없을 때도 있다. 또한 군이 힘들게 사역자의 길로 나아갈 가치가 있는지 궁금할 때도 있으며, 사역과 가정생활이 감당하기 어렵게 느껴질 때도 있고, 하나님이 일을 감당할 능력이나 지혜를 허락하지 않으시는 것처럼 생각될 때도 있으며, 반대가 거세 사역이 아무 진척이 없는 때도 있다. 그런 때면 하나님의 돌보심에 대한 의심이 마음속에서 일어나곤 한다.

이 점은 몇 번을 강조해도 지나치지 않을 만큼 중요하다. 사역자들도 하나님의 선하심과 신실하심과 사랑을 의심하고, 판단하고 싶은 유혹을 얼마든지 느낄 수 있다. "하나님, 어디 계시나요?", "하나님, 대체 무엇을 하고 계시나요?"라고 부르짖고 싶을 때가 있다.

사실 우리는 결코 하나님을 온전히 이해할 수 없다. 그분은 우리가 기대하는 일을 모두 이루어 주지 않으시고, 우리의 일정에 맞춰 행동하지도 않으신다. 하나님의 길은 예측할 수 없다. 하나님이 하시는 일을 온전히 이해할 때만 그분의 돌보심 안에서 안심할 수 있다고 생각한다면, 아마도 안심할 수 없을 때가 어마어마하게 많을 것이다. 왜냐하면 우리가 믿지 않는 존재에게 도움을 구할 가능성은 매우 희박하기 때문이다.

하나님이 하시는 일이 이해되지 않는 순간에는 이렇게 하라. 하나님의 돌보심은 절대 변하거나 흔들리지 않는다는 복음을 우리 자신을 향해 크게 외치라. 하나님은 우리가 그분의 돌보심을 이해하지 못하고, 그분이 무엇을 하고 계시는지 알지 못할 때도 우리를 적극적으로 보살피고 계신다.

나는 내가 혼자라거나 비참하다고 생각하지 않을 것이다. 나는 사역을 두려워하거나 겁내지 않을 것이고, 도움을 얻을 수 없는 곳에서 도움을 구하려고 하지도 않을 것이다. 하나님이 나와 함께하시며, 나를 보살피신다. 따라서 나는 하나님이 나를 세우신 곳에서 그분의 부르심에 합당한 사람이 되고, 또 그분이 맡기신 일을 행하는 데 필요한 모든 것을 받게 될 거라고 확신한다.

사역의 불안을 떨쳐 버리고 하나님의 돌보심 안에서 안심하는가? 그런 확신으로 외로움과 힘든 부담감을 극복하고 있고, 시련의 때에 위로를 받고 있는가? 세상에서 도피처를 찾지 않고 하나님의 돌보심을 의지하는가? 하나님의 돌보심을 의지하면서 더욱 용기 있게 사역을 하고 있으며, 반대에 부딪혔을 때 겸손히 대응하고 있는가? 다시 한 번 묻겠다. 당신은 하나님의 돌보심 안에서 안심하고 있는가?

3) 자신의 사역을 진지하게 받아들이라

베드로의 말에는 다음과 같은 뜻이 담겨 있는 듯하다.

"인격적인 악의 존재를 망각한 것인가? 사역이 매순간 영적 싸움이라는 사실을 잊은 것인가? 이런 영적 싸움을 진지하게 생각하지 않는 것에 익숙해진 것인가? 우리 모두가 끊임없이 영적 공격을 당하고 있다는 사실을 잊은 것인가? 혹시 가장 중요한 싸움을 하고 있다고 생각한다면, 절대로 하지 않을 일을 하고 있지는 않는가? '사역'이라는 영적 싸움을 진지하게 받아들이지 않는 탓에 소홀히 여기는 중요한 일은 혹시 없는가?"

슬프게도 우리의 사역을 영적으로 이해하지 못하고, 기능적으로만 생각하는 목회자들이 많다. 우리는 '어떻게 해야 안팎에서 일어나는 격렬한 영적 싸움을 잘 치를 수 있을까?'라는 관점보다는 교회 직원 운용, 교인 통계, 예산 운용, 재원 확보와 같은 관점에서만 생각하는 경향이 있다. 우리 가운데 많은 사람이 어려움을 겪는 이유는 아마도 이런 이유에서일 것이다. 우리 가운데 유혹에 이끌리는 사람들이 수두룩한 이유도 바로 그 때문이다. 베드로가 교회 지도자들에게 하고 싶었던 마지막 당부의 말은 마귀가 실제로 존재하기 때문에 항상 깨어 있어야 한다는 것이었다.

베드로는 우리 가운데 많은 사람이 걸려들었던 유혹의 덫을 잘 알고 있었다. 우리는 사역을 하는 동안 우리의 정체성, 우리가 살고 있는 세상, 우리가 섬기는 사람들의 영적 상태를 망각한다. 그런 것들을 망각함으로 사역 현장에서 악이 우리를 공격하고 있다는 사실까지 함께 잊어버린다.

목회자들이여, 우리의 신학 지식으로는 영적 공격을 막을 수 없고, 우리의 재능만으로는 안전한 장소로 피할 수 없다. 우리의 경험도 우리를 영적 공격으로부터 보호하지 못하고, 적절한 인력 확보나 훌륭한 계획도 베드로가 경고한 영적 현실에서 우리를 안전하게 지켜 주지 못한다. 삼킬 자를 찾아 헤매는 마귀가 존재한다. 따라서 진지한 태도로 항상 경계해야 할 필요가 있다.

계획이 어설픈 탓에 사역에 피해를 입히거나, 교회 인력이 부족해서 사역을 망치거나, 예산이 부족해서 사역을 올바로 행하지 못한 목회자는 거의 없다. 많은 목회자가 사역을 망치게 된 이유는, 사역의 본질을 옳게 파악하지 못하고 유혹을 경계하지 않다가 베드로가 말한 영적 싸움의 희생자가 되고 말았기 때문이다.

베드로가 지적한 말을 사실로 받아들인다면 항상 주의를 기울여야 할 일이 몇 가지 있다. 무엇보다도 우리를 유혹하는 원수의 거짓말을 경계해야 한다. 단 한 순간도 경계를 늦춰서는 안 된다. 우리는 목회자이지만, 우리의 약점과 고민과 죄를 솔직하게 고백할 수 있는 사람들이 주위에 있어야 한다. 필요한 경우에는 다른 사람들이 스스럼없이 경고와 책망의 말을 건넬 수 있어야 하며, 그럴 때 우리는 자기 의를 내세우거나 방어적인 태도를 보여서는 안 된다. 우리는 매일 우리의 영혼을 양육하는 일에 헌신해야 하며, 마귀의 손길이 교회 직원들이나 다른 지도자들에게 미치고 있는지 예의주시해야 한다. 또한 우리 자신을 위한 한계를 설정해야 한다. 여기에서 한계란, 우리 자신으로부터 우리를 보호할 수 있도록 다른 사람들의 도움을 구하는 것을 의미한다. 공생활과 사생활이 서로 모순되지 않도록 주의해야 한다. 직원들과 지도자들과 함께 베드로전서 5장을 자주 상기하라.

4) 마귀를 대적하라

베드로는 언뜻 생각하면 이상하게 들리는 말을 한마디 덧붙였다. 그는 사역자들에게 마귀를 대적하라고 권고하면서 이렇게 말했다.

"이는 세상에 있는 너희 형제들도 동일한 고난을 당하는 줄을 앎이라"

(벧전 5:9).

이 말은 베드로가 지혜롭고 현명한 목회자였다는 사실을 보여 준다. 그는 사역자들에게 마귀를 대적하라고 권고하고 나서 마귀의 가장 유혹적인 거짓말 가운데 하나를 상기시켰다. 마귀는 우리의 사역이 특별히 어렵고, 우리가 남다른 고난을 당하고 있다고 생각하기를 원한다. 마귀는 우리의 상황이 다른 사람들보다 훨씬 더 어렵다고 생각하고, 다른 사람들은 다 잘되는데 우리만 고난을 당하고 있다는 거짓말에 속아 넘어가기를 바란다.

그렇다면 마귀는 왜 우리만 특별히 고난을 당한다고 생각하기를 원할까? 그 이유는 그런 생각이 우리를 약하게 만들고, 결국에는 사역을 파괴하는 효력을 발휘하기 때문이다. 마귀는 우리가 하나님의 임재와 선하심, 신실하심, 은혜를 의심하기를 원한다. 이것은 그의 가장 강력한 무기다. 이 무기는 우리와 사역을 훼손하는 능력이 있다. 하나님의 선하심을 의심하게 되면 어려운 순간에 그분께 도망치지 않을 것이 분명하다. 또한 다른 사람들에게 그분의 선하심을 의지하라고 말하기가 매우 어렵게 된다. 그리고 우리와 우리의 사역에서 영적 활력이 사라지고 만다. 겉으로는 매일 사역을 하고 신학에 근거한 형식적인 고백을 유지할 테지만, 마음 한구석에서는 하나님의 신실하심을 의심하는 마음이 도사리고 있을 것이 분명하다. 자신을 목회자로 세우신 하나님이 진정으로 자신에게 관심을 기울이고 계신지 의심하면서도 목사직을 그만두지 않고, 마음속에 분노와 원망을 품은 채 억지로 사역을 하고 있는 목회자들이 하나둘이 아니다.

여기에서 생각해 볼 것이 또 한 가지 더 있다. 베드로는 편지의 수신자들이나 사역을 하는 형제들이 고난 당하고 있다는 사실에 조금도 놀라지 않았다. 왜냐하면 사역자로 부름 받은 사람은 고난 당할 수밖에 없다는 것을 직접 경험했기 때문이다(고후 1장 참고). 전쟁에 참여한 모든 군인이 어떤 식으로든 고난을 겪듯이 구원을 위한 영적 싸움에 가담한 목회자들도 어떤 식으로든 고난 받을 수밖에 없다. 예를 들면, 군인이 비록 부상은 당하지 않았다고 해도 그는 일상생활을 중단하고, 사랑하는 사람들과 떨어져 지내는 고통을 감수해야 한다. 또한 전쟁으로 인한 공포와 긴장감과 심신의 피로를 감수해야 하고, 좀 더 열심히 싸우지 못하고 자기만 홀로 목숨을 보존한 것 같은 죄책감에 시달려야 한다. 그와 마찬가지로, 복음 사역은 우리를 전선으로 내보내 개인이나 집단의 차원에서 전쟁의 위험을 겪게 만든다.

사역을 하면서 고난 당하지 않는 것은 불가능하다. 따라서 우리는 다른 사람들이 겪지 않는 것을 우리만 특별히 겪고 있다는 원수의 거짓말을 물리쳐야 한다. 하나님이 우리를 잊으셨고, 소홀히 취급하셨고, 외면하셨다고 생각하게 만드는 유혹을 단호히 거부하라. 우리를 사역자로 세우신 하나님께 버림 받았다고 생각하지도 말라. 우리는 우리의 고난이 하나님의 계획을 방해하기는커녕 그 계획의 일부라는 사실을 기억해야 한다. 우리가 고난당할 때 하나님은 우리와 함께하실 뿐 아니라, 그 고난을 통해 우리와 우리가 섬기는 사람들을 변화시키신다.

5) 우리를 거룩하게 하는 하나님의 은혜를 신뢰하라

베드로는 교회 지도자들에게 사역자에게 주어진 은혜도 상기시켜 주었다. 그는 그들이 안식과 희망과 사역을 계속해야 할 이유를 발견할 수 있는 유일한 장소를 알려 주었다.

사역을 하면서 수직적 차원에서 이미 우리에게 주어진 것을 수평적 차원에서 찾으려고 애쓰기 시작하면, 우리 자신과 사역이 위험에 처하게 된다. 이미 우리에게 주어진 정체성을 근거로 사역을 하기보다 사역을 통해 정체성을 찾으려고 하면, 스스로의 부족함과 불안감이 느껴져 사역이 약화되고 곁길로 치우칠 수밖에 없다. 사람들의 칭찬과 존경이 사역을 유지해 나가는 원동력으로 작용하면, 사역을 계속해야 할 이유가 있는지 궁금해하며 낙심과 절망에 빠질 수밖에 없다. 우리의 지혜와 능력에 의존한 채 실제보다 더 의롭게 보이려고 애쓰다 보면, 매순간 은혜를 의지할 수 없기에 모든 것이 실패로 끝날 수밖에 없다.

따라서 베드로는 모든 사역자가 반드시 명심해야 할 말로 자신의 권고를 마무리했다. 안식과 희망을 발견할 수 있는 장소는 오직 하나뿐이다. 우리는 그런 것들을 우리 자신, 우리가 섬기는 사람들, 동료 지도자들, 사역의 성공 따위에서 찾을 수 없다. 우리는 은혜의 복음을 자신에게 새롭게 적용하고, 매일매일 더욱 열정적으로 사역에 매진해야 한다. 우리의 재능이나 실적만으로 자신을 평가하거나 우리가 현재 얻고 있는 반응에만 근거해 미래를 예측해서도 안 된다.

베드로가 복음의 사역자들에게 복음을 기억하라고 권고해야 할 필요성을 느꼈다는 것은 매우 흥미롭다. 그런 권고가 불필요하다고 생각할지 모르지만, 절대로 그렇지 않다. 아마도 이것이 지금 읽고 있는 이 책의 핵심에 해당할 것이다. 이 책은 우리가 다른 사람들에게 전하는 복음을 우리 자신도 똑같이 필요로 한다는 사실을 망각했을 때 사역자의 삶에서 어떤 일이 벌어지는지 상세히 설명한 것뿐이다. 복음을 망각한 채 사역을 이끌어 가고 있는 사역자들이 어마어마하게 많다. 그들과 그들의 사역이 심각한 대가를 치르고 있는 이유는 그들이 생명을 발견할 수 없는 곳에서 생명을 발견하려고 애쓰기 때문이다.

베드로는 조금도 주저하거나 당혹스러워하지 않고, 사역자들에게 다시금 복음을 전했다. 그는 사역자가 교회 사역에 열정을 기울이면서 온갖 고난과 시련을 겪다 보면, 복음이 가장 먼저 희생될 때가 많다는 것을 잘 알고 있었다. 따라서 그는 수신자들에게 은혜가 그들의 미래를 보장한다는 사실을 일깨워 주었다.

베드로는 "모든 은혜의 하나님 곧 그리스도 안에서 너희를 부르사 자기의 영원한 영광에 들어가게 하신 이가"(벧전 5:10)라고 말했다. 이 진리가 현세에서 이루어지는 사역의 동기로 작용하는 이유를 이해하는 것은 매우 중요하다. 베드로의 논리는 이렇다. 곧 주님과 영원히 함께 거할 장소가 우리에게 보장되었다면, 그곳에 가는 동안 우리에게 필요한 은혜도 확실히 보장되어 있을 것이 틀림없다는 것이다. 미래의 은혜에 관한 약속은 현재의 은혜에 관한 약속과 항상 맞물려 있다. 내 삶의 종말이 안전하다는 것은 곧 하나님이 나를 도중에 버리시거나 잃으시는 일이 절대 없을 것을 의미한다.

목회자들이여, 우리의 영원한 미래가 보장되었다는 것은 우리가 그리스도를 처음 영접한 때부터 장차 본향에 돌아가 그분과 영원히 거할 때까지 그 사이에 우리가 부름 받은 일을 행하는 데 필요한 모든 은혜가 확실히 보장되어 있다는 약속이나 다름없다.

베드로의 말은 거기에서 그치지 않는다. 그는 주님이 우리를 보호하시고, 필요한 것을 공급하시며, 능력을 허락하실 뿐 아니라, 우리를 변화시키기 원하심을 이해하기를 바란다. 우리에게 목회적 돌봄이 필요하지 않은 때는 단 한 순간도 없다. 주님은 우리를 통해 다른 사람들의 삶 속에서 역사하실 뿐 아니라, 우리를 통해 역사하시는 동시에 우리 안에서도 역사하신다. 그분은 우리를 삶을 변화시키는 은혜의 도구로 부르셨을 뿐 아니라, 그 은혜로 우리를 변화시키고 계신다. 그분은 우리의 사역이 성공하기를 원하시는 데 그치지 않으시고, 우리의 마음과 삶 속에서 자신의 은혜가 승리하기를 바라신다. 따라서 베드로는 그리스도께서 "너희를 친히 온전하게 하시며 굳건하게 하시며 강하게 하시며 터를 견고하게 하시리라"(벧전 5:10)고 말했다. 우리는 단지 주님의 놀라우신 은혜를 전하는 도구가 아니다. 우리도 항상 은혜를 필요로 한다. 우리는 다른 사람들에게 하나님이 그리스도 안에서 모든 것을 허락하셨다고 말한다. 우리도 마음 깊은 곳에서는 우리 자신이 그런 은혜를 똑같이 필요로 한다는 것을 잘 알고 있다.

베드로는 우리가 여전히 구원의 은혜를 필요로 한다는 사실과 그 은혜의 사역이 완성될 때까지 계속 은혜를 받아 누려야 한다는 사실을 다시 한 번 굳게 확신하기를 원한다. 이것이 바로 우리의 죄와 약점이 드러나고, 사역이 몹시 어려운 상황에 처하더라도 사역을 계속해야 하는 이유다.

베드로는 마지막으로 한마디를 더 덧붙였다. 그는 우리 주님이 영원히 다스리신다는 사실을 상기시켜 주었다. 우리가 희망을 걸고 바라보는 주님은 우리가 처한 모든 사역의 상황을 온전하게 통제하신다. 왕이신 그리스도께서 다스리지 않으시는 사역의 상황이나 장소, 관계는 존재하지 않는다. 이것이 중요한 이유는 우리에게 주어진 주님의 모든 약속이 그분의 주권에 의존하고 있기 때문이다. 주님은 모든 상황을 완벽하게 통제하실 뿐 아니라, 약속을 능히 이루실 수 있다. 주님은 만사를 완벽하게 통제하시기 때문에 우리는 사역을 하는 동안 무슨 일을 당하든 그분이 약속하신 모든 것을 이루어 주실 것이라고 확신할 수 있다. 따라서 사역의 희망은 주권자이신 주님이 자신의 교회를 위한 계획을 온전히 이루실 것이라는 사실에 달려 있다.

그렇다면 우리는 어떻게 해야 할까?

사역을 하는 동안 스스로에게 자주 베드로의 복음을 전하고, 주위 사람들에게 그 복음을 항상 상기시켜 달라고 부탁하라. 자신의 사역 훈련이나 목회 문화가 성경의 기준에 부합하지 못하는 부분이 있다면, 다른 사람들과 협력해 그 부분을 고쳐 나가라. 지금 사역을 하고 있고, 이 책을 통해 마음속에 숨어 있는 잘못이 드러났다면 고백해야 할 것을 고백하고 도움을 구하라. 지금 목회자로 일하고 있고, 자신의 목회 문화가 변화가 필요한 상태라고 판단한다면, 동료 목회자들과 그 문제를 서로 논의하고 함께 변화의 길을 모색하라.

자신의 목회자를 사랑하고 그에게 관심이 있기 때문에 이 책을 읽었다면, 매일 그를 위해 기도하고, 때와 장소가 허락할 때마다 복음으로 적절히 권고하라. 사역자의 배우자이고 그의 영적 건강에 관심이 있다면, 묵묵히 입을 다물고 있거나 실망과 분노를 표출하지 말고, 적절한 견책과 권고를 통해 도움을 구하게 하라. 그리고 그런 노력을 기울일 때는 항상 다음 말씀을 기억하라.

"양들의 큰 목자이신 우리 주 예수를 영원한 언약의 피로 죽은 자 가운데서 이끌어 내신 평강의 하나님이 모든 선한 일에 너희를 온전하게 하사 자기 뜻을 행하게 하시고 그 앞에 즐거운 것을 예수 그리스도로 말미암아 우리 가운데서 이루시기를 원하노라 영광이 그에게 세세무궁토록 있을지어다 아멘"(히 13:20-21).

사명선언문

너희가 흠이 없고 순전하여……세상에서 그들 가운데 빛들로
나타내며 생명의 말씀을 밝혀 _ 빌 2:15-16

1. 생명을 담겠습니다
만드는 책에 주님 주신 생명을 담겠습니다.
그 책으로 복음을 선포하겠습니다.

2. 말씀을 밝히겠습니다
생명의 근본은 말씀입니다.
말씀을 밝혀 성도와 교회의 성장을 돕겠습니다.

3. 빛이 되겠습니다
시대와 영혼의 어두움을 밝혀 주님 앞으로 이끄는
빛이 되는 책을 만들겠습니다.

4. 순전히 행하겠습니다
책을 만들고 전하는 일과 경영하는 일에 부끄러움이 없는
정직함으로 행하겠습니다.

5. 끝까지 전파하겠습니다
모든 사람에게, 땅 끝까지, 주님 오시는 그날까지
복음을 전하는 사명을 다하겠습니다.

서점 안내

광화문점	서울시 종로구 새문안로 69 구세군회관 1층 02)737-2288 / 02)737-4623(F)
강남점	서울시 서초구 신반포로 177 반포쇼핑타운 3동 2층 02)595-1211 / 02)595-3549(F)
구로점	서울시 동작구 시흥대로 602, 3층 302호 02)858-8744 / 02)838-0653(F)
노원점	서울시 노원구 동일로 1366 삼봉빌딩 지하 1층 02)938-7979 / 02)3391-6169(F)
일산점	경기도 고양시 일산서구 중앙로 1391 레이크타운 지하 1층 031)916-8787 / 031)916-8788(F)
의정부점	경기도 의정부시 청사로47번길 12 성산타워 3층 031)845-0600 / 031)852-6930(F)
인터넷서점	www.lifebook.co.kr